경제 천동설 손절하기

—— 진보경제학은 어떻게 한국을 망쳤나 ——

경제 천동설 손절하기

── 진보경제학은 어떻게 한국을 망쳤나 ──

백광엽 지음

미래앤

역사의 기록으로 남을 가치 있는 책

책을 읽으며 속이 다 시원했다. 이름은 같은 경제학자이지만, 나는 그들을 그렇게 인정할 수 없었다. 그들이 한·미 FTA를 반대할 때는 정말 그랬다. 경제학자라는 사람들이 어떻게 저런 말도 안 되는 소리로 대중을 호도하나 생각했다. 그것도 서울대 경제학과를 나왔다는 사람들이….

그들의 그런 행태는 어제오늘의 일이 아니다. 경부고속도로 반대에서부터 중화학공업 투자 반대 등 우리나라를 성공시켰던 모든 결단들에 대해서 반대만 해왔다. 유식하고 현란한 경제학 용어들을 동원하면서 말이다.

물론 누구나 틀릴 수 있다. 하지만 자신을 돌아보면서 지난날의 주장이 틀렸다면 인정하고 반성을 하는 것이 인간의 최소한 도리다. 그들은 전혀 그렇게 하지 않는다. 틀렸는지 돌아보지도 않을 뿐 아니라 설령 그렇다 해도 모른 척으로 일관한다. 이 책은 그들의 행적을 만천하에 드러내어 놓았다. 백 년 묵은 체증이 내려가듯 시원함을 느꼈다.

이 책은 그 아는 척하면서 엉터리 논리를 대중에게 팔아온 소위 진보경제학자들을 실명을 거론하며 비판하고 있다. 장하준, 김수행, 이정우, 김상조 등 한국 경제학계의 주류가 된 이름들이 즐비하다. 나더러 하라면 뒷감당이 두려워 못 했을 것 같은데, 저자는 해냈다. 그 용기에 박수를 보낸다. 그 공은 독자들과 역사가 인정해줄 것이다.

좋은 역사의 기록을 갖게 되어 기쁘다. 한국 좌파경제학의 뿌리와 흐름이 궁금했었는데, 이 책은 명쾌한 답을 내놓았다. 상하이 임시정부 시절부터 시작된 소위 진보 좌파경제학자들이 어떻게 한국 경제학계의 주류로 등장하게 되었는지, 그 계보와 과정이 잘 정리돼 있다. 저자의 노력과 끈기에 감사하다.

정말 가치 있는 책이다. 문장도 좋아서 술술 잘 읽힌다. 반드시 읽어 보시길 모든 이들에게 권한다.

_ 김정호 서강대 경제대학원 겸임교수, 〈김정호의 경제TV〉 크리에이터

조합 · 중소기업주의 등 굴곡진 경제이념 해독제 되길

사람들은 눈에 보이는 대로 자연을 인식한다. 천동설은 자연스럽다. 누구라도 밤하늘을 올려다보면서 쏟아지는 별들과 큰 원형 운동을 하는 하늘을 받아들인다. 아름답다. 천동설을 극복하기란 쉽지 않다. 자기중심적 인식을 바꾸는 것만큼이나 어렵다. 인간을 만물의 중심에 놓는 종교와도 관련성이 높다. 그러나 사람은 점차 지동설을 수용하게 된다. 그리고 광활한 우주에서 인간은 고립된 존재임을 알게 된다. 그것은 고통이다. 인간은 성숙해 가면서 비로소 인간의 실존적 고독에 대해 알게 된다. 어른으로 성숙하지 못하면 지동설을 받아들이기 어렵다. 지구가 한낱 작은 구체의 고독한 행성에 불과하다는 것을 알게 되는 것은 일련의 과학적 지식의 과정과 절차가 필요하다. 경제가 그렇다고 알게 되는 것도 비슷한 과정을 거쳐야 한다.

자유시장경제의 작동원리를 이해하는 데는 약간의 지식의 절차가 필요하다. 그것은 인간의 자연스런 협동을 강조하는 농업적 세계관과는 다르다. 대면적 협동이나 1차원의 직접적 공동작업은 소규모 전통사회에서나 가능하다. 이런 사회에서 인간은 이타적이며 상호 간 친밀감을 공유하며, 더구나 동질적이어서 기본적인 상호 교감과 교류의 범위 내에 있다. 그러나 시장은 차갑다. 비대면적이며 거래나 교환의 상대방과 직접적인 인적 교감을 갖지 않는다. 익명적이어서 냉정해 보인다.

한국 경제학의 천동설은 이타주의, 조합주의, 농업주의, 중소기업주의, 내수 중심주의, 자력갱생주의를 그 골자로 하는 것들이다. 이는 반외세, 반외자, 반대기업, 반자본주의, 전통적 세계관을 특징으로 한다. 이런 사이비 경제학이 놀랍게도 한국에서는 주류경제학이다. 이 주류는 서울대 경제학과를 중심으로 확고하게 인적 연대를 형성하고 있고 확대재생산된다. 당연하게도 이들은 좌파적 세계관과 동맹군을 이루고 있다. 변형윤 교수 이후 폐쇄적 자력갱생론에 바탕한 반시장론은 지속된다. 이들은 대기업에 반대하며, 자유시장보다는 경제민주화를 선호하고, 성장보다는 복지를 주된 경제적 지표로 내건다. 이 천동설적 경제학은 처음에는 민주당의 주된 정강으로 표출되었으나 지금은 국힘당을 막론하고 정치 현장에서 광범위한 지지를 얻고 있다. 바로 이것이 한국이 직면한 경제위기의 이념적 본질이다. 백광엽 기자의 이번 저작물이 널리 읽혀 굴곡진 경제이념이 조금이라도 바로 펴지는 일각의 기회가 되기를 바란다. 부디 이 책을 읽는 젊은이들이 많아지기를 간절하게 기원한다.

_ 정규재 주필, 〈정규재TV〉 대표

지적 미로에 갇힌 이들이 이 책을 읽어야 할 이유

〈한국경제신문〉 백광엽 논설위원이 자칭 타칭 '진보경제학자'로 일컬어지는 일련의 지식인을 공론장으로 불러들였다. 그들의 논지와 정책 건의가 한국 경제 발전에 결코 친화적이지 않았다는 것이다.

한국 사회에서 '진보경제학' 또는 '진보경제학자'라는 작명은 정명(正名)이 아닌 편의적으로 붙여진 자기 수식적 용어다. 그들은 "거대 정치권력·경제권력과 맞서 싸우면서 약자와 동행하는 따뜻하고 선한 경제학으로 무장한 실천가 그룹"으로 스스로 자리매김한 측면이 강하다. 대중이 반길 만한 '진보'라는 좋은 단어를 선점한 것이다. 한편으론 앨프리드 마셜(Alfred Marshall)이 경제학의 속성으로 설파한 '냉철한 머리와 따뜻한 가슴'을 오독한 결과일 수 있다. 따뜻한 가슴은 빈곤으로부터의 자유로움을 뜻하는 '보편적 인류애'를 의미하는 것이다. 결코 편 가르기의 도구가 되어서는 안 된다.

한국 경제가 여기까지 발전을 이어온 것은 '진보경제학자의 태클'을 피하고 이겨냈기 때문이다. 경부고속도로, 포항제철은 물론, 석유화학단지 조성, 중화학공업 육성 등 모든 것에 '닥치고 반대'로 일관했던 좌파의 닫힌 세계관은 '한·미 FTA 결사반대'로 이어졌다. 착취·피착취를 키워드로 삼은 서울대 중심의 진보경제학자 그룹에 의해 추동된 한·미 FTA 반대운동은 '비이성적 맹목' 그 자체였다.

자신들의 주장은 파탄 난 지 오래지만 결사반대했던 그들은 침묵으로 일관하고 있다. 계급적 시각에 경도된 이념 과잉, 식견 부재 그리고 음모론에 휘둘린 과거 주장에 대한 자기 성찰은 그야말로 '1도' 없다. 사상적·학문적 궤도 수정을 거부한다. '무오류의 함정'에 빠졌다고밖에 볼 수 없다.

진보경제학의 숙주는 진보정치권이다. 진보학자들은 좌파 논리를 제공해 진보정치권을 강화시킨다. 토머스 쿤(Thomas Kuhn)의 관점으로 보면 '패러다임의 자기 강화' 과정이다. 하지만 모순이 쌓이면 패러다임은 붕괴된다. 문재인 정부의 '소득주도성장'이 이를 웅변하고 있다. 소득주도성장은 좌파정권을 숙주로 한 변형윤 교수 제자들의 작품이다. 결과는 처참한 실패다.

저자는 서문에서 존 메이너드 케인스(John Maynard Keynes)의 회자되는 문구, "그 어떤 지적인 영향으로부터도 온전히 벗어나 있다고 믿는 이들도 대개는 죽은 어떤 경제학자의 노예"를 인용하고 있다. 자칭 진보경제학자들의 '경제를 보는 눈'과 '경세제민의 처방'이 폐쇄적이고 발전 친화적이지 않았다면, 그들은 의도하지는 않았지만 극언하면 '사회에 정신적·사상적 독극물을 뿌렸다'고 봐야 한다.

추락하는 것은 날개가 있다. 저자는 '추락은 절정에서 잉태되며, 방아쇠는 언제나 내부의 적들에 의해 격발된다'고 경고한다. 조지프 슘페터(Joseph A. Schumpeter)도 번영이 자본주의의 최대의 적(敵)이라고 설파했다. 창업보다 수성이 더 힘들다. 어렵사리 쟁취한 대한민국의 기적의 역사를 계속 써내려 가려면 엇박자로 일관해 온 진보경제학자의 행로를 비판적으로 성찰하고 객관적인 평가를 공유해야 한다. 부지불식간에 진보경제학자들에 영향받아 '민족, 자주, 민주'라는 '폐쇄된 공간'에 갇힌 젊은이들이 있다면 '자유시장경제'라는 열린 공간으로 나와야 한다. 이 책이 훌륭한 안내서가 될 것이다.

_ 조동근 명지대 경제학과 명예교수, 바른사회시민회의 공동대표

여러 경제적 미신과 결별하기의 중요성

과학을 논외로 한다면 경제학처럼 파워풀한 학문도 많지 않다. 물론 경제학이 세상 이치를 모두 알려주지는 않는다. 하지만 경제학을 모르고는 세상을 논할 수도, 안다고 할 수도 없다. 우리가 지나온 과거, 숨 쉬는 현재, 꿈꾸는 미래를 이해하려면 경제학적 사고 장착이 필수다. '경제를 알면 보이나니, 그때 보이는 세상은 전과 다르다'고 할 것이다.

마르크스도 뒤늦게 경제학의 중요성을 깨쳤다. 시인 지망생에서 헤겔 철학자로 변신했던 마르크스는 최종적으로 경제학에 정착했다. '왜 무산대중이 존재하는가'라는 소외 문제에 철학이 답해주지 못해서였다. 경제학을 통해 그는 소외의 신비한 베일을 벗기는 데 천착했다. 1844년 『경제철학 초고』를 출간한 이래 철학은 그의 머릿속에서 사라졌다. "철학자는 다만 세계를 여러 가지로 해석해온 데 불과하다. 그러나 문제는 세계를 변혁하는 것이다"(『포이에르바흐에 관한 테제』)라는 유명한 문장도 남겼다. 그에게 경제학은 세상을 변혁하는 도구였다.

거시경제학을 탄생시킨 '20세기의 천재' 존 메이너드 케인스도 수학을 공부하다 경제학으로 갈아탔다. 그도 마르크스처럼 경제학을 '세상을 바꾸는 학문'으로 인식했다. "그 어떤 지적인 영향으로부터도 온전히 벗어나 있다고 믿는 이들도 대개는 죽은 어떤 경제학자의 노예"라고 『고용 이자 및 화폐에 관한 일반이론』에 썼다.

케인스의 말처럼 세상을 움직이는 지배적 권력의 배후에는 늘 경제학자가 자리한다. 1970년대 미국 닉슨 대통령은 "우리는 모두 케인스주의자"라고 공개 선언했다. 1980년대 이후에는 프리드리히 하이에크와 밀턴 프리드먼이 설파한 자유주의 경제철학이 세상을 풍미했다. 지금도 미국 중앙은행(Fed)과 월스트리트를 중심으로 벌어지는 여러 논쟁이 세상을 움직이는 핵심 축이다.

상법·회사법의 대가 최준선 성균관대 법학전문대학원 명예교수의 한탄도 경제학의 중요성을 일깨운다. 그는 이렇게 썼다. "정년을 맞은 뒤에야 여유가 생겨 경제교양서를 읽게 됐다. 이런 책들을 너무 늦게 만난 것이 후회됐다. 그동안 법학이라는 좁은 세계에 갇혀 얼마나 경직되고 융통성 없는 인간이었던가를 깨닫게 됐기 때문이다. 진작 이런 책을 가까이했더라면 상법학자로서 더 큰 발전을 이뤘을 텐데…."

오늘 한국 사회가 맞닥뜨린 끝없는 갈등도 태반은 '경제 문맹'에서 비롯된다. 특히 경제에 무지하고, 무지하다는 사실조차 모르는 소위 '진보' 진영의 지적 게으름이 심각하다.

한국에는 '따뜻하고, 착한 경제학'이라는 수식어를 앞세우는 자칭 진보경제학자 그룹이 존재한다. 서민을 위하고 공정한 사회를 만드는 일에 진심이라며 목소리를 높이는 부류다. 이들은 여러 정부에서 요직을 차지했고 검증되지 않은 '진보 경제정책'으로 폭주했다. '사람 중심 경제'라는 깃발 아래 문재인 정부에서 소득주도성장을 기획하고 밀어붙인 일단의 학자들이 대표적이다.

진보경제학자들의 행보를 돌아보면 말 그대로 아찔하다. 경부고속도로, 포항제철은 물론이고 석유화학단지, 중화학공업까지 '닥치고 반대'로 일관했다. 공업보다 농업, 수출보다 수입을 중시해야 한다던 오판은 '한·미 FTA 결사반대'로 재연됐다.

진보경제학이 제시한 대안은 모두 함량미달이었다. "신자유주의에 대항해 새 지평을 보여주고 있다"며 차베스의 베네수엘라 벤치마킹을 외친 게 채 10년도 안 된 일이다. 문재인 정부에서는 '한국 경제를 재도약시킬 유일한 처방'이라며 소득주도성장(소주성)으로 폭주하다 궤도 이탈했다. 서민은 대량실업으로 내몰렸고, 양극화는 역대급으로 악화됐다. 경제성장률과 성장잠재력도 급속 추락했다. 이념 과잉, 식견 부재, 학문적 경직성, 정치적 일탈로 치달은 결과다.

한국의 경제개발 60년사의 이면은 '진보경제학 민폐사'이기도 하다. 독선과 무책임으로 두 세대 동안 끊임없이 몽니를 부려왔다. K진보경제학의 조언을 따랐다면 오늘 세계 속의 한국은 불가능했을 것이다.

진보경제학의 숙주는 진보정치권이다. 진보학자들은 문재인 정부의 요직을 독점했고, 정권이 끝난 뒤에도 거대 야당 주변을 포위하고 있다. 반성에 인색하다는 특징이 진보경제학의 리스크를 증폭시킨다. 잘못이 확인돼도 학문적 수정에 인색하다. 결과를 호도하며 더 큰 베팅을 감행한다. 방향착오의 중첩규제로 '부동산 지옥'이 펼쳐지자 토지공개념이라는 더 치명적인 카드를 던지는 식이다. 소주성 실패에 대응해 기본소득제를 들이민 것도 같은 맥락이다.

진보좌파경제학은 '인간의 얼굴을 한 경제학'을 표방하지만 결과를 보면 '인간의 가면을 쓴 경제학'이라는 생각을 지우기 어렵다. 좌파경제학이 득세할 때 서민은 예외 없이 고용참사와 극심한 양극화에 시달렸다. '서민을 도와야 한다'며 풀어 제친 유동성 덕분에 보유자산 가격이 치솟아서다. 오히려 부자들은 표정관리 모드다. 그들이 주창한 포용은 '포용 코스프레'라는 의구심이 불가피하다.

진보경제학은 성장과 분배에 모두 무능했다. 하지만 그 많은 실패에도 사라지지 않고 마치 좀비처럼 되살아왔다. 국민이 선거로 심판해도 잠시 눈앞에서 사라질 뿐 어느 순간 재등장해 폭주를 반복한다. 그 과정에서 소위 진보 매체의 비이성적 편향이 핵심역할을 했고, 그런 구도는 점점 강화되고 있다.

제1차 경제개발 5개년 계획이 시작된 지 60년이 지났다. 그동안 한국은 시장·자유·개방 경제시스템으로 '기적'을 썼다. 1961

년 1인당 국민소득은 82달러로 125개국 중 101번째였다. 당시 아프리카 우간다와 비슷했던 1인당 소득은 이제 일본마저 추월할 기세다. 4차 산업혁명 시대를 맞아 세계사 중심으로의 진입 기회도 맞이했다.

다가올 60년을 순항하려면 경제 천동설에 더 이상 흔들리지 말아야 한다. 과학으로 입증된 지동설이지만 보통 사람들은 고개를 갸웃할 때가 적지 않다. '지구가 돈다는 데 나는 왜 안 어지럽지'라는 식의 직관적 의구심도 여전하다. 천동설은 바로 그런 무지와 호기심의 틈새를 파고들어 오랜 시간 지구문명을 지체시켰다. 허구로 가득한 진보경제학 담론과 궤변도 마찬가지다. 감성을 증폭시키고 이성을 마비시켜 우리를 예정된 퇴행으로 몰아간다. 달은 꽉 차는 순간부터 기울기 시작하듯, 추락도 절정에서 잉태된다. 그리고 방아쇠는 언제나 내부의 적들에 의해 격발된다. 헛발질로 일관해온 K진보경제학의 행로를 돌아보고 객관적인 평가를 공유하는 과정을 게을리해서는 안 되는 이유다.

졸저가 나오기까지 생각보다 오랜 시간이 걸렸다. 언제나 묵묵히 지켜봐 주시는 부모님, 믿고 응원해주는 사랑하는 가족에게 감사의 마음을 전한다.

2023년 봄
백광엽

차례

chapter 1 자칭 '착한 경제학'의 습격

풍요를 부른 '절대법칙' 부정 · 022

물리학에는 상대성이론, 경제학엔? / 중상주의와의 대논쟁에서 승리 / 서방, 비교우위론으로 중국 추월하다 / (잠깐) 초등 산수만큼 쉬운 비교우위론 / 폴 크루그먼의 '경제학자 감별법' / '절대법칙'의 무시한 음모론 활개 / "나라 망한다, 나라 팔아먹는다" / 교역확대를 종속 심화로 매도 / "인터넷도 맘대로 못 쓴다" 괴담 / 10년 지나보니 모두 엉터리 저주 / 오히려 개선된 양극화 / (잠깐) 불평등도 보여주는 '지니계수'란 / '봇물 터질 것'이라던 ISD도 잠잠 / '착한 경제' 선동이 먹혔다면

반지성주의적 · 자학적 세계관 · 046

굴욕이 되고 만 한 · 미 FTA 망국론 / (잠깐) 반대 경제학자들은 누구? / 반대 학자들의 공통분모는 '학현' / '신자유주의 스토커'들의 가세 / '따뜻

한 경제학'의 민망한 논변 / 음모론 확산시킨 재야 경제고수들 / 똘똘 뭉친 이질적 지식인들 / 팩트 왜곡과 넘치는 정파성 / 격렬한 반대 뒤의 오랜 침묵 / (잠깐) 반대 성명파들은 지금 어디에? / 반지성주의로 다른 견해 배척 / 사회과학 전반을 '붉게 더 붉게' / (잠깐) 차베스 상찬한 진보학자들 / 자학적 역사관 확산을 부르다 / (잠깐) '한 · 미 FTA 비준반대 각계 선언' 참여 학자들(2011.10.20.)

chapter 2 주류 꿰찬 민폐경제학

K진보경제학 역사와 계보 · 072

매판경제론 · 종속국가론의 아류 / '불평등 특효약' 간판 달고 신장개업 / 60년 전통의 '3대 민폐경제학' / (잠깐) 진보경제학의 첫 성과 '민족경제론' / '민족 성애자'이자 그들만의 선구자 / '불통의 마르크시즘' 한국에 이식하다 / 맹목적 분배주의로 '대부' 등극 / 학연 · 인연 얽힌 진보경제학 대부 / K진보경제학 뿌리, 일제시대 마르크시즘 / 해방공간의 '경성제대 4인방' / 해방 직후를 지배한 좌파경제학 / 후진국경제론 · 민족경제론의 탄생 / 해외이론 모방한 관념적 '사구체 논쟁' / 소련 붕괴 후 '분배주의'로 기사회생 / 종속이론과 마오이즘 추종

'B급 경제학'의 종횡무진 · 104

'진보정부' 정책라인 장악한 학현 / 문재인 정부선 외곽 자리까지 싹쓸이 / 분배 · 고용 · 성장의 동반 추락 / 참담한 실패에도 책임감 '제로' / '통계 마사지'로 하늘 가리기 / '뇌피셜' 앞세우는 지적 태만 / 주류경제

학을 적으로 보는 배타성 / 마셜의 '따뜻한 마음'에 대한 오독 / '정치학의 아류' 자처하는 B급 경제학 / '인간' 앞세우며 복지 · 윤리학과 혼동 / '시대착오' 넘어 '시대 파괴'로 / 진보정치와 연계해 사회갈등 증폭 / (잠깐) 진보경제학과 결별한 진보정치인들

chapter 5 반대 · 독선으로 일관한 60년

chapter 4 시장을 국가로 대체 '역주행'

해 국고 '탈탈' / '재정 만능주의'도 FTA 반대파 작품 / 눈덩이 국가부채 '1000조 돌파' / 3년 내리 '연100조대 재정적자' 오명 / 혈세로 갚아야 할 적자국채 폭증 / '묻지마 퍼주기'에 국가신용 위태위태 / (잠깐) 국가채무와 신용등급의 톱니바퀴

chapter 5 '경제 천동설'과 손절하기

1

자칭 '착한 경제학'의 습격

풍요를 부른 '절대법칙' 부정

———

상대성이론이 그랬던 것처럼 비교우위론도 세상을 바꿨다. 유럽에서의
성공에 힘입어 비교우위론은 세계 곳곳으로 확산했다. 그러자 폭풍 같
은 자본주의적 발전이 동시다발로 전개됐다. 정확히 비교우위론이 설파
된 19세기 전반부터 전 세계 GDP는 폭발을 시작했다.

물리학에는 상대성이론, 경제학엔?

아인슈타인의 상대성이론 없는 물리학은 상상하기 어렵다. 상대성이론은 과학의 빅뱅을 불렀다. 세상을 이해하는 인류의 시선은 몇 단계나 심오해졌다. 이제 인류는 먼 우주로까지 사유를 확장하며 무한의 영역에 도전하고 있다.

하지만 과학의 폭발을 불러온 상대성이론은 평범한 사람들이 이해하기 어렵다. 상대성이론 출현 전까지 우리 머릿속을 지배했던 뉴턴의 만유인력의 법칙이 직관적으로 이해할 수 있었던 것과 정반대여서다. '시간도 공간도 절대적이지 않다'는 상대성이론의 결론에 사람들은 고개를 갸웃하게 된다.

상대성이론은 세상의 모든 현상을 다 설명하지도 못한다. 최신 양자역학과 상충되는 대목도 적지 않다. 그래도 상대성이론을 부정하는 물리학자는 없다. 후학들에 의해 검증되고 보완된 상대성이론은 지금도 과학자들이 세상을 바라보는 큰 창이다.

상대성이론에 비견되는 절대법칙이 경제학에도 있다. 영국 고전학파 경제학자 데이비드 리카도(1772~1823)의 '비교우위론'이 그것이다. 비교우위론의 등장으로 세계 경제는 팽창과 폭발을 시작했다. 인류의 시야는 비로소 국경을 넘어서서 지구적 차원으로 확장됐다. 세계사의 물줄기를 대립에서 공존으로 변화시키는 근본적인 변화도 불렀다.

무엇보다도 빈곤과의 지난한 투쟁을 벌여온 인류에게 절대무기를 제공했다. 비교우위론은 '국부 증진'과 '풍요로운 삶'이라는 인류의 오랜 소망을 구현하는 답을 제시했다. 그 해답은 다름 아닌 '교역'이다. '교역은 참여하는 모든 당사국에 이익이며, 교역이야말로 번영의 길'이라는 게 비교우위론의 간명하고도 묵직한 결론이다.

일반인이 이해하기 어렵다는 점도 비교우위론이 상대성이론과 닮은 대목이다. 비교우위론이 정립되기 전까지는 '교역은 강대국에는 이익이지만 약소국엔 손해'라는 '절대우위론'이 득세했다. 경쟁력 있는 나라는 수출하고, 경쟁력이 없는 나라는 수입하는 게 유리하다는 '절대우위론'에 많은 이들이 직관적으로 동의했다.

하지만 리카도는 모든 산업에서 경쟁력이 취약한 후진국도 얼마든지 국제교역에 참여할 수 있다는 점을 입증했다. 심지어 후진국도 그런 거래로부터 항상 이익을 얻게 된다는 대반전의 결론을 제시했다. 비교우위론은 자유무역을 국제관계의 중심문제로 부상시켰고 산업혁명을 촉진했다. 비교우위론은 '경제 빅뱅'을 불렀고 지구에 풍요와 문명을 폭발시켰다.

중상주의와의 대논쟁에서 승리

한때 '약소국은 강대국과의 무역에서 언제나 피해자'라는 이분법이 득세했다. '중상주의 시대'로 불린 17~18세기까지의 일이다. 중상주의는 서유럽 제국주의 국가들이 신봉했던 경제이론과 체제다. 영국의 명예혁명(1688) 이래 100여 년간 세계를 지배한 경제 사조이기도 하다. '부와 가치의 원천은 상업'이라고 본 중상주의는 국내시장 확보와 보호주의를 강조했다. 수출을 늘리고 수입을 막아 금과 은 보유를 늘리면 나라가 부강해진다고 생각했던 것이다.

애덤 스미스(1723~1790)의 명저 『국부론』이 바로 이 중상주의적 사고에 대한 신랄한 비판서다. 비슷한 시기에 영국 도덕철학자 데이비드 흄(1711~1776)도 '문명의 백미는 국경 너머로 상업을 확대하는 국제무역'이라고 주장했다. 리카도는 데이비드 흄과 애덤 스미스의 이런 사고를 업그레이드시켜 '경제학의 절대법칙' 비교우위론을 완성했다.

이렇게 등장한 비교우위론은 자유무역 시대를 열어젖혔다. 한 나라의 경쟁력이 총체적인 '절대 열위'여도 교역 가능한 상품은 늘 존재한다는 '반전 결론'을 선사했기 때문이다. 물론 출발부터 순탄했던 것은 아니다. 보호무역을 옹호하는 '중상주의'와 세기의 논쟁을 거쳐야 했다.

중상주의 옹호자들은 보호무역으로 상인이나 제조업자를 보호하는 것은 나라경제의 안위를 위한 당연한 조치라고 목소리를 높였다. 이에 자유무역론자들은 중상주의가 오히려 국부 축적을 저해한다고 반박했다. 일방적인 상인·제조업자 보호는 국내 산업을 단기적으로 보호할 뿐이라며 맞섰다. 저품질의 제품을 높은 가격에 쓰도록 강요해 소비자 이익을 희생시키고, 결국 나라경제의 활력을 저하시킨다고 논박한 것이다.

　양측의 대립은 근대경제학 태동 이래 '최초의 대논쟁'으로 불린다. 논쟁의 결과는? 비교우위론으로 무장한 자유무역 진영의 승리로 끝났다. 돌아보면 세계사의 물줄기를 빈곤에서 풍요로 바꾼 결정적인 사상투쟁이었다.

서방, 비교우위론으로 중국 추월하다

1817년 비교우위론이 제창된 뒤 유럽에서는 무역통제가 해제되고 수입제한 조치가 폐지되기 시작했다. 특히 곡물수출입을 규제하던 영국의 '곡물법(Corn Law)'이 1846년 폐지되면서 자유무역 진영의 승리가 확정됐다. 나폴레옹 전쟁의 결과로 1815년 제정된 곡물법의 핵심은 외국산 농산물 수입금지였다. 의회를 장악한 지주들이 고안한 가격보장장치가 곡물법이었다.

　곡물법 폐지 이후 영국은 지금의 자유무역협정(FTA)과 유사한 '상업협정'을 프랑스와 맺었다. 1870년 무렵 영국의 협정 체결국은 유럽 27개국으로 확대됐다. 결과는 놀라운 생산력 증대와 경제발전이었다. 협정 체결국들과 영국 간 교역량은 협정 체결 10년 만에 82%나 급증했다. 자본주의 발전의 가속화는 영국 역사상 '가장 번창한 시기'로 불리는 빅토리아 시대(1837~1901)를 열어젖혔다. 나아가 전 유럽 대륙에 산업혁명의 만개와 생산성 혁명을 불러왔다.

중국, 인도 등 아시아 국가들에 크게 밀리딘 유럽은 자유무역을 통해 세계사의 주역으로 자리잡았다. 1800년 영국, 프랑스, 독일 등 유럽의 3대 강대국이 세계 제조업생산에서 차지한 비중은 모두 합해 8.8%에 불과했다. 영국 1.9%, 프랑스 4.0%, 독일 2.9% 등이었다. 하지만 100년 후인 1900년에 세 나라의 생산비중은 영국 18.5%, 프랑스 6.8%, 독일 13.2%로 총 38.5%로 치솟았다.

'자유로운 교역'이라는 큰 흐름에 올라타지 못한 탓에 당시 세계 경제를 주도하던 중국과 인도의 영향력은 한없이 쪼그라들었다. 리카도가 『정치경제학과 과세의 원리에 관하여』(1817)를 통해 비교우위론을 주장한 직후인 1820년 전 세계 국내총생산(GDP)의 32.4%를 휩쓸었던 중국 경제의 비중은 1900년 6.2%로 곤두박질쳤다. 차와 면화 수출, 아편무역에 힘입어 1820년 당시 세계 GDP의 16%를 차지했던 인도 경제도 숫자를 거론하는 게 무의미할 만큼 위상이 추락했다.

상대성이론이 그랬던 것처럼 비교우위론도 세상을 바꿨다. 유럽의 성공에 힘입어 비교우위론은 세계 곳곳으로 확산했다. 그러자 폭풍 같은 자본주의적 발전이 동시다발로 전개됐다. 정확히 비교우위론이 설파된 19세기 전반부터 전 세계 GDP는 폭발을 시작했다. 1820년 이후 세계 평균 1인당 GDP는 15배(2018년 기준)나 수직상승했다. 비교우위론이 경제학의 가장 중요한 발견이며, 인류사에 대한 경제학의 큰 기여라는 평가를 받는 이유다.

비교우위론은 '헥셔-올린의 정리', '헥셔-올린-새뮤얼슨의 정리'로 이어지며 정교한 자유무역론을 완성시키는 초석이 됐다. 근자엔 비교우위론이 언제나 옳은 것은 아니라는 주장도 나온다. 하지만 기술혁신 등을 전제한 제한적 이론 전개일 뿐이며, 일반 법칙으로서의 자유무역론은 여전히 유효하다.

 초등 산수만큼 쉬운 비교우위론

비교우위론은 초등 산수로도 쉽게 입증된다. 비용을 절대적이 아닌, 상대적인 개념으로 인식하는 게 핵심이다. 한국과 인도가 스마트폰과 노트북을 생산하는 데 소요되는 비용을 아래처럼 가정해보자.

한국·인도의 스마트폰과 노트북 생산비

	스마트폰	노트북
한국	500달러	1000달러
인도	1500달러	2000달러

인도는 한국과 비교해 스마트폰과 노트북 모두에서 경쟁력이 없다. 절대우위론에 따르면 이 경우 한국만 수출이 가능하다. 가격경쟁력이 없는 인도는 특화할 제품이 없다고 본다.

그런데 '상대적 경쟁력'을 따져보면 얘기가 완전히 달라진다. 한국의 스마트폰 생산비용은 500달러로 노트북(1000달러)의 2분의 1이다. 따라서 스마트폰을 집중 생산하고 수출해 벌어들인 돈으로 노트북을 수입하면 가장 큰 이익을 얻게 된다.

인도는 스마트폰과 노트북 생산단가가 모두 한국보다 높아 얼핏 교역이 어려워 보이지만 상대적 비용을 따져보면 그렇지 않다. 인도의 스마트폰 생산비용은 한국의 3배지만, 노트북은 2배라는 점을 이용하면 노트북 수출 가능성이 열린다. 한국이 스마트폰에 집중하기 위해 노트북 생산을 포기하는 합리적 결정을 내릴 것이기 때문이다. 즉 인도는 노트북을 생산해 한국으로 수출하고, 그 수출대금으로 한국에서 스마트폰을 수입하는 방식의 교역이 가능해진다.

이런 거래는 두 나라 모두의 이익을 극대화시킨다. 즉 한국과 인도는 이런 교역을 통해 자국 시장에 가장 많은 스마트폰과 노트북을 가장 낮은 가격에 공급할 수 있게 된다. 물론 세계 경제 차원에서도 스마트폰과 노트북 생산이 늘어나는 효과가 발생한다.

폴 크루그먼의 '경제학자 감별법'

비교우위론은 보호무역주의와의 역사적 투쟁을 통해 반박불가의 지위를 확보했다. 북한 같은 전체주의 국가를 제외한 거의 모든 나라가 개방과 무역에 적극적인 이유다. 물론 나라마다 경제 환경이나 역사, 제도가 제각각이라 교역의 약발은 차이가 난다. 그래도 비교우위론이라는 개념 자체는 경제학자들에게 거의 절대법칙으로 수용된다. 최신 양자이론과 충돌하는 대목이 있다 해서 물리학자들이 상대성이론을 부정하지 않는 것과 마찬가지다.

'20세기 대표 경제학자' 폴 새뮤얼슨은 "비교우위론은 논리적으로 사실이어서, 굳이 수학자 앞에서 논쟁할 필요도 없다"고 했다. 초등학생 수준의 산수로 쉽게 증명된다는 의미일 것이다. 하지만 아무리 쉽게 설명해도 많은 사람들은 고개를 갸웃거린다. '교역이 모든 당사국에 이익을 준다'는 비교우위론의 결론을 이해하기 어려워한다. 국제무역을 '윈-윈'이 아니라 '제로섬' 게임으로 보는 흑백 논리에 지배되고 있어서다.

약소국은 숙명적으로 국제교역에서 불평등을 감당해야 한다는 선입견도 견고하다. 특히 사회과학도들은 교역을 '착취와 피착취'라는 제국주의적 시각으로 접근하는 경우가 허다하다. 좌파성향의 저명 경제학자 폴 크루그먼 뉴욕시립대 교수조차 "아주 똑똑한 사람인데도 조금만 얘기를 나눠보면 그가 비교우위론을 이해하지 못하고 있음을 금방 깨닫게 된다"고 한탄했다. 그러면서 "비교우위를 알고, 자유무역을 지지한다는 것은 경제학자의 직업적 동질성을 확인하는 징표 같은 것"이라고 강조했다.

'절대법칙' 무시한 음모론 활개

자유무역협정(FTA)은 두 나라 간 장벽을 완화하거나 철폐해 무역 자유화를 실현하는 협정이다. 관세를 상호 철폐하는 방식으로 협정 체결국 간 상품과 서비스 이동을 자유화시킨다.

비교우위론에 따라 FTA는 체결국 모두에 윈윈게임이다. 그런데도 한·미 FTA 체결을 전후해 격렬한 반대운동이 전국 거리를 뒤덮었다. 미국과 교역하면 한국의 부가 미국으로 빠져나가고 미국 거대 자본들만 이익을 얻게 된다는 엉뚱한 비판이 봇물을 이뤘다.

노무현 정부는 2003년 6월 한·미 FTA 추진 로드맵을 발표하고 2006년 6월부터 협상을 시작했다. 발효일은 2013년 3월 15일 0시다. 당시 한국이 FTA를 미국과 먼저 체결해야 할 이유는 많았다. 일본은 철강·반도체·전자부품·정보통신 등 많은 산업에서 경쟁 중이라 정확한 손익분석이 어려웠다. 중국은 보조금이 일상화된 데다 중앙정부 규제도 많아 자유시장경제로 보기 어려웠다. 유럽연합(EU)은 협정 체결의 기대효과가 상당하지만 회원국 간 이해관계가 너무 복잡했다. 반면 미국은 대규모 시장을 보유한 데다 한국과 경쟁하는 산업도 상대적으로 많지 않은 게 큰 장점이었다.

미국과의 FTA 체결은 경제적 관점에서 상식적이었지만, 반대는 나라를 뒤집을 기세로 타올랐다. 2006년 3월 28일에는 이른바 '진보 성향' 270여 시민단체가 총출동해 '한미FTA 저지 범국민운동본부'를 출범시켰다. 발족선언문은 한·미 FTA를 '제2의 한일합방', '제2의 IMF 사태', '한국사회 파괴 프로그램'으로 규정했다. "100여 년 전에 '개방만이 살길이다', '일본 문물을 수입하자'며 나라 팔아먹던 친일파 악령들을 연상시킨다"며 FTA 추진 인사들을 인신공격했다.

"미국이 협정을 강요하며 경제 침략과 수탈 의지를 노골적으로 드러냈다"라는 반미선동이 노골적이었다. "통상 관료, 재벌, 보수 정치인, 보수 언론들만 민심을 배신하고 매국으로 치닫고 있다"라는 음모론적 시각도 넘쳤다. '보수가 나라를 팔아먹는다'는 식의 저급한 이념공세가 판쳤다. "대한민국이 신자유주의 세계화 최면에 걸려 절망의 나락으로 빠져들고 있다"는 신물 나는 신자유주의 타령도 빠지지 않았다.

"나라 망한다, 나라 팔아먹는다"

달아오르는 반대운동에 큰 힘을 보태준 사건이 터졌다. 2006년 7월 6일 171명의 경제학자가 '한미 FTA협상에 대한 경제학자들의 견해'라는 제목의 반대 성명을 발표한 것이다. 경제학 교수 152명, 박사과정 대학원생 19명 등 171명이 서명했다. 협정 체결을 위한 양국 간 실무협상이 시작된 지 불과 한 달 만의 일이었다.

반대 이유는 한마디로 '미국과 FTA를 맺으면 나라 망한다'였다. 재앙을 부르고, 노무현 정부의 최대 국정실패로 기록될 것이라는 자극적인 내용이 가득했다. 반대 서명한 예비 경제학자(대학원생)들은 "대다수 국민이 정부의 홍보와 언론에 의해 포장된 기득권층의 얘기를 사실로 믿고 있는 것이 안타깝다"고 했다. "정부 당국자들과 재벌 산하 경제연구소가 앞장서서 대다수 국민의 이익을 내팽겨쳤다"고 맹비난했다.

171명을 대표해 6명의 경제학자는 기자회견도 열었다. 김수행 서울대 교수, 이병천 강원대 교수, 전창환 한신대 교수, 김상곤 한신대 교수, 홍훈 연세대 교수, 박경 목원대 교수가 회견장에 자리했다. 그 자리에서 이병천 교수는 "한·미 FTA의 어두운 실상을 국민에게 제대로 알려야 한다고 생각했다"며 비장한 각오를 드러냈다. 홍훈 교수도 "정부의 장밋빛 전망은 별로 근거가 없으며, 긍정적 효과는 미약한 반면 부정적 파괴적 효과는 엄청날 것"이라고 했다.

성명이 나오기 한 달 전쯤 KBS는 'FTA 12년, 멕시코의 명과 암'이라는 제목의 특집다큐멘터리 프로그램을 방송했다. 왜곡이 가득했지만 큰 반향을 불렀다. 뒤이어 나온 경제학자들의 성명은 KBS 방송 후 달아오른 민심에 기름을 들이부었다. 전문성과 중립성에서 신뢰받는 집단인 경제학자들의 견해는 반대운동에 논리적 정당성을 부여했다. 더욱 거세진 한·미 FTA 반대운동은 친일몰이, 반미선동 같은 자극적이고 극단적인 양상으로 내달았다.

교역확대를 종속 심화로 매도

경제학자들의 성명은 좌파 운동단체들의 맹목적 주장과 그리 다를 바 없었다. 연구자라고 믿기 힘들 정도의 편견과 선동으로 가득했다. 왜곡된 사실관계에 기초한 성명이었지만 몇몇 편향적 미디어를 중심으로 크게 다뤄졌다. '한국이 미국의 부당한 압력에 굴복했다'는 인식을 확산시켰다. '이래도 찬성하시겠습니까'라는 식의 냉소였다. 당시 반대 성명서의 비상식적인 주장은 이랬다.

> "미국식 FTA는 글로벌 스탠더드가 아니다. 세계 여러 FTA 중에서도 아주 특수한 시장근본주의적이고 약소국에 가장 가혹한 패권적 FTA다."
>
> "한국의 제도와 관행을 미국 기준에 뜯어 맞춰야 하는 전면적이고 불평등한 경제통합 협정이다."
>
> "나라의 주권보다 미국 자본의 무한 자유를 더 상위에 두는 '미국 자본의 권리장전' 성격이다."
>
> "미국 자본의 한국기업 인수와 포트폴리오 투자가 우리 경제를 유린할 것이다."
>
> "수출증대는 미약한 반면 수입은 급증해 대미 무역수지 적자 전락 위험이 크다."
>
> "국민 건강과 생명, 삶의 질, 한국문화의 정체성에 직결된 중대 사안들을 굴욕적으로 받아들였다."

"안이한 개방조치로 한국 서비스업은 기반마저 와해될 것이다."
"보건의료 공교육 등 각종 보편 서비스에 심대한 타격을 입히고,
복지사회를 무산시킬 뿐."

정치인도 아닌 학자들의 견해로는 부적절한 단정적인 표현이
넘친다. '경제를 안다'는 전문 연구자들이 이렇게까지 비상식적
인 주장을 펼쳤다는 점은 지금 돌아봐도 놀랍다.

"인터넷도 맘대로 못 쓴다" 괴담

한·미 FTA 반대 목소리는 각본이라도 짠듯 내용상 대동소이했
다. 요약하면 '현재와 미래 산업을 파괴시키고 양극화를 불러 국
민에게 재앙을 안길 제2의 을사늑약이자 미국 노비문서와 다름
없다'는 것이었다.
경제학자 반대 성명은 괴담 확산에도 불을 댕겼다. 통신사 외국
인 지분제한 폐지로 문자와 통화료가 몇 배로 뛸 것이라고 했다.
'인터넷을 맘대로 쓸 수 없게 된다'는 식의 상식 밖 주장이 넘쳤다.
맹장수술비가 900만 원으로 폭등하고 총기 소지가 자유화된다는
'썰'도 극성을 부렸다. 해외 교포들의 맹렬한 반대도 이례적이었
다. '내가 미국 살면서 먼저 겪어봐서 잘 아는데, 절대로 한·미 FTA
해서는 안 된다'는 식이었다. 당시 민주노동당이 작성했던 '독소조
항 총정리' 문건에 심각했던 루머와 가짜뉴스가 잘 정리돼 있다.

- 쌀농사가 전폐되고 미국의 식량 무기화에 당한다. 의료보험이 영리 화된다. 수도·전기·지하철·가스가 민영화돼 요금이 급등한다.
- 외국 투기자본이 은행주식 100%를 소유할 수 있어 중소기업이 떼 부도를 맞고, 이자율 제한이 없어져 사채천국이 된다.
- 무역보복이 일상화돼 한국 경제는 막장으로 내몰린다.
- 개방하지 않을 분야만 적시한 네거티브 방식이어서 도박·섹스 피라 미드 판매업도 군말 없이 수용해야 한다.
- 투자자-국가 간 소송(ISD)으로 인해 사법권, 평등권, 사회권이 무 너질 수 있다. 정부는 부동산정책 등 공공정책을 사실상 포기해야 한다.
- 외국 기업이 경영 실수로 기대 이익을 못 얻었을 경우에도 우리 정 부에 소송을 제기해 천문학적 보상금을 타낼 수 있다.
- 한·미 FTA가 우리 정부 정책과 규정의 상위법인 양 해석돼 주권이 유명무실해질 수 있다.
- 건강보험 한전 석유·도시가스공사 농수산물유통공사 LH 수자원공 사 도로·지하철·철도공사 KBS 우체국 국민연금 등 알짜 공기업이 미국 거대 투기자본에 넘어갈 가능성이 농후하다.

전부 굳이 반박할 필요를 못 느낄 정도의 엉터리 분석이다. FTA 체결 이후에 목격된 현상은 이런 분석들과 정반대다.

10년 지나보니 모두 엉터리 저주

한·미 양국에서 2012년 3월 한·미 FTA 협정이 발효됐으니 만 11년이 넘었다. 당시 반대 성명서에 담긴 경제학자들의 비판은 모조리 빗나갔다. 어떤 지표를 봐도 한·미 FTA 체결 이후 한국의 대미 경제활동이 크게 활기를 띠고 있다는 점을 어렵지 않게 확인할 수 있다.

당시 반대 성명서는 한·미 FTA가 초래할 파국적 결과를 구체적으로 열거했다. △대미 수출은 늘지 않고 무역적자만 커질 것 △농업분야의 치명적 타격 △멕시코처럼 심각한 양극화 초래 △보건의료·공교육·에너지·방송통신 사유화 △서비스산업 기반 와해 등이다.

비교우위론에 태클을 건 이 주장들을 팩트 체크해 보면 전부 사실이 아니다. 전망은 빗나갔고 우려는 기우였다. FTA가 발효된 2012년 3월을 기점으로 전후 5년간의 경제지표를 비교해 보면 파국적 결과는 단 하나도 없다. 긍정적인 데이터만 차고 넘친다.

우선 '대미 무역적자 전망'이 완전히 빗나갔다. 적자 전락은커녕 '흑자 급증'이라는 180도 다른 결과가 나왔다. FTA 발효 직전인 2011년에 116억 달러이던 한국의 대미 무역흑자는 5년 뒤인 2016년 233억 달러로 뛰었다. 협정 체결 5년 만에 흑자 규모는 꼭 2배로 불었다.

특히 한·미 FTA 발효 후 5년은 세계 교역량이 연 2.0%씩 감소한 이례적인 시기였다. 중국의 대대적인 경기부양이 종료돼 신흥국과 선진국 경제가 동시에 타격을 입었기 때문이었다. 당시 한국의 교역규모도 5년 동안 3.5% 줄었다. 하지만 FTA 협정 덕분에 한·미 간 교역은 1.7% 늘었다. 그 결과 2011년 2.6%이던 한국의 미국 시장점유율은 2016년엔 3.2%로 크게 높아졌다. 같은 기간 미국의 한국 시장점유율도 8.5%에서 10.5%로 뜀박질하는 원인이 뚜렷했다.

값싼 미국 농산물의 습격으로 농업이 궤멸적 타격을 입을 것이라던 주장도 빗나갔다. 한·미 FTA 발효 직전 해인 2011년 73억3000만 달러였던 미국산 농축산물 수입액은 2016년 67억 2000만 달러로 오히려 줄었다.

한·미 FTA 발효 직전 해인 2011년 이후 10.1%이던 대미 수출비중(한국의 전체 수출액에서 미국 수출액이 차지하는 비중)은 2021년 15.0%로 높아졌다. FTA 발효 이후 10년 만에 대미 수출비중이 50%나 급증한 것이다. 같은 기간 한국의 대중 수출비중은 24.2%에서 25.2%로 거의 그대로다.

최근 4년(2017~2020) 간 한국의 대미 해외직접투자도 FTA 발효 초기 4년(2013~2016)에 비해 75.1% 급증했다. 같은 기간 대중 해외직접투자증가율(23.5%)의 3배를 웃돈다.

오히려 개선된 양극화

북미자유무역협정(NAFTA·나프타) 체결 후의 멕시코처럼 양극화가 극심해질 것이라던 전망도 거짓으로 판명났다. 양극화 지표가 일제히 '개선'된 것이다. 상위 20%와 하위20% 집단 간 소득 격차인 '5분위 배율'에서 잘 드러난다. '5분위 배율'은 한·미 FTA 발효 직전 해인 2011년 8.3배(정부 보조금 포함)에서 5년 뒤인 2016년에는 7.0배로 크게 개선됐다.

자산 격차도 줄었다. 2012년 0.62이던 순자산 지니계수는 2017년 3월 0.59로 낮아졌다. 지니계수는 불평등 정도를 보여주는 대표 지표로 0에 가까울수록 '평등', 1에 가까울수록 '불평등' 하다는 뜻이다.

중산층(소득이 중위소득의 50~150%인 가구) 비중 역시 2011년 66%에서 2016년 67%로 소폭이지만 늘었다. 같은 기간 빈곤가구(소득이 중위 소득의 50% 미만인 가구)는 14%로 변화가 없었다. 서민이 대거 빈곤층으로 전락할 것이라던 우려도 빗나간 것이다. 정리하면, 한·미 FTA 체결 직후 5년 동안 소득과 자산 양 측면에서도 양극화가 개선됐다.

나프타 체결 후 멕시코에서 양극화가 극심해졌다던 주장부터가 사실과 다르다. 나프타 이후 멕시코의 양극화는 심화되기는커녕 극적으로 개선됐다. 나프타 발효 직전 멕시코의 양극화는 급속악화 중이었다. 1984년 0.45이던 양극화지수(지니계수)는 나프타 발효 해인 1994년 0.52까지 치솟았다. 그러다 협정 10년 만인 2004년 0.47로 크게 낮아졌다. 악화일로이던 멕시코의 양극화가 정확히 나프타 발효를 기점으로 급격히 호전된 것이다.

나프타가 불러온 멕시코의 양극화 개선은 다른 지표들에서도 확인된다. 빈곤층 비중이 1992년 53%에서 2006년 43%로 크게 낮아졌고, 5분위 배율도 뚜렷이 개선됐다. 자유무역협정이 빈부 격차를 부른다는 주장은 전혀 입증된 바 없다. 한국을 포함한 세계 각국의 경험은 FTA가 양극화를 개선시키는 효과가 있다는 점을 시사한다.

잠깐 불평등도 보여주는 '지니계수'란

양극화 정도를 보여주는 대표적인 지표가 지니계수다. 이탈리아 통계학자 지니가 고안한 지표로 불평등 정도를 수치로 간단히 표시해준다. 가로축에 인구분포를 표시하고 세로축에 소득점유율을 누적해 나가면 로렌츠곡선($Oa\beta O'$)이라 부르는 소득분배곡선이 그려진다. 아래 그림은 하위 30% 국민이 전체 가계소득의 8%를 차지하고, 하위 50%가 25%를 차지한 경우다. 이렇게 그려진 로렌츠곡선 내부의 면적(D)이 직삼각형($OO'F$) 면적에서 차지하는 비중이 바로 지니계수다. D의 면적이 작을수록 지니계수가 낮아져 소득분배가 평등해진다.

모든 가정의 소득이 똑같다면 로렌츠곡선은 OO'의 직선을 따라 그려지고 지니계수는 0이 된다. 불가능한 일이지만, 특정 국가의 소득을 한 가정이 전부 갖고 있다면 지니계수는 1이 된다. 이때 로렌츠곡선은 OFO'의 궤적을 따르게 된다.

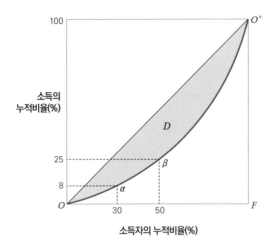

지니계수는 통상 0.2~0.5 사이로 산출된다. 일반적으로 0.3 미만이면 소득분배가 잘된 상태로 본다. 0.3~0.4 구간은 불평등이 심화되는 단계, 0.4를 넘어서면 불평등이 심한 단계로 진단한다.

'봇물 터질 것'이라던 ISD도 잠잠

한·미 FTA 반대운동 당시 투자자-국가 간 소송(ISD, Investor-State Dispute) 조항에 대한 문제 제기가 특히 많았다. ISD는 투자대상국의 정책이나 법령 때문에 피해 입은 외국인 투자자가 상대국 정부를 상대로 별도의 중재기관에 손해배상을 청구하는 분쟁해결 절차다. 투자 유치국이 협정상 의무(내국민대우, 최혜국대우, 대우의 최소 기준, 수용 및 보상, 송금, 이행요건 등)를 위반하거나, 투자계약 및 투자인가 위반으로 손해가 발생했을 때 중재청구가 가능하다.

자칭 '착한 경제학'의 습격

이 제도는 각국 정부의 협정위반이나 내외국인 차별조치에 따른 피해를 보전해 투자자 권리를 실효적으로 보호하는 게 목적이다. 해외투자가 많은 우리 기업들이 안심하고 투자하고, 반대로 해외투자를 국내로 유치하기 위해서도 필요한 제도다. ISD 조항이 없다면 국민연금의 늘어나는 미국 투자자산을 보호할 방법도 막막해진다.

이런 유용성 덕분에 ISD 조항은 1960년대부터 채택되기 시작해 웬만한 협정에는 거의 반영된다. 한국도 한·미 FTA 체결 이전부터 도입해왔고, 딴 나라와 맺은 100여 개의 기존 협정에 관련 절차가 규정돼 있다.

ISD는 통상의 세계에서 보편적 제도다. 그런데도 FTA 체결로 미국 기업들의 소송이 봇물 터지고, 힘없는 한국은 당할 수밖에 없을 것이란 예단이 넘쳤다. 현직 판사가 '사법주권 박탈과 다름없다'고 주장해 파문이 커지기도 했다.

한·미 FTA 발효 이후 10년의 경과를 보면 이 역시 무리한 선동이었음이 확인된다. 협정 발효 후 10년(2012~2021)간 ISD 신청은 3건이다. 적다면 적고 많다면 많은 건수지만, 내용을 보면 '부당하다'거나 '사법주권 훼손' 운운할 만한 사례는 없다.

첫 제소는 협정 발효 5년여 만인 2017년 10월이다. 도시재개발 과정에서 정부가 자신의 토지를 강제 수용하는 바람에 200만 달러 이상을 손해봤다며 보상을 요구하는 재미교포의 이의 제기였다. 우리 정부의 승리로 끝난 이 분쟁은 오히려 ISD 조항의 유용성을 일깨웠다. 중앙토지수용위원회에서 수용 거부된 사례가 1.4%에 불과할 만큼 땅 수용이 강제되는 게 한국적 풍토 아니던가.

나머지 두 건의 ISD 소송은 미국 투자펀드 엘리엇매니지먼트와 메이슨캐피탈이 2018년에 각각 제기했지만 내용상 동일 사건이다. 이들은 '최순실 국정농단' 재판 과정에서 국민연금이 삼성물산-제일모직 합병과정에 부당 개입한 사실이 확인됐다며 ISD 소송을 냈다. 청구액은 엘리엇이 7억 7000만 달러, 메이슨이 2억 달러다.

소송은 진행 중이며 결과는 예단하기 어렵다. 국민연금의 부당 개입 여부에 대한 국내 법원의 판결도 민사소송이냐 형사소송이냐에 따라, 또 재판부 성향에 따라 엇갈리고 있어서다. 엘리엇과 메이슨 소송 역시 ISD의 유용성을 확인해주는 사례로 볼 수 있다. 우리 정부의 부당한 개입이 정말로 있었다면 보상하는 것이 공정에 부합하기 때문이다.

결론적으로 지난 10년 동안 제소된 3건의 ISD 어디에서도 사법주권이 훼손된 사정을 발견하기 어렵다. 미국이 우월적 지위로 ISD를 부당하게 진행 중이라는 논란도 없다. 언급한 사례 이외에 한국은 2건의 ISD(제소자는 론스타와 쉰들러)를 더 진행 중이지만 한·미 FTA 협정과는 무관한 분쟁이다. 론스타 소송은 한·벨기에 투자보장협정(BIT), 쉰들러 소송은 한·EFTA 부속협정에 따른 것이다. 지난 10년의 경험은 한·미 FTA의 ISD 조항을 둘러싼 자극적인 주장들의 근거가 없음을 보여준다.

'착한 경제' 선동이 먹혔다면

경제학자들이 반대 성명서에 적시한 보건의료·공교육·에너지·방송·통신 사유화, 서비스산업 기반 와해 등은 굳이 검증할 필요조차 없다. 거론한 분야 중 단 한 군데서도 사유화는 없었다. 서비스산업 역시 기반이 와해되기는커녕 날로 발전해 한류와 K컬처가 세계로 뻗고 있는 게 현실이다. 지금 와서 돌아보면 말도 안 되는 선동이라는 점에 누구나 동의할 수밖에 없다.

한·미 FTA의 성과는 진보진영 내부의 반성도 불렀다. 2018년 당시 홍영표 더불어민주당 원내대표는 "만일 한·미 FTA를 안 했다면 어땠을까. 미국 트럼프 행정부의 보호주의 정책이나 최근 자동차 관세 부과 등을 놓고 생각하면 사실 소름이 끼칠 정도"라고 했다. "노동계와 진보진영은 그때의 교훈을 돌이켜볼 필요가 있다"며 자성도 촉구했다.

한·미 FTA로 한국 경제는 어느 정도의 이득을 본 것일까. 정확한 계산은 어렵지만 대략 100조 원으로 추정해볼 수 있다. 2012년 FTA 발효 이후 한국의 미국 시장점유율은 연 0.5%포인트가량 상승했다. 협정 발효 직전 5년(2006~2011) 연평균 2.47%이던 점유율이 발효 직후 5년(2012~2016)은 2.94%로 높아진 것이다.

미국 시장점유율을 1%포인트 확대하면 한국의 경제성장률

(GDP)은 1.4% 높아진다는 게 일반적 분석이다. 따라서 점유율 연 0.5%포인트 확대는 연 0.7%의 GDP 증가를 유발했을 것으로 추산해볼 수 있다.

한·미 FTA 발효 이후 10년 동안의 연평균 GDP는 1500조 원이다. 따라서 FTA로 늘어난 부가가치는 연 10조 5000억 원(1500조 원 ×0.7%)으로 추산된다. 협정이 무산됐다면 연 10조 5000억 원, 즉 10년간 100조 원 안팎의 GDP 감소가 있었을 것이란 의미다. '착하고 정의로운 경제'를 표방한 반FTA 진영의 선동이 먹혔다면 수많은 일자리와 국민의 생계가 위협받았을 것이다.

반지성주의적 · 자학적 세계관

———

K진보경제학의 폐해는 역사학에서도 자폐적 양상으로 목격된다. 원로
진보사학자 서중석 성균관대 교수는 한국의 고도성장을 세계 경제 호황
등 국제여건 호조에 따른 당연한 결과라고 평가절하한다. 독일이 1945
년, 일본은 한국전쟁 직후, 대만은 1960년대 초반, 프랑코 독재 치하의
스페인조차 1960년대부터 고속성장 했다는 점이 근거다. 이 견해를 받
아들인다면 그 시절 성장하지 못한 나라는 왜 그런 것인지, 또 한국이
가장 모범적으로 성장한 이유는 무엇인지 설명할 길이 막막하다.

굴욕이 되고 만 한·미 FTA 망국론

한·미 FTA 협정 체결 당시 경제학자들은 압도적 지지를 보냈다. 우여곡절 끝에 협상이 마무리돼 국회 통과를 앞둔 초긴장 국면이 었던 2011년 11월 경제학 교수 50명 대상 긴급 설문조사 결과가 잘 보여준다. 82%인 41명이 '비준안 즉시 처리'를 찬성했다. '국 익이 걸린 만큼 야당 반대가 심할 경우에도 단독 처리해야 한다' 는 데도 60%(30명)가 지지했다. 일종의 절대법칙인 비교우위론에 기초한 자연스러운 반응이었을 것이다.

그렇다면 희대의 반대 소동을 벌인 연구자들은 대체 누구란 말인가. 대체 어디서 무슨 경제학을 배웠기에 자유무역협정 때문 에 경제가 파탄나고, 양극화가 하늘을 찌르고, 미국에 예속된다 고 주장했을까. 성명에 가담한 학자들의 면면에 답이 있다. 171명 의 명단을 보면 마르크스경제학 전공자나 '맹목적인 분배'를 강 조하는 이른바 '진보경제학자' 일색이다.

171명을 대표해 기자회견을 연 6명(김수행·이병천·홍훈·전창환·김 상곤·박경)은 하나같이 한국 진보경제학계의 주역들이다. 기자회 견장 좌장을 맡은 김수행 서울대 교수는 '한국 1호 마르크스주 의 학자'다. 이병천 강원대 교수는 중견 마르크스주의 학자의 대 표 격이다. 홍훈 연세대 교수와 전창환 한신대 교수도 마르크스 경제학 연구자들이다. 김상곤 한신대 교수(문재인 정부 초대 교육부 장 관)는 '사회주의 기업의 노사관계 모형 연구'를 주제로 박사논문 을 썼다. "자본의 족쇄를 거부하고 사회주의를 상상하자"고 발

자칭 '착한 경제학'의 습격

언하기도 했다.

　반대 성명 참여자 명단은 그 자체로 한국의 분배지상주의 학자, 마르크스주의 학자, 좌파적 대안에 경도된 연구자 리스트다. 김수행 교수가 『한국의 좌파 경제학자들』이라는 책에서 국내 대표 마르크스 학자로 꼽은 11명이 전부 성명서에 이름을 올렸다. 강남훈 한신대 교수, 김기원 방송대 교수, 김성구 한신대 교수, 류동민 충남대 교수, 신정완 성공회대 교수, 안현효 대구대 교수, 이병천 강원대 교수, 이채언 전남대 교수, 정성진 경상대 교수, 조복현 한밭대 교수, 조원희 국민대 교수가 그들이다. '자유무역 확대'라는 상식을 거부한 한·미 FTA 반대 성명은 음모론에 휘둘리고, 계급적 시각에 경도됐음을 자기 고백한 'K진보경제학'의 굴욕이 되고 말았다.

잠깐 반대 경제학자들은 누구? * 괄호 안은 성명 발표 당시 소속

경제학 교수 및 연구자 152명

강남훈(한신대), 강신성(한남대), 강신욱(한국보건사회연구원), 강신준(동아대), 권광식(방송대), 김기원(방송대), 김기현(경북대), 김대래(신라대), 김도근(동명정보대), 김삼수(서울산업대), 김상곤(한신대), 김상조(한성대), 김성구(한신대), 김성희(한국비정규노동센터), 김수행(서울대), 김승석(울산대), 김안국(한국직업능력개발원), 김양화(부산대), 김애경(대구사회연구소), 김영용(경북대 새정치경제학연구회), 김영철(계명대), 김용

원(대구대), 김유선(한국노동사회연구소), 김윤자(한신대), 김의동(경상대), 김재훈(대구대), 김정주(한신대 민주사회정책연구원), 김종한(경성대), 김준(상지대), 김진일(국민대), 김차두(경성대), 김창근(경상대 사회과학연구원), 김태억(새로운 사회를 여는 연구원), 김태연(단국대), 김형기(경북대), 남기곤(한밭대), 노중기(한신대), 류동민(충남대), 류덕위(한밭대), 문종상(한국섬유개발연구원), 민경세(한밭대), 민완기(한남대), 박경(목원대), 박경로(경북대), 박관석(목포대), 박광서(전남대), 박만섭(고려대), 박명훈(지방분권운동 대구경북본부), 박상수(제주대), 박섭(인제대), 박순성(동국대), 박승호(경상대 사회과학연구원), 박정원(상지대), 박영호(한신대), 박종현(진주산업대), 박지웅(영남대), 박진도(충남대), 박태주(한국노동교육원), 박형달(순천대), 배영목(충북대), 배인철(한국도로공사), 백영현(참여사회연구소), 백일(울산과학대), 변형윤(서울사회경제연구소), 서석흥(부경대), 서익진(경남대), 서한석(경원대), 서환주(상지대), 성낙선(한신대), 손명환(충남대), 송원근(진주산업대), 송태복(한남대), 신상기(경원대), 신정완(성공회대), 신조영(대진대), 안진권(대구사회연구소), 안현효(대구대), 양준호(삼성경제연구소), 양희석(경상대), 우명동(성신여대), 우석훈(성공회대 강사), 유태환(목포대), 유철규(성공회대), 윤병선(건국대), 윤석원(중앙대), 윤영삼(부경대), 이강국(Ritsumeikan University), 이규금(목원대), 이기훈(충남대), 이병천(강원대), 이상준(국민대), 이상철(성공회대), 이상호(가톨릭대 강사), 이상호(진보정치연구소), 이세영(한신대), 이영기(동아대), 이영자(가톨릭대), 이용재(대구경북분권혁신아카데미), 이우진(University of Massachusetts), 이원복(대구대), 이일영(한신대), 이재성(계명대), 이재은(경기대), 이재희(경성대), 이정우(경북대), 이종래(경상대 사회과학연구원), 이종한(한국행정연구원), 이채언(전남대), 이해영(한신대), 임상오(상지대), 임수강(국회의원 보좌관), 장대익(경성대), 장주영(대구경북분권혁신아카데미), 장지상(경북대), 장상환(경상대), 장하준(University of

Cambridge), 전창환(한신대), 전형수(대구대), 정건화(한신대), 정명기(한남대), 정성기(경남대), 정성진(경상대), 정세은(충남대), 정승일(국민대 겸임교수), 정원호(한국직업능력개발원), 정일용(한국외국어대), 정재호(목원대), 조복현(한밭대), 조석곤(상지대), 조영탁(한밭대), 조원희(국민대), 주무현(경상대 사회과학연구원), 주종환(동국대 명예교수), 채장수(경북대 강사), 채종화(부산경상대), 최배근(건국대), 최정규(경북대), 최정식(UNI 한국협의회), 최종민(전북대), 최진배(경성대), 표명주(대구사회연구소), 한기조(동의대), 한성안(영산대), 허민영(경성대), 현용석(한남대), 홍덕기(전남대), 홍장표(부경대), 홍태희(조선대), 홍훈(연세대), 황신준(상지대), 황한식(부산대), 황호선(부경대)

대학원생(박사과정) 19명

강영삼(서울대 대학원), 권은지(서울대 대학원), 김공회(University of London), 김선영(서울대 대학원), 손삼호(서울대 대학원), 심성희(서울대 대학원), 양정승(서울대 대학원), 오승연(University of Massachusetts), 오종석(서울대 대학원), 원도연(고려대 대학원), 이동한(서울대 대학원), 장시복(University of Massachusetts), 전희상(서울대 대학원), 정상준(서울대 대학원), 정재현(고려대 대학원), 정혁(서울대 대학원), 조태희(University of Missouri-Kansas City), 황성하(University of Massachusetts), 현영진(서울대 대학원)

반대 학자들의 공통분모는 '학현'

반대 성명에서 마르크스 전공자들보다 더 많은 부류는 '학현(學峴) 학파'다. 학현은 변형윤 서울대 교수의 아호이며, 학현학파는 그의 학문적 지향인 '분배주의'를 신봉하는 경제학자 그룹이다. 한·미

FTA 반대 성명에 참여한 학현 학자는 수장인 변형윤 교수를 포함해 줄잡아 30여 명에 달한다. 강남훈·강신욱·권광식·김상조·김성구·김수행·김윤자·김형기·남기곤·류동민·배영목·신상기·신정완·안현효·이병천·이상철·이재희·이정우·이채언·장지상·장상환·정성진·정일용·조원희·홍장표·황신준 등이다.

반대 성명서 발표 기자회견장에 나온 6명의 경제학자 중 4명이 학현 소속이다. 김수행, 이병천 교수는 변 교수 직계 제자다. 박경 목원대 교수는 학현그룹 원로 전철환 충남대 교수(전 한국은행 총재)를 지도교수로 박사논문을 썼다. 김상곤 교수 역시 인적 학문적으로 오랜 기간 학현그룹과 행보를 같이했다. 성명서 발표의 실무 작업도 학현 핵심멤버인 홍장표 부경대 교수(문재인 정부 경제수석·KDI 원장)가 맡았다.

'민족경제론'을 주창해 한국 진보경제학계의 거목이 된 박현채 조선대 교수의 제자들 이름도 보인다. 정건화 한신대 교수와 조석곤 상지대 교수가 대표적이다. 박현채 교수가 말년에 공을 들인 한국사회과학연구소 출신들이다.

성명 참가자들의 소속을 보면 한신대(13명), 경북대(8명), 경상대(8명), 상지대(6명), 경성대(6명), 성공회대(4명) 등이 많다. 모두 '진보적 학풍'으로 이름 높은 대학들이다. 한신대·상지대·성공회대는 '진보 이념'을 공통 가치로 1999년 '민주대학 컨소시엄'이라는 대학 간 연합체도 결성했다.

결국 '경제학자 반대 성명'은 학계의 다수 견해와 괴리된 소수

진보경제학자들의 견해에 불과했다. 경제학계에서 진보 좌파의 점유율은 10%에도 못 미친다는 게 정설이다. 비주류 학자들이 학계를 과잉 대표해 여론을 곡해한 것이 '한·미 FTA 경제학자 반대 소동'의 본모습이다.

'신자유주의 스토커'들의 가세

신자유주의를 거의 모든 경제 문제의 근본 원인으로 돌리는 이들도 반대 성명에 대거 등장한다. 장하준 영국 케임브리지대 교수가 대표적이다. 그는 "한·미 FTA 체결은 1등 국가를 포기하는 것"이라고 주장했다. "우리 경제는 이미 고도로 개방돼 추가 개방을 안 해도 북한 같은 고립경제가 되는 것은 아니다"라고도 했다. 또 미국과의 FTA는 상품교역뿐 아니라 지식재산권, 자본시장 등까지 포괄하는 것이어서 지극히 조심해야 한다고 지적했다. "주주자본주의는 가진 자를 위한 제도"라고 비판하는 그의 남다른 사고가 FTA에 대한 이상감각으로 이어진 듯싶다.

『쾌도난마 한국경제』라는 책을 장하준 교수와 함께 쓴 정승일 박사도 반대 성명파다. "일부 특권적 엘리트를 제외한 대다수의 삶이 더욱 피폐하게 될 것"이라는 게 그의 한·미 FTA 반대 이유다. 필수적인 서비스와 공공재의 사유화를 돌이킬 수 없게 만들 것이라는 진단이었다. "상당수 국민에게 상하수도와 전기 공급이 중단되고, 의무 교육과 건강보험 혜택이 중단되는 일이 다반사가 될 것"이라고 했다.

　문재인 정부에서 소득주도성장론 예찬론자로 맹활약하며 이름값을 높인 최배근 건국대 교수도 반대 성명에 참여했다. 최 교수 역시 신자유주의 반대자다. 그는 경제성적표가 꽤 괜찮았던 MB정부를 두고 "파산한 신자유주의 논리를 답습하는 바람에 한국 경제를 엉망으로 만들었다"고 비난했었다. "경제민주화로 신자유주의를 극복하자"던 김상조 한성대 교수, "신자유주의는 민주주의의 공동화를 배경으로 한다"던 전창환 한신대 교수 등의 이름도 확인된다.

　정의당 싱크탱크 정의정책연구소의 김병권 소장도 눈에 띈다. 정통연구자가 아닌 탓에 성명에는 불참했지만 당시 새로운사회를여는연구원 소속으로 왕성한 반대 활동을 펼쳤다. 그는 "베네수엘라 차베스 정권은 반(反)신자유주의 대안사회로 가고 있는데, 노무현 정부는 신자유주의 선두국 미국과의 FTA 체결에 매달린다"고 맹비난했다. 일방적인 논지를 전개한 이들 '신자유주의 스토커'들은 여전히 우리 사회의 핵심포스트에서 왕성한 활동을 벌이고 있다.

'따뜻한 경제학'의 민망한 논변

자칭 '따뜻한 경제학자' 부류도 빼놓을 수 없다. '따뜻한 경제학자'라는 간판 아래 EBS에서 오래 강연한 우석훈 성결대 교수를 보자. 한·미 FTA 반대가 한창일 때 그는 개그우먼 김미화 씨와 함께 삭발 퍼포먼스까지 벌여 주목받았다. 삭발이 시작되자 김미화 씨는 카메라 앞에서 연신 눈물을 훔쳤다. "너무 슬프다. 저런 경제학자가 이제 없었으면 좋겠다. 보는 것도 힘들다. 경제학자는 방송을 통해 얘기하는 게 본분인데, 정치를 해야 하고 머리를 깎아야 하니까."

우 교수는 한·미 FTA 망국론으로 책도 두 권 냈다. 직설적이고 감정적인 주장이 넘친다.

> "만약 한·미 FTA로 한국이 무역에서 이익을 본다면 경제학 연구에서의 세계적인 스캔들이 될 것."
>
> "경제학과 3학년만 돼도 한·미 FTA가 경제적으로 유리하기 어렵다는 걸 금방 알 수 있다. 무슨 엄청난 컴퓨터의 도움이 필요한 것도 아니다."
>
> "역사가 보여주는 건 극단적인 통상주의자들이 경제를 이끌고 나갔던 나라들은 다 망했다는 사실."
>
> "한국이 FTA에서 최고로 앞선 나라가 됐다는 건 우리가 그만큼 뛰어나다는 게 아니라 '글로벌 호구'라는 반증."

자신의 견해가 거짓으로 판명나자 우석훈 교수는 "양자보다 다자간 무역체제가 낫다고 봤던 것"이라고 변명했다.

'착한 경제학'을 표방한 정태인 박사도 빼놓을 수 없다. 노무현 청와대에서 경제비서관으로 일한 정태인은 '행담도 개발사건'에 연루돼 청와대를 나온 뒤 한·미 FTA 반대운동의 최전선 투사로 맹활약했다. "한·미 FTA가 맺어지면 일반적인 산업정책은 불가능", "한·미 FTA 체결은 IMF가 100개 터지는 것" 등의 강경발언을 쏟아냈다.

그는 2021년 "한·미 FTA의 부작용이 생각보다 크지 않았다"고 실토했다. 하지만 "큰 흐름에서 내가 틀렸다고 생각하지 않는다"며 여전히 오판은 아니라고 주장했다. "생각했던 것처럼 우르르 무너지지 않은 것은 2008년 금융위기로 미국시장이 붕괴됐기 때문", "병원이나 학교는 돈이 안 될 것 같으니까 다행히 미국이 안 들어왔다"고 했다. 2022년 유명을 달리한 그는 '착한 경제' 구현방안으로 '사회적 경제'를 제시하고 그 전도사를 자처하기도 했다.

음모론 확산시킨 재야 경제고수들

소위 진보진영에는 제도권 연구자는 아니지만 나름대로 대중적 인지도가 있는 '빅 마우스'들이 존재한다. 자칭 타칭 재야고수들이다. 정통 연구자가 아닌 까닭에 이들은 비판과 검증에서 상대적으로 자유롭다. 개그맨 김제동의 헌법 강연 내용이 틀렸다고 해서 법조계와 언론계가 정색하고 비판하지 않는 것과 비슷하다.

이들 재야 진보평론가의 상당수도 격렬한 한·미 FTA 반대운동으로 크게 주목받았다. 홍기빈 글로벌정치경제연구소장이 그런 부류다. 그는 "우리 경제를 한꺼번에 몽땅 불태워버릴 불새 프로젝트"라며 한·미 FTA에 거세게 반발했다. "아르헨티나처럼 우리 사회도 가라앉을 수 있다"는 주장도 펼쳤다. "ISD 조항이 한국 경제에 엄청난 절벽이 될 것"이라며 책도 냈다. 당시 맹활약으로 지명도를 높인 홍 소장은 이제 EBS에서 강연하고 일간지 칼럼도 쓰는 나름 진보진영 저명인사다.

새로운사회를여는연구원 소속 김태역 연구원도 '한·미 FTA는 정책주권 이양협정'이라며 격렬한 반대운동에 앞장섰다. "내생적 경제성장전략의 포기를 의미하며, 미국식 신자유주의의 전면 이식"이라고 진단했다. "대기업들이 찬성하는 이유는 경제영역에서 국가의 존재를 말소시키기 때문"이라는 음모론도 펼쳤다. 기술경제학을 전공한 그는 지금은 바이오업계에서 활동 중이다.

똘똘 뭉친 이질적 지식인들

한·미 FTA 반대운동은 시작에 불과했다. 성명에 이름을 올린 경제학자들은 이후 집단행동을 본격화했다. 거의 모든 경제 이슈에서 한목소리를 내며 여론을 주도하는 모습이 뚜렷해졌다. FTA 반대운동 직후인 2008년 한 해 동안의 행적을 보면 유난스러운 행보가 잘 드러난다.

2008년 3월 정년퇴임한 김수행 교수 후임으로 마르크스 전공자를 임용할 것을 서울대에 촉구하는 경제학자 80명의 성명이 나왔다. 성명을 주도하고 기자회견을 연 강남훈(한신대), 이병천(강원대), 박진도(충남대), 홍훈(연세대) 교수는 그대로 FTA 반대 성명 주도 학자들이다. 5월에는 국민 생명과 안전을 미국의 '쇠고기 자본'에 맡겼다고 비난하는 내용의 '교수 1002인 성명'이 발표됐다. 이 성명에도 한·미 FTA 반대 성명에 참여했던 경제학자 대부분이 이름을 올렸다.

7월에는 경제·경영학자 118명이 경제사령탑에 올라 막 5개월 된 '강만수 기획재정부 장관 즉각 경질'을 촉구했다. 118명의 서명 참가자 중 경제학자(경제·무역학과 교수)는 52명으로 절반에 육박했고, 그중 21명이 한·미 FTA 반대 성명 참여자다. "단기성장에 집착해 인위적 환율상승을 꾀한 결과 물가폭등을 야기해 경제난국을 초래했다"는 게 경질요구 사유였다.

강 장관은 2008년 글로벌 금융위기의 한복판에서 미국 중앙은행(Fed)과의 통화스와프를 극적으로 성사시켰다. '경제난국을 초래'하기는커녕 경제위기 탈출에 결정적 역할을 해냈다. MB 정부는 글로벌 금융위기 와중에 전 세계에서 거의 '나 홀로 플러스 성장'하는 큰 성과를 거뒀다. 견해가 다르면 논쟁을 하면 될 일인데, 집단적으로 경질을 요구하고 나선 행동은 분명 이례적이었다.

똘똘 뭉쳐 과격한 주장을 펼치는 경제학자들의 모습은 더 이상 낯설지 않다. 지방대 소속 일부 경제학자들의 언행은 시민단체 활동가를 연상시킨다. 소수지만 활발한 대외활동과 남다른 결속력으로 큰 영향력을 행사한다. 이들이 지방 지식인 사회를 과잉대표하면서 나타나는 여론 왜곡이 만만찮다.

문재인 정부에선 결속력이 더 돋보였다. 2021년 5월, 토지공개념 실현 촉구 시민사회 공동선언이 있었다. '부동산 투기로 자산 불평등이 극심해져 공동체가 붕괴되고 있다'며 토지초과이득세 즉각 도입을 요구했다. 학계에서 43명이 참여했는데 이 중 7명이 한·미 FTA 반대 경제학 교수들이다. 박진도(충남대), 안현효(대구대), 오종석(경북대), 이병천(강원대), 이우진(고려대), 정세은(충남대), 조복현(한밭대) 교수 등이다. 표절, 이력 부풀리기로 김상조 공정거래위원장 후보가 낙마 위기에 몰렸을 때 지지성명을 내며 분위기를 반전시킨 주역도 FTA 반대 경제학자들이다.

비경제적 이슈로까지 활동무대를 넓혀가는 모습도 뚜렷하다. 문재인 정부 당시의 부울경 탈원전 지지 교수성명, 이재명 구명 사법부 탄원, 검찰수사권 완전박탈 시국선언, 전교조 합법화 촉구 성명 등에도 이들의 이름이 약방의 감초처럼 등장한다.

팩트 왜곡과 넘치는 정파성

진보경제학이 한·미 FTA에서 집단적 헛발질을 하고 만 것은 엄정한 학문적 자세의 부족을 방증한다. 유리한 데이터의 선택적 활용, 자기 확신을 우선시하는 비과학적 태도 탓에 잘못된 결론에 도달하는 일이 반복되고 있다.

단순 논리를 강변하는 모습이 잦다. '노무현 대통령의 경제가 정교사'로 불린 정태인 박사는 "FTA 하면 성장에 도움이 된다지만, 성장률로 치면 FTA 안 하는 동남아가 가장 높다"며 한·미 FTA 무용론을 펼쳤다. 경제발전 단계가 차이 나는 나라 간 성장률 단순 비교는 상식적이지 않은데도 말이다.

팩트 무시도 허다하다. 정 박사는 "한국은 20년 만에 가장 불평등한 나라로, 금수저를 위한 세습자본주의로 전락했다"고 했다. 터무니없는 과장이다. 문재인 정부 출범 이후 불평등이 크게 악화되기 전까지 한국은 오히려 '불평등이 적은 나라'로 분류됐다. '세습자본주의 전락'도 과도한 덮어씌우기다. 한국 상속세율은 최고 60%로 세계 최고 수준이다. 그가 미래 한국의 대안으로 자주 꼽는 스웨덴에는 상속세가 없다.

진보경제학의 가장 큰 폐해는 학문을 정파성으로 오염시키는 것이다. 우석훈 교수는 "우파의 지역정책은 다리 짓고 도로 만들고 하는 토건에 불과하다"며 '토건족과의 대결'을 선언했던 인물이다. 하지만 예비타당성조사(정부 재정투입 사업의 타당성 사전 검증제도) 면제액이 120조 원에 달하며 이전 정부를 압도한 문재인 정부의 '토건 폭주'에는 함구했다. "탈토건 보수를 보고 싶다"는 글을 일간지에 기고하는 등 '우파 토건'만 저격했다. 정파성이 감지되는 선택적 비판이다.

격렬한 반대 뒤의 오랜 침묵

노무현 정부 시절 한·미 FTA 체결 당시 격렬한 반대운동을 펼친 경제학자의 상당수는 10년 뒤 출범한 문재인 정부에서 중용됐다. 하지만 요직을 맡은 뒤 자신의 주장에 맞춰 협정 개선에 노력한 이는 안 보인다.

이정우 경북대 교수가 대표적이다. 그는 노무현 청와대의 초대 정책실장, 정책기획위원장 등 핵심 보직을 섭렵하다가 한·미 FTA 추진을 기화로 사퇴했다. 그만큼 반대소신이 투철했다. 2012년 문재인 민주당 대선후보 캠프에 경제민주화위원장으로 영입돼 경제정책을 총괄할 때도 "한·미 FTA는 노무현 정부의 큰 실수"라고 했다. 노무현 청와대에서 중도 사퇴한 이유도 반개혁적 보수 관료집단의 저항 때문이라고 설명해왔다. "머릿수에서 밀리다 보니 FTA 싸움에서 패퇴할 수밖에 없었다"는 통탄이었다.

그는 한마디 할 때마다 언론이 대서특필할 만큼 문재인 정부에서도 영향력이 만만찮았다. 하지만 이른바 '부당한' 한·미 FTA 협정을 바로잡기 위해 취한 노력은 포착된 게 없다. 그뿐만 아니라 문재인 정부 내 어느 누구도 정권 접수 후 협정 개정에 나서지 않았다. 외려 미국 트럼프 대통령이 '한·미 FTA는 미국에 너무 불리한 미친 협정'이라며 개정을 요구했다. 결국 1년여의 재협상 끝에 2018년 9월 한·미 FTA 개정안이 서명됐다. 전반적으로 한국이 미국에 추가 양보하는 내용이었다.

세상이 떠나갈 듯 한·미 FTA를 저주했던 다른 경제학자들도 모두 침묵 중이다. 10년의 시간이 흘렀으니 이제 당시 자신의 주장을 입증하든지 오류를 수정하든지, 선택이 필요한 때다.

반대 성명파들은 지금 어디에?

한·미 FTA 반대 학자들의 가장 눈에 띄는 진로는 정치다. 특히 문재인 정부 때 요직에 대거 올랐다. 소득주도성장 전략의 설계자로 꼽히는 홍장표 부경대 교수는 초대 경제수석을 맡았다. 김상조 한성대 교수는 공정거래위원장에 이어 청와대 정책실장에 올랐다. 김유선 한국노동사회연구소 이사장은 경제사회노동위원회(경사노위)를 거쳐 홍장표 교수에게서 대통령 직속 소득주도성장특별위원회 위원장을 물려받았다. 장지상 경북대 교수는 국책연구원인 산업연구원장, 강신욱 보건사회연구원 연구원은 통계청장을 지냈다. 노무현 정부 초대 청와대 정책실장 이정우 경북대 교수도 한국장학재단 이사장을 지냈다.

문재인 대통령 직속의 국민경제자문회의에도 한·미 FTA 반대 학자들이 즐비했다. 반대 성명파 3명이 2021년 6월 문 정부의 마지막(제4기) 국민경제자문회의 위원에 위촉됐다. 조복현 한밭대 교수, 송원근 경상국립대 교수, 홍태희 조선대 교수가 주인공이다.

문재인 정부의 임기가 끝난 뒤에는 야당이 된 더불어민주당 주변으로 다수가 이동했다. 지난 대선 당시 이재명 민주당 후보의 경제정책라인은 한·미 FTA 반대 경제학자들 판이었다. 이정우 교수와 장지상 교수가 정책자문단 '세상을 바꾸는 정책 2022'(세바정)에 멘토로 참여했다. 강남훈 교수는 이재명 후보의 대표공약인 기본소득제를 설계하고 총괄했다. 최배근 건국대 교수는 정책조정단장으로 합류해 '기본 시리즈 정책'을 맡았다. 강남훈, 최배근 교수는 더불어민주당 중앙선거대책위원회 기본사회위원회에서 기본시리즈 공약을 주도했다.

이재명 후보의 싱크탱크 격이었던 경기연구원의 임수강 초빙연구위원도 한·미 FTA 반대 서명파다. 이우진 고려대 교수는 더불어민주당 대선후보 경선에서 중도사퇴한 정세균 후보 캠프 책사로 활동했다.

박사과정 성명 참가자들의 행로도 주목 대상이다. 이들은 학위 취득 후 학교 연구소 공공기관 정당 등 다양한 곳으로 흩어졌다. 진출이 가장 활발한 곳은 역시 대학이다. 김공회(경상국립대), 손삼호(순천향대), 오종석(경북대), 장시복(목포대), 전희상(런던대), 정상준(목포대), 정혁(중앙대), 황성하(KAIST) 등이 강단에 섰다. 런던대에서 마르크스경제학을 전공한 김공회 교수는 문재인 대통령 직속 정책기획위원회 위원으로 소주성을 적극 방어했다. 아마도 건국 이래 청와대 일을 본 첫 번째 정통마르크스주의 학자일 것이다.

경제 일선의 연구기관이나 공공기관행도 활발하다. 에너지경제연구원 보험연구원 예금보험공사 한국고용정보원 산업연구원 정보통신정책연구원 등 진출범위도 다양하다. 에너지경제연구원의 심성희 박사는 문재인 정부 시절 탈원전과 탄소중립 시대의 에너지전환정책 연구 전반을 총괄했다. 최근 경북대로 이직한 오종석 교수도 국책연구원(산업연구원)에 오랜 기간 몸담으며 소주성을 뒷받침했다. 정혁 교수는 중앙대로 옮기기

전 정보통신정책연구원에 몸담았다. 현실정치로 뛰어든 이도 있다. 정의
당 대전시 당위원장을 지낸 강영삼 박사가 주인공이다.

또 빼놓을 수 없는 활동분야는 방송이다. 사실 세계적 석학일지라도
경제학자의 방송 출연은 드문 일이다. 하지만 어찌된 일인지 상당수 FTA
반대 경제학자들은 고정 코너를 맡는 등 방송 단골멤버다. 이정우, 우석
훈, 류동민 교수 등은 돌아가면서 EBS(교육방송) 전파를 탔다. 최배근 교수
는 편파 방송으로 유명한 김어준이라는 진행자가 터줏대감이었던 시절
TBS(교통방송)에 장기간 고정 출연했다. 자칭 진보언론과 진보경제학의 '경
제 천동설' 콜라보였다.

반지성주의로 다른 견해 배척

반지성주의는 이성과 합리를 무시하고 지성과 지식인을 배제한
다. 비판적 지성을 마비시키고 포퓰리즘으로 국민의 눈과 귀를
현혹한다. 베네수엘라의 차베스 사례가 대표적이다. 차베스는 무
상교육, 무상복지, 토지공개념 등의 포퓰리즘으로 대중을 포섭하
고, 쓴소리하는 지식인과 엘리트 집단을 배척했다.

K진보경제학도 반지성주의로 치닫는 모습이 역력하다. 오류
가 분명해져도 부인하고, 더 이상 부정하기 힘들 때는 관료와 언
론과 부자를 탓한다. 그러고는 또다시 모든 이슈에 참견해 같은
실수를 반복한다. 얕은 수법이 뻔히 보이는데도 단순논리로 반대
진영을 악마화하고, 그런 급진성에 진보진영은 환호한다. 주류경

제학에 작은 균열이라도 낼 수 있는 그럴싸한 '썰'을 제공해주기 때문이다. 그 썰이 안 통하면 어떻게든 또 다른 논쟁을 만들어내고 전선을 이동시키는 회피 전술이 동원된다.

반지성주의는 반대집단을 정의와 공정의 가치를 침해하는 '기득권'으로 악마화한다. 확증편향, 가짜뉴스, 음모론 등 온갖 수법을 동원해 상대를 공격한다. 명백한 거짓이지만 수없이 반복하다 보면 사실로 착각하는 세뇌된 대중이 양산된다.

반지성주의의 전형은 비판적 사유의 부재다. 오직 자기 이득의 증대와 권력의 확장만을 추구한다. 한국 진보경제학계에서 벌어지는 일들은 반지성주의를 닮아간다. 많은 오류가 입증돼 수명을 다한 마르크스주의를 놓지 못하는 행태만 봐도 분명하다. 시대착오적인 박현채의 민족경제론이나 부작용이 뚜렷한 분배지상주의를 여전히 옹호하는 것도 반지성주의적 단면이다. 지성을 경시하고 도그마에 복종하면서 시대적 과제에 의미 있는 해법을 내겠다고 나서는 것부터 과욕이다.

사회과학 전반을 '붉게 더 붉게'

경제학의 좌경도는 한국의 거의 모든 사회과학을 왼쪽으로 몰아가는 연쇄적이고 파괴적인 결과를 불렀다. K진보경제학의 왜곡된 경제인식과 해법이 사회과학 전반으로 수용돼 끝없이 오류를 양산 중이다.

특히 정치학은 진보경제학 견해에 포섭된 모습이 역력하다. 진보정치학계 원로인 손호철 서강대 교수의 박정희 시대에 대한 오독을 보자. 손 교수는 "박정희가 고도성장의 원동력이라고 주장하는 것은 극우적 언론이나 파시즘 학자의 망언"이라고 했다. 그러면서 '한강의 기적'은 박정희 덕분이 아니라 해방정국의 농지개혁과 냉전과 분단을 유지하려는 미국의 지원 덕분이라고 강조했다. 농지개혁을 온갖 반대 속에 성공시킨 사람이 바로 이승만 대통령이었다. 미국의 지원을 얻어내는 데도 이 대통령의 탁월한 외교가 결정적이었다는 점에서 무슨 주장인지 이해하기 힘들다.

진보경제학은 사회학도 벌겋게 물들였다. 원로 사회학자 조돈문 가톨릭대 교수(노회찬재단 대표자)는 K진보경제학의 오판을 원용한 논문을 무수히 양산했다. 그가 차베스주의를 '인류 미래의 희망'이라고 읊어댄 게 2013년으로 10년도 채 안 지났다. 문재인 정부 들어서는 '소주성은 과학적이고 검증된 정책'이라며 열렬히 지지했다. '소주성을 밀어붙여 경제패러다임을 바꿔야 한다'는 지식인 성명도 주도했다. 소주성이 위기에 처한 것은 '기재부 관료들의 저항 때문'이라는 주장까지 펼쳤다. 경제학계에서 배척된 주장은 그렇게 사회학계에서 무한 확산되고 있다.

중견 사회학자 김호기 연세대 교수에게서도 진보경제학의 짙은 그늘이 관찰된다. 그는 민족경제 자립경제라는 협애한 방법론으로 한국의 경제학 발전을 지체시킨 박현채 교수를 '대학자'로 칭송한다. 박현채에 대한 일방적 이해를 확산시키는 이런 태도는

자칭 '착한 경제학'의 습격

경제학계의 인식과 괴리가 크다. 진보경제학 일각의 견해를 무비판적으로 추종하는 학문적 나태함이라는 의구심이 불가피하다.

잠깐 차베스 상찬한 진보학자들

진보경제학에는 자본주의를 경멸하고 사회주의를 편애하는 경향이 가득하다. '21세기 사회주의'를 표방하며 우고 차베스 대통령이 이끈 베네수엘라 혁명에 대한 비이성적 접근에서 잘 드러난다. 10여 년 전 차베스가 막 부상할 때 진보경제학자들은 앞다퉈 베네수엘라를 방문하고 '신자유주의의 대안'이라는 호의적 평가를 쏟아냈다.

경제학계에서 베네수엘라의 실험을 선구적으로 조명한 이는 2007년 관련 논문을 집필한 김수행 서울대 교수다. 베네수엘라를 방문 후 "깜짝 놀랐다"며 그가 2010년 한 신문에 기고한 내용은 이렇다.

"차베스는 대통령이 되자마자 빈민들로 하여금 동네마다 주민자치위원회를 만들게 했고, 이 주민자치위원회가 동네 개선계획을 세우고 정부의 빈민전담부서와 상의하여 예산을 받아 스스로 집행했다. 빈민들은 이제 살맛이 나고 스스로의 능력을 함양하게 되어 새로운 사회를 만드는 주체가 된 것이다. '참여민주주의'의 산 표본이다. 정기적으로 선거를 치르는 것이 민주주의의 핵심이라고 잘못 생각하면, 상당수의 국민들에게 정상적인 생활도 보장하지 않으면서 훌륭한 민주주의 나라라고 뽐낼 수 있다. 미국이 그렇다."

평범한 사람들도 알 수 있는 '무늬만 자치 경제'와 반민주적 정치행태
를 미국보다 더 나은 체제로 평가한 이상 균형 감각이 아닐 수 없다.

강남훈 한신대 교수와 김상곤 한신대 교수도 2007년 직접 방문해 활
동가들을 만나는 등 베네수엘라 배우기를 주도했다. 이후 2011년 강남
훈 교수는 비리가 발생한 사학에 공익이사를 보내 정부책임형 사립대학
으로 바꾸자는 내용의 논문을 썼다. 차베스 대통령이 도입했던 '자치대
학'과 흡사하다는 평가를 받았다.

사회학자이면서도 이례적으로 학현그룹으로 분류되는 조돈문 가톨릭
대 교수도 차베스 바람을 국내에 확산시킨 주역이다. 그는 '베네수엘라식
기업공동경영'의 장점에 주목했다. 베네수엘라의 색다른 실험을 집중 조
명하는 논문과 책을 한 해 네댓 편씩 쏟아냈다. 진보사회학자 출신인 조희
연 서울시교육감도 학자 시절 베네수엘라 연구의 선구자였다. 조돈문·조
희연 교수는 한·미 FTA 반대 사회학자 101명 공동성명에 이름을 올렸다.

그 밖에 김병권 정의당 정의정책연구소장 등 진보진영의 차베스 띄우
기는 열풍에 가까웠다. 이후 베네수엘라에선 '국가 붕괴'라 할 만한 지옥
도가 펼쳐졌다. 하지만 베네수엘라 띄우기에 앞장섰던 많은 진보학자들
은 또 침묵 중이다. 한·미 FTA 사태의 데자뷔다.

자학적 역사관 확산을 부르다

경영학계도 K진보경제학 침공 앞에 무력하다. 이필상 고려대 경
영대 교수의 한국 경제개발사 인식은 아찔하다. "실적 위주의 박

정희 개발독재야말로 시장경제를 병들게 한 암세포였다"고 했다. '완벽하지 않았으니 악(惡)'이라는 기막힌 논법이다. "독재가 아니라, 국민 지지를 받는 민주정부가 들어서서 시장경제체제를 발전시켰더라면 지금쯤 우리는 선진형 경제구조를 갖게 됐을 것"이라고도 했다. 히딩크 감독이 월드컵 4강을 달성하고 나니 "독선적 리더십 대신 좋은 내국인 감독을 찾아내 전권을 맡겼다면 우승했을 것"이라는 주장과 진배없다.

K진보경제학의 폐해는 역사학에서도 자폐적 양상으로 목격된다. 원로 진보사학자 서중석 성균관대 교수는 한국의 고도성장을 세계 경제 호황 등 국제 여건 호조에 따른 당연한 결과라고 평가 절하한다. 독일이 1945년, 일본은 한국전쟁 직후, 대만은 1960년대 초반, 프랑코 독재 치하의 스페인조차 1960년대부터 고속 성장했다는 점이 근거다. 이 견해를 받아들인다면 그 시절 성장하지 못한 나라는 왜 그런 것인지, 또 한국이 가장 모범적으로 성장한 이유는 무엇인지 설명할 길이 막막하다.

그는 "국내외적 호조건에서 이승만이 선거에만 매달리느라 경제발전에 실패했다"고도 주상했다. 하시만 '폐허 속에 나라 세우기'라는 험난한 과업을 수행하는 와중에도 이승만 정권은 결코 경제개발에 실패하지 않았다. 휴전 직후인 1954년부터 1960년 하야 때까지 우리 경제는 연평균 4.9%씩 탄탄하게 성장했다. 박정희 시대의 고속질주도 이승만 정부가 '맨땅에 헤딩'하며 힘겹게 기간산업의 기초를 다졌기에 가능했다는 게 정설이다.

'중동건설 특수'는 한국사람 기질과 잘 맞아떨어졌기 때문이라는 황당한 진단도 내놨다. 당시 건설부 장관이 (후일 박정희 대통령을 시해한) 김재규였던 점을 들어 "김재규가 큰 공을 세웠다"고도 했다. 정치판 잡설 못지않게 동의하기 힘든 주장들이다.

 '한·미 FTA 비준 반대 각계 선언' 참여 학자들(2011. 10. 20.)

민주화를위한전국교수협의회

강내희, 강진숙, 경규학, 고부응, 김경희, 김교빈, 김귀옥, 김규종, 김누리, 김서중, 김선회, 김순경, 김승석, 김연각, 김연명, 김진석, 김진희, 김평호, 김한식, 류 신, 류진춘, 박경하, 박기수, 박대석, 박명진, 박상환, 박영근, 박영일, 박진도, 방재석, 배윤호, 배 현, 백승욱, 서관모, 서명수, 서창원, 성열관, 손준식, 송수영, 신광영, 신승환, 신진욱, 오문완, 오성균, 유성호, 유승원, 이경수, 이길용, 이나영, 이도흠, 이민환, 이병훈, 이순묵, 이정호, 이진경, 임춘성, 장규식, 장동표, 장병인, 전규찬, 전영태, 전형수, 정경훈, 정병기, 정성기, 정슬기, 정정호, 정진상, 정호영, 조승래, 조승현, 조우영, 조희연, 조희정, 주은우, 채희완, 최권행, 최무영, 최성환, 최연식, 최 영, 최영진, 최영태, 최윤진, 허정훈

여성신학자협의회

김영순, 곽분이, 김애영, 김혜원, 유춘자, 이은선, 이난희

　자칭 '착한 경제학'의 습격

전국교수노동조합

강남훈, 권성기, 신동하, 유병제, 정태석, 조태영

학술단체협의회

한상권, 조돈문, 배성인, 임운택, 안정옥, 안병욱, 민경희, 강신준, 정재원

참여연대

이석태, 임종대, 정현백, 청 화, 한상희, 김남근, 김진욱, 홍성태, 차병직, 조희연, 경 건, 박경신, 이남주, 이태수, 이헌욱, 임상훈, 조성대, 조흥식, 최영태, 하태훈, 이태호

노동사회과학연구소

강성윤, 권정기, 김해인, 문영찬, 손미아, 전성식, 채만수, 최상철

주류 꿰찬 민폐경제학

K진보경제학 역사와 계보

한국 진보경제학의 계보는 크게 세 부류다. 박현채 조선대 교수가 전개한 민족경제학, 김수행 서울대 교수의 마르크스주의 경제학, 변형윤 서울대 교수 중심의 분배중시 경제학이다. 이들은 바통을 이어가며 한국 경제의 매판성·종속성·불평등성에 천착하고 비판하는 이론적 틀을 공유한다. 하지만 결과적으로 한국 경제개발 60년사의 지독한 훼방꾼이 되고 말았다. 한국 경제발전사의 결정적 장면마다, 시대의 분기점마다 발목잡기로 일관했다. 가히 '3대 민폐경제학'으로 부를 만하다.

매판경제론·종속국가론의 아류

한국 경제에 대한 진보경제학의 공격 키워드는 매판성·종속성·불평등 순으로 변화해 왔다. 1960~1980년대에 외자의존형 경제개발이 본격화하면서 제일 먼저 매판자본론이 부상했다. 매판자본이란 식민지나 후진국에서 외국자본과 결탁해 자국민 이익을 해치는 예속 토착자본을 일컫는다. 매판자본주의 체제에서 토종기업은 외국자본의 앞잡이 노릇을 하고 그 대가로 이윤을 얻는다는 게 진보경제학의 주장이다.

1970~1980년대에 외채망국론이 끊이지 않았던 것도 매판자본론이 당대를 풍미했기 때문이다. 하지만 수많은 지식인을 매료시켰던 매판자본론은 1986년 우리 경제가 대규모 경상수지 흑자로 전환하자 급속히 사그라졌다. 한국 대기업들도 이즈음부터 본격 성장가도로 진입해 글로벌 기업으로 발돋움하기 시작했다.

매판자본론이 소구력을 잃자 진보경제학자들은 슬그머니 종속국가론으로 갈아탔다. 매판자본론은 한국기업 대 해외기업, 국내자본 대 해외자본이라는 단순 대립적 시각에 기초한다. 이에 비해 종속론은 제국주의적 세계 질서하에서 한국 경제의 부속화에 주목한다. 훨씬 넓은 스펙트럼이다. 선진국에 종속된 한국 경제는 내재적 모순으로 인해 종말로 치닫는 세계 자본주의의 착취구조를 연장하는 소모품적 지위에서 벗어날 수 없다는 시각이다. 레닌의 제국주의론과도 유사점이 많은 이 종속국가론은 남미와 아프리카를 중심으로 한때 제3세계에서 큰 인기를 누렸다. 한국에도 1980년대에 본격 상륙해 때마침 수명을 다해가던 매판자본론을 신속히 대체했다.

종속이론에 따르면 자본주의 주변국(종속국)은 중심국이 규칙을 결정하는 불평등한 게임에서 언제나 패자로 전락한다. 종속경제론은 1997년 한국과 아시아에서 외환위기가 터지면서 한껏 에너지를 충전하기도 했다. 그러나 21세기가 시작되기도 전에 위세가 크게 꺾이고 말았다. 한국·대만·홍콩·싱가포르 등 아시아 네 마리 용의 눈부신 비상이 결정적 이유였다. 네 마리 용이 주변국에서 중심국 지위로 격상되면서 종속이론이 제기한 명제들의 허구가 백일하에 드러났다. 현실과 괴리된 '뇌피셜 경제학'의 필연적 좌초였다.

'불평등 특효약' 간판 달고 신장개업

매판성과 종속성이라는 양 날개가 모두 꺾인 데 이어 1990년대에는 소련과 동구 사회주의권이 차례로 붕괴했다. 사회주의적 전망에 의존하고 이론의 뼈대를 빌려온 K진보경제학도 거대한 쓰나미에 휩쓸리며 역사의 뒤안길로 밀려났다. 미국 정치학자 프랜시스 후쿠야마가 말한 '역사의 종언'이다.

하지만 사라진 줄 알았던 선동의 진보경제학은 불과 10여 년 만에 좀비처럼 부활했다. '불평등'이라는 막강 신무기를 장착한 덕분이다. 2008년 글로벌 금융위기 국면에서 무질서, 탐욕이라

는 자본의 어두운 이면이 부각된 게 부활의 자양분이 됐다. 2011
년에는 '월가를 점령하라(Occupy Wall Street)'는 시위대 횃불이 타오
르며 '1% 대 99%'의 새로운 전선이 형성됐다.

노무현 정부의 실패로 허상이 드러나 숨이 간당간당하던 한국
진보경제학도 이 기회를 놓치지 않았다. '불평등 해소에는 그래
도 진보경제학'이라는 프로파간다를 강화했다. 강자 독식이 불평
등의 원인이라며 질투와 분노를 부추기는 '헬조선 전략'으로 내
달았다. 선전전이 달아오를 때 터진 초유의 대통령 탄핵사태는
진보경제학 전면 채택을 앞세운 문재인 정부 출범으로 이어졌다.

하지만 빈약한 이론적 토대의 진보경제학적 해법에 의존한 문
재인 정부의 경제실패는 예고된 것이었다. 분배·고용·생산·소
비·성장의 모든 지표가 동반 추락했다. 그런데도 진보경제학은
반성하고 오류를 수정하기는커녕 총공격 모드다. 재정 팽창, 기
본소득, 토지공개념 같은 그럴듯한 방법론을 제시하며 다시 위험
한 베팅을 시작했다. 해외에서 잘나가는 '신상 경제이론'이라고
주장하지만, 모두 실패한 과거의 무한 반복에 불과하다. 주방과
종업원은 그대로 둔 채 '상호를 바꿨으니 맛도 다를 것'이라며 대
대적인 간판갈이 마케팅에 나선 격이다.

60년 전통의 '3대 민폐경제학'

한국 진보경제학의 계보는 크게 세 부류다. 박현채 조선대 교수

가 전개한 민족경제학, 김수행 서울대 교수의 마르크스주의 경제학, 변형윤 서울대 교수 중심의 분배중시 경제학이다. 이들은 바통을 이어가며 한국 경제의 매판성·종속성·불평등성에 천착하고 비판하는 이론적 틀을 공유한다. 하지만 결과적으로 한국 경제개발 60년사의 지독한 훼방꾼이 되고 말았다. 한국 경제발전사의 결정적 장면마다, 시대의 분기점마다 발목잡기로 일관했다. 가히 '3대 민폐경제학'으로 부를 만하다.

진보경제학 계보를 논할 때 제일 먼저 언급되는 상징적 인물은 박현채(1934~1995) 조선대 교수다. 한국 진보경제학계에 처음으로 의미 있는 이론 체계를 구축한 선구자로 추앙받는다. 그는 마르크스주의에 기초해 '자립적 민족경제론'이라는 화두를 물고 늘어졌다. 1980년대를 달군 '사회구성체 논쟁'을 주도하며 진보 진영 내에서 독보적 아우라를 구축한 경제학자다.

박현채 교수는 '한국적 마르크스주의 경제학 정립'을 필생의 업으로 추구했다. 이런 집념은 『민족경제론』(1978)이라는 토종 진보 경제이론으로 결실을 맺었다. 그의 노력으로 빛을 봤지만 사실 민족경제론은 독자적 연구 성과만은 아니다. 1960~1970년대 진보 학계가 집단적으로 발전시키고 공유한 이론을 박현채 교수가 정리했다고 보는 시각이 일반적이다. 지금 보면 봉건적 농본주의 정서를 탈피하지 못한 퇴행적 사고로 가득하다. 하지만 생전의 '박현채 경제학'은 진보좌파 진영 내에서 압도적 존재감을 발했다.

『민족경제론』은 리영희의 『전환시대의 논리』(1974)와 함께 386

세대의 필독서가 됐다. 냉정보다 열정이 앞섰던 동시대 젊은이들을 폐쇄적인 민족주의와 사회주의적 전망으로 이끌었다. 설익은 정의감과 일천한 분별력의 많은 청년학자들은 『민족경제론』의 세례를 받고 진보경제학을 일생의 업으로 선택했다. 그렇게 잘못된 길로 들어선 수많은 연구자들이 지금 경제학계의 원로와 중견학자로 자리잡았다. '운동'의 일환으로 진보경제학을 선택한 이들은 지금까지도 편향된 이념으로 똘똘 뭉치는 경향이 뚜렷하다. 집단 이익을 앞세워 학계의 시곗바늘을 후진시킨다는 비판이 적지 않다.

박현채 교수는 『민족경제론』에서 박정희 정부의 외자도입, 수출·중화학공업 전략에 강력한 태클을 걸었다. 외국자본에 대한 의존도를 확대시키기 때문에 후진국에선 가능하지 않은 모델이라고 주장했다. 박정희 체제는 대외종속의 심화와 함께 파국의 운명을 맞을 수밖에 없다는 논리 전개였다.

잠깐 진보경제학의 첫 성과 '민족경제론'

박현채 교수가 '민중의 고단한 삶 개선'을 위해 자주성·자립성·민주성을 기반으로 주조한 이론이 민족경제론이다. 박정희 경제모델에 대항하는 진보진영의 첫 완성형 경제발전론이라는 역사적 지위를 갖는다.

민족과 자립을 앞세운 박현채 교수의 후진국 경제발전론은 진보경제학계에서 수십 년 동안 절대명제로 대우받았다. 박정희 모델을 부정하는 데 혈안이던 진보진영에 강력한 이론적 무기를 제공했기 때문이다. 마르크스주의에 기초한 민족경제론은 그 오류와 한계를 드러낸 지 오래지만, 여전히 많은 진보경제학자들의 무의식을 지배하고 있다.

『민족경제론』보다 7년 먼저 출간된 정치인 김대중의 『대중경제론』(1971)도 사실상 박현채 교수의 작품이다. 박현채가 정윤형, 임동규 등 진보연구자들과 온양온천의 한 여관에서 2주간 숙식하면서 대필했다는 게 정설이다. 대중경제론이 민족경제론의 정치적 버전으로 간주되는 이유다. 『대중경제론』으로 지명도를 한껏 높인 정치인 김대중은 훗날 대통령에 올랐다. 지금은 아무도 거들떠보지 않는 『민족경제론』이 현대사의 물줄기를 바꿨으니, 역사의 행로는 참 미묘하다.

'민족 성애자'이자 그들만의 선구자

박현채 교수는 조정래 소설 『태백산맥』의 소년 전사 조원제의 실제 모델이기도 하다. 10대 때 『자본론』을 읽고 남로당 비밀외곽조직인 민애청(조선민주애국청년동맹)의 세포조직으로 암약했다. 광주서중 3학년이던 1950년 10월 북한군이 패퇴하자 전남 화순군 백아산으로 들어가 2년간 빨치산 전사로 활동했다. 하산 후 본격 투쟁을 결심하고 서울대학교 경제학과에 진학했다.

서울대 대학원 재학 때인 1959년부터 1964년까지 '한국농업문제연구회' 간사로 활동했다. 이때 농업구조개혁에 관심을 가졌고 이게 '민족경제론' 정립의 출발점이 됐다. 1961년 대학원 졸업 후

1963년 모교 강사가 됐지만 이듬해 '1차 인혁당 사건'에 연루돼 물러났다. 이후 오랜 기간 재야에서 활동하며 민족경제론을 가다듬었다. 1979년에는 '통혁당 재건기도 사건'으로 투옥되기도 했다.

1978년 세상에 등장한 『민족경제론』에는 유난스러웠던 그의 삶의 여정이 짙게 배어있다. 그는 농업과 민족을 키워드로 '후진국 경제 발전론'을 전개했다. 부의 대표적인 형태는 농산물이고, 이것을 만들어낸 근원산업은 농업이라는 초보적 인식이었다. 농업 중심의 국가경제질서를 중시한 400여 년 전 유럽 중농주의와 유사한 사고체계다.

민족경제론의 논리전개는 사변적이면서 비약적이다. '저개발국에서의 양적 성장은 경제자립의 길이 아니다'라는 식의 선언적 사고에 지배된다. '자급자족 체제의 구축, 공업소도시를 기반으로 하는 촌락형성이 대안', '계층 간 부조화는 식민지 이식형 한국자본주의의 특수성과 종속성의 결과'라는 식의 자의적 관점도 넘친다.

박현채는 사회학, 정치학까지 넘나든 전천후 스타일이었다. 1985년 〈창작과 비평〉에 '현대 한국사회의 성격과 발전 단계에 관한 연구'를 발표하며 한국사회구성체 논쟁의 단초를 제공했다. 진보경제학자 정윤형 교수 등과 1988년 한국사회연구소(한국사회과학연구소의 전신)를 설립하고 리영희, 김진균, 강만길, 백낙청 등과 함께 진보적 지식인 사회의 구심을 형성했다. 말년에는 현실사회주의의 몰락을 목격하고 크게 실망한 것으로 전해진다. 하지만

1995년 세상을 떠날 때까지 자신의 편향과 오류를 일절 인정하지 않았다.

이제 그의 학문을 계승한다고 나서는 후학은 거의 없다. 진보진영 내부에서도 "박현채의 학문적 유산에 대한 확신이 없어서"라는 해석이 나온다. 잡탕이론이 될 수밖에 없었던 태생적 한계가 지적된다. 감성적 우파 코드인 민족과, 교조적 좌파코드인 마르크시즘의 결합은 이율배반적일 수밖에 없다. 진보진영 원로시인 신경림은 2014년 한 인터뷰에서 "이제 와 보면 박현채 씨 생각도 다 오류였다"고 했다. 허탈함이 진하게 배어나는, 뒤늦은 회한의 정서가 물씬하다.

빛이 많이 바랬지만 그래도 진보경제학 개척자로서의 명성까지 퇴색한 것은 아니다. 유독 계보를 따지고 학연을 중시하는 진보학계에서는 여전히 민망한 박현채 찬가가 울린다. 주로 '현실과 다소 괴리되더라도 그의 문제의식 자체를 높이 사야 한다'며 본질을 피해가는 식이다. 폐쇄적 세계관과 이념적 경도 탓에 시대의 모순을 파악하는 데 실패했다는 결정적 흠결에는 무한히 관대하다. 재능과 열정이 넘쳤지만, 결과적으로 학계와 대중을 불량 경제학으로 마취시키고 만 그의 그림자가 너무 짙다.

'불통의 마르크시즘' 한국에 이식하다

한국 진보경제학의 또 다른 큰 축은 마르크스주의 연구자들이다.

박현채 교수(1934년생)보다 여덟 살 아래인 김수행 교수(1942년생)가 마르크스경제학 태풍을 몰고 온 주역이다. 1982년 런던대에서 마르크스의 '공황론'으로 박사학위를 따 '국내 1호 마르크스주의 학자'로 불리는 인물이다. 김 교수는 일찍부터 마르크스 이론을 한국에 도입하고 전파하는 일에 전념키로 결심한다. 학위 취득 직후 귀국해 한신대 교수를 거쳐 1989년 서울대에 자리잡고 많은 청년학자들을 마르크스경제학 전사로 키워내는 데 진력했다. '87체제'가 도래하면서 진보경제학에 대한 관심이 폭증해 한때 1000명을 수용하는 서울대 대형 강의실에서 마르크스 이론을 강의하기도 했다. 대학 바깥의 여러 사회교육기관에서 일반인에게 좌파경제학을 보급하는 일에도 남다른 열정을 보였다.

김수행 교수가 명성을 얻은 계기는 1990년 국내 최초의 『자본론』 완역이다. 그는 '나는 왜 마르크스의 책을 번역하고 해설하는데 일생을 보내고 있는가'라며 학자로서의 고민을 토로하기도 했다. 하지만 불만스러웠던 그 작업을 계기로 '한국 마르크스주의 경제학의 대부'로 자리잡았으니 적잖은 행운도 따른 셈이다.

대학 졸업 후 외환은행에 취직한 김수행은 런던지사로 나간 뒤 학업 재개를 결심했다. 하지만 영국 어떤 대학도 입학허가를 내주지 않았다. "영국 식민지였던 인도·파키스탄·케냐·자메이카보다도 한국을 후진국이라고 생각했기 때문"이었다는 게 그의 회고다. 그런 설움을 받던 천하의 후진국이 이제 산업혁명의 본고장 영국을 10위로 밀어내고 세계 8위의 무역대국이자 선진국이 됐다. 그 기적 같은 일을 가능하게 한 개방과 경쟁의 세계체제를 원천 부정한 그의 행보는 고개를 갸웃하게 만든다.

김수행 교수는 2015년 세상을 떠날 때까지 교조적 마르크스주의 경제학을 맹신했다. 생의 마지막 순간까지 "나는 마르크스주의자"라고 강조했다. "자본주의는 궁극적으로 붕괴될 수밖에 없다"고 주장했다. 마르크스가 '자유로운 생산자들의 사회'라고 표현한, 노동계급이 해방되는 자본주의 이후의 사회가 올 것이라고 확신했다.

그는 『자본론』의 핵심명제를 한 문장으로 이렇게 정리했다. "산업자본가는 드라큘라와 같이 임금노동자의 노동(즉, 피)을 착취하면 할수록 그만큼 더 활기를 띠게 된다." 불과 16년 전인 2007년 말에 한 말이다. 하루 15시간 중노동에 시달린 산업혁명 초기 영국 맨체스터 시의 비참한 노동자들로부터 착안한 마르크스의 경직된 이론 전개에서 한 치도 벗어나지 않은 생각이다.

한국 경제와 한국자본주의에 대한 시각과 해법도 너무 이분법적이다. 이런 식이다.

"재벌은 사회의 것으로 봐야 한다. 현 단계에서도 재벌 기업의 국유화는 별문제가 없다."

"재벌이 외국자본과 경쟁해서 한국 경제와 민중을 돕는다는 생각은 환상이다."

"수출산업 위주의 경제성장으로 실업을 해결하겠다는 주장은 말이 안 된다. 수출을 늘리려면 고용이 아니라 최신 기계가 필요하기 때문이다."

"모든 국민이 기본 생활을 할 수 있도록 정부가 세금을 많이 거둬야 한다."

마르크스경제학 대부의 이 같은 공허한 주장은 미로를 헤매는 K진보경제학의 현주소를 보여준다. 상당수 좌파연구자들은 현실경제에서의 거듭된 실패를 의식해 마르크스를 인용할 때 유보적 태도를 견지한다. 완곡 화법으로 메시지를 톤다운시키고, 여러 전제를 붙이며 형식적이나마 균형과 중립을 의식한다. 김수행 교수와 같은 시기 한신대에 자리잡은 박영호 교수가 "나는 마르크스 연구자일 뿐 마르크스주의자는 아니다"고 말하는 것도 그런 내심의 발로일 것이다.

소련·동유럽 블록 붕괴 이후 진보학계의 지배적 연구 패러다임도 많이 바뀌었다. 정통 마르크스주의는 힘을 잃었고 조절이론, 발전국가론, 자본주의의 다양성론, 제도주의 경제학, 포스트케인스주의 등 각종 비주류경제학(heterodox economics)으로 대체됐다.

하지만 김수행 교수는 '노빠꾸' 정통 마르크스주의를 고수했다. 사회주의의 고향 유럽에서조차 지금은 비주류인 마르크스경제학이 한국 학계에서 여전히 적잖은 발언권을 유지하는 데는 그의 공이 지대하다.

맹목적 분배주의로 '대부' 등극

한때 열광적 지지를 받았지만, 이제 박현채의 민족경제학과 김수행의 K마르크시즘은 힘을 잃었다. 시대를 설명하지 못하는 허망한 이론임을 더 이상 부인하기 힘들어져서다.

그런데도 한국 진보경제학의 입지는 여전히 굳건하다. 변형윤 서울대 명예교수가 좌장인 학현학파 중심의 '분배경제학'이 건재하기 때문이다. 학현학파는 점점 세를 불리고 있다. 흠잡을 데 없는 슬로건인 '분배 개선'을 앞세워 진보 정부가 들어설 때마다 경제정책라인을 싹쓸이했다. 정치판의 절반을 점유한 진보정치와의 강력한 네트워크 덕분에 중도적 학자들까지 속속 학현그룹의 문을 두드리는 경향도 목격된다.

학현의 분배경제학은 지속가능한 분배라는 핵심을 외면하고 있다. '부를 공유하자'는 식의 분배 지상주의에 가깝다. 그런 탓에 학현학자들이 주도한 김대중·노무현·문재인 정부의 분배정책은 역대급 분배 악화로 이어졌다. 진보정치와 연계한 '닥치고 분배' 정책으로 한국 경제에 큰 주름을 지우는 양상이다.

변형윤 교수의 전공은 경제발전론이다. 그의 경제발전론은 박현채의 민족경제론이나 김수행의 K마르크시즘과 그리 다르지 않은 퇴행적 길을 걸었다. 박정희의 성공적 경제개발 모델을 부정하고, 경부고속도로와 포항제철 건설을 반대하는 등 발목잡기로 일관했다. 문재인 정부의 간판정책인 소득주도성장도 변형윤 교수의 결정론적 시각에 오염된 직계 제자들의 작품이었다.

소주성은 성장과 분배에서 최악의 성과를 보인 것을 넘어 한국 경제의 성장잠재력마저 크게 훼손했다. 그래도 진보경제학 대부 변형윤 교수와 K진보경제학의 입지는 탄탄하다. '경제 민주화'를 시대정신으로 포장해 새 화두로 던지는 등 발 빠른 대처에 성공해서다. 통찰력에는 큰 의문부호가 붙지만 임기응변만큼은 남달랐다.

학연·인연 얽힌 진보경제학 대부

변형윤 교수는 황해도 유지 집안에서 태어나 홀로 월남했다. 학생과 교수로 재직한 기간이 47년으로 서울대 상대의 터줏대감이자 산증인이다. 그는 1980년 5월 '지식인 134인 시국선언'에 참여했다는 이유로 해직돼 4년간 야인생활을 했다.

재야인사가 된 지 2년 만인 1982년 5월 광화문 세종문화회관 뒤편에 개인사무실 성격의 학현연구실을 열면서 활동반경이 더 커졌다. 제자인 이종태 ㈜수국 회장의 도움으로 문을 연 이 연구실은 편리한 교통 덕분에 마땅히 갈 데 없던 해직교수나 해직언론인들의 사랑방이 됐다. 1984년 9월 복직한 뒤 제자들이 세미나 모임을 제안해 학현연구실은 신림동으로 옮겨 재출범했다. 소장파 경제학자들이 경제발전론, 현대사, 정치경제학, 한국자본주의론 분과를 만들고 토요일마다 세미나를 열었다. 이때 연구실을 드나들던 서울대 대학원 석·박사 과정 제자들이 원조 학현학파다.

지난해(2022년 말) 타계한 변 교수가 저서 등에서 직접 학현학파로 언급한 제자는 40명 정도다. 강남훈(한신대 교수), 김견(HMG 경영연구원 원장), 김기원(한국방송통신대), 김용복(서울사회경제연구소), 김윤자(한신대), 김형기(경북대), 박동철(전 현대차 미래트렌드연구소장), 양우진(한신대), 윤진호(인하대), 이병천(강원대), 이재율(계명대), 이재희(경성대), 장지상(경북대), 정일용(한국외국어대), 홍장표(부경대), 황현기(전 경기대) 교수 등이 초기 학현연구실 멤버다. 이후 유학을 마치고 귀국하거나 새로 학위를 받은 제자들이 합류했다. 강명헌(단국대), 강신욱(한국보건사회연구원), 강철규(우석대 총장), 김대환(인하대), 김태동(성균관대), 김혜원(한국교원대), 남기곤(한밭대), 박순일(전 한국보건사회연구원 원장), 배영목(충북대), 신상기(경원대), 원승연(명지대), 유재원(건국대), 윤건수(전 서울사회경제연구소), 윤원배(숙명여대), 이근식(서울시립대·조순학파로 분류하기도 함), 이상철(성공회대), 이은우(울산대), 이정우(경북대), 이제민(연세대), 이진순(숭실대), 이채언(전남대), 장세진(인하대), 조우현(숭실대), 황신준(상지대) 교수 등이 그들이다. 학현연구실은 변 교수가 1992년 서울대에서 정년퇴임한 이듬해에 사단법인 서울사회경제연구소(서경연)로 확대 출범했다. 지금은 서경연이 한국 진보경제학의 본산 격이다.

예전에는 학현학파의 거의 대부분은 변 교수의 서울대 제자들이었다. 하지만 서경연이 문호를 개방한 이후 학현학파는 몸집을 크게 불렸고 학문적 스펙트럼도 다양해졌다.

학현학파라고 통칭하지만 사실 특별한 이론적 학문적 체계를 구축한 건 아니다. '분배주의'라는 감성적 슬로건과 현실 정치의 막강한 영향력 덕분에 많은 연구자들이 몰려드는 형국이다. 변 교수 자신도 "동질적인 철학이나 이론으로 분류되지 않기에 학파라고 부르기는 어렵다"며 "학현그룹 정도가 맞다"고 했다.

학현그룹 내에서 변형윤 교수의 지위와 카리스마는 절대적이다. 명실상부한 최대주주로 대접받는다. 마르크스경제학의 대부 격인 김수행 교수가 직속 제자인 만큼 학현그룹은 마르크주의 학자들까지 포함한다. 학현학파는 서경연 소속 학자들과 몇몇 진보경제학회 회원을 통칭하는 포괄적인 수식어로도 인식된다. 한국 진보경제학을 상징하는 명실상부한 이름이 바로 학현이다.

변형윤 교수는 박현채 교수로부터 많은 영향을 받았다. 박현채는 변형윤보다 일곱 살 연하이고, 서울대 상과대학 기준으로는 10학번 후배(변형윤은 서울상대 전신인 경성경제전문학교 1945년 입학)다. 변형윤이 서울대 강사를 시작한 1955년에 입학한 박현채는 변 교수의 제자였다. 하지만 박현채는 변형윤 교수와 친교하며 외려 그의 행보에 큰 영향을 끼쳤다.

백면서생 같던 변 교수를 재야 운동권 인사들과 연결시켜준 이도 박현채다. 변형윤이 해직된 뒤 이돈명, 송건호, 백낙청, 이경의, 이호철, 김영덕, 조태일 등이 회원인 '거시기 산악회'로 이끌어 만남을 주선했다. 변 교수는 "해직 기간 동안 정치경제학과 종속이론 쪽으로 학문적 관심사가 이동했다"고 회고했다. 박현채와의 교유가 자신의 학문세계에 상당한 영향을 미쳤다는 고백이다.

변형윤은 제자 김수행이 한국 대표 좌파경제학자로 성장하고 자리잡는 데도 큰 역할을 했다. 서울대 조교 김수행이 통혁당 사건으로 학교를 떠날 때 '요주의 인물'인 그를 외환은행에 취직시킨 게 변 교수다. 이후 김수행은 외환은행 런던지사로 나간 뒤 공부를 재개해 '한국 1호 마르크스주의 학자'가 됐다. 학내 문제로 한신대 교수직에서 물러났던 김수행을 1989년 서울대 교수로 불러들인 사람도 변형윤이다. 당시 서울대 경제학과 교수들은 이구동성으로 김수행의 교수 임용을 반대했다. 특히 몇몇 교수는 완강히 거부했다. 그때 한 사람 한 사람 설득하고 끝까지 버텨 임명을 관철시킨 주역이 변형윤 교수다. 김수행 교수의 서울대 임용은 한국 마르크스주의 경제학 약진의 상징적 장면이었다. 얽히고 설킨 인연을 바탕으로 학현은 한국 진보경제학의 상징단어이자 대표집단이 됐다.

K진보경제학 뿌리, 일제시대 마르크시즘

K진보경제학의 본격 출발로 박현채의 민족경제론이 거론되지만, 사실 한국의 경제학은 해방공간에서부터 왼쪽으로 기울어져 있었다. 그 원류는 일제강점기로까지 거슬러 올라간다. 일본에서는 20세기 초반부터 사회주의 바람이 거셌다. 『공산당 선언』

이 이미 1904년에 번역됐고, 『자본론』은 한국보다 83년이나 앞선 1907년에 출판됐다. 1933년에는 세계 최초로 마르크스와 엥겔스 전집이 일본에서 출간됐다.

1917년 러시아 볼셰비키혁명이 성공한 이후엔 마르크스주의가 일본 사회운동의 주류로 부상했다. 또 아나키즘(무정부주의)이 주창돼 노동자의 직접 행동을 중시하는 기류가 강했고, 이는 1920년 일본 최초의 메이데이 투쟁을 불렀다. 1920~1930년대에는 좌파적 세계관이 일본 사회 구석구석으로 빠르게 확산됐다. 1922년에는 모스크바 코민테른의 지도하에 가타야마 센, 사카이 도시히코, 야마카와 히토시 등이 비밀리에 일본공산당을 결성했다.

한국의 첫 공산주의자는 이동휘(1873~1935) 선생이다. 1917년 러시아혁명에 성공한 레닌은 시베리아 한인사회를 통해 공산주의 운동의 한국 침투를 꾀했다. 당시 시베리아에 거주하던 이동휘는 1918년 러시아 하바롭스크에서 최초의 한인사회주의 정당인 한인사회당을 조직해 당수를 맡았다. 이후 레닌의 도움을 받아 민족주의자 흡수에 힘썼다. 그는 1919년 8월 중국 상하이로 옮겨 대한민국 임시정부의 국무총리가 됐다. 이때 임시정부 초대 대통령 이승만과 잦은 논쟁을 벌인 것으로 전해진다.

좌파혁명이론이 아니라 좌파경제학 선봉대로는 경성제국대학에서 수학한 조선학생들이 꼽힌다. 경성제대는 일제가 조선을 효과적으로 통치하기 위해 1924년 경성(서울)에 세운 최고학부다.

주류 꿰찬 민폐경제학

경성제대 조선인 학생들은 당시 세계적인 조류를 좇아 사회주의를 인도적인 사회모델로 판단했다.

조선학생들의 마르크스경제학 본격 학습은 1920년대에 시작됐다. 1926년 경성제국대학 법문학부 재학생 유진오가 주축이 돼 마르크스주의 연구를 위해 대학 내에 결성한 서클 '경제연구회'가 중요한 출발점이 됐다. 마르크스주의 학자이자 재정학 교수였던 미야케 시카노스케를 지도교수로 정치경제학을 공부하는 모임이었다. 설립 한두 해 뒤 이강국, 최용달, 박문규 등이 속속 가입하면서 경제연구회는 좌파경제학 연구의 진지로 자리잡았다. 마르크스『자본론』은 물론이고 힐퍼딩의『금융자본론』, 플레하노프의『유물사관의 근본문제』, 부하린의『유물사관』등을 학습하며 마르크스경제학을 체계적으로 수용한 것으로 전해진다.

경제연구회 출신들은 당시 유행했던 일본의 학술문화운동과 유사한 활동을 벌이며 마르크스경제학 확산에도 노력했다. 대학 졸업 직후인 1930년에는 '조선 최초의 사회과학 잡지'를 표방하는 〈조선과학〉이라는 잡지를 창간했다. 창간호와 제2호에는 '관세전쟁', '몰락과정에 있는 자본축적과 공황의 특질', '생산가격과 노동가치설', '중국사회구성 이론의 회고', '북불(北佛)의 총동맹파업', '자본주의와 사회주의' 등의 글이 게재됐다. 목차만 봐도 이들의 경제관이 사회주의로 완전히 경도됐음을 금방 간파할 수 있다.

해방공간의 '경성제대 4인방'

유진오, 이강국, 최용달, 박문규의 신념과 활동을 보면 이들을 '경성제대 마르크스주의자 4인방'으로 불러도 손색없다. 경성제대에 수석 입학하고 수석 졸업한 당대의 수재 유진오는 경제연구회 설립과, 이후 학술문화운동의 중심에 섰다. 이강국은 소련의 계획경제 찬양, 독일 자본주의 경제공황 관련 글을 발표할 만큼 좌파경제학에 심취했다. 최용달 역시 일본 자본주의의 발달 과정과 제국주의 세계체계로의 편입, 금융자본 지배의 위험을 경고하는 글을 일본의 마르크스주의 학술문화운동 잡지 〈신흥과학〉에 기고했다. 박문규는 〈조선과학〉의 발행인으로도 종횡무진 활약했다.

이들 4인방은 '나라세우기' 과정이 숨 가쁘게 전개된 해방공간에서도 건국준비위원회, 조선인민공화국(인공), 과도정부 등에서 중책을 맡았다. 유진오는 대한민국 헌법기초위원으로 제헌헌법 초안을 작성했다. 그의 좌파경제학적 시각은 건국헌법(제헌헌법)의 수많은 사회주의적 조항으로 이어졌다. 주요 지하자원을 국유로 하고, 대외무역을 국가의 통제하에 두고, 주요 산업을 국영 또는 공영으로 하고, 공공의 필요에 따라 사영기업을 국유 또는 공유로 이전할 수 있다는 무시무시한 조항들이 제헌헌법에 들어온 배경이다.

'근로자는 법률이 정하는 바에 의해 이익을 균점할 권리가 있다'고 규정한 8조 '이익균점권'에서 사회주의적 색채는 절정에 달한다. 다른 나라에서는 찾아보기 힘든 이익균점권은 당시 좌파경제학의 거센 위세를 보여준다. 그 외에도 제헌헌법에는 사회주의적 사고가 넘친다. "지하자원, 수산자원, 기타 유용한 자연력을 국유로 하며"(85조), "운수통신 금융보험 전기수리 수도가스 등의 기업을 국영 또는 공영으로 하며, 대외무역을 국가의 통제하에 둔다"(86조), "국민생활상 긴요한 필요에 따라 사영기업을 국유 또는 공유로 이전하거나 그 경영을 통제, 관리할 수 있다"(87조) 등이다. 이들 사회주의적 조항들은 이후 헌법 개정 때마다 하나씩 둘씩 삭제됐다. 이익균점권은 오래도록 유지되다 5·16 직후인 1962년 5차 개헌에 가서야 폐지됐다.

해방 직후를 지배한 좌파경제학

해방 이후의 경제학계에서도 마르크스주의 경제학과 그에 기반한 경제사 연구가 주류를 차지했다. 좌파학자들은 조선학술원, 사회과학연구소, 조선과학자동맹, 민족문화연구소 등을 거점 삼아 조직적으로 활동했다.

마르크스주의 관련 저술 번역과 발간이 폭발적으로 이뤄졌다. 『자본론』을 비롯해 마르크스, 엥겔스, 레닌, 스탈린의 주요 저작 소개가 쏟아졌다. 『공산당선언』만 1945~1946년 2년 새 5종이 출판됐다. 전석담, 박극채, 이북만, 최호진 등 국내 경제학자들도 사적유물론 시각으로 경제사와 조선경제사를 다뤘다.

홍정완의 '근대화 담론' 연구에 따르면 해방 이후부터 6·25전쟁 이전까지 남한에서 발간된 주요 경제학 개설서 9종 중 6종이 마르크스경제학을 토대로 했다. 임호, 윤행중, 고승제, 이석범, 김경보, 최호진 등이 선보인 입문서들이 그런 부류다. 신고전파 경제학이나 케인스경제학을 소개한 책은 소수였다.

한국 최초 경제원론서로 불리는 『이론경제학』(1947) 역시 마르크스경제학자 윤행중의 작품이다. 윤행중은 1933년 경도제국대학(교토대학) 경제학부에서 좌파경제학을 수학하고 보성전문학교 교수로 재직했다. 그는 "자본주의 생산제(諸)관계는 그것이 발전함에 따라 붕괴의 과정을 밟게 되는 동시에 새로운 생산관계 즉 사회주의적 생산제관계가 생성되는 것"이라고 썼다. 서문에선 "해방 후 경성대학(경성제국대학 후신) 법문학부에서 행한 경제이론 강의안을 토대로 출간했다"고 밝혔다. 한국 마르크스주의 경제학의 주요 발원지가 경성제국대학임이 드러난다.

신생 대한민국의 경제학풍이 자본주의적으로 바뀌게 된 계기는 6·25전쟁이었다. 북의 인민군이 서울을 함락했을 때 잔류를 선택한 교수나 학생들은 서울 수복 후 대거 학교를 떠나야 했다.

당시 서울대는 자체 심사위원회를 구성하고 잔류파의 활동을 조사해 문교부에 통지했다. 『서울대학교 40년사』는 당시(1951년 11월) 재적교원 370여 명 중 114명이 파면대상으로 분류됐다고 적고 있다. 진보경제학의 위세가 쪼그라든 중대 계기였다.

6·25전쟁 이후 경제학자들의 관심은 고전학파, 신고전학파,

케인스경제학으로 빠르게 이전했다. 마르크스주의 학자들도 대거 시장경제학으로 전환했다. 일본에서 번역된 케인스경제학 해설서가 1954년 무렵부터 국내에 소개되기 시작한 게 큰 영향을 미쳤다. 1936년에 발간된 케인스의『일반이론』은 일본상과대학 경제학부의 나카야마 이치로 교수 등이 주도적으로 번역 소개하며 일본에서 먼저 관심을 끌었다. 한국에선 1938년 윤행중 교수가 처음 소개해 1950~1960년대에 학계로 빠르게 수용됐다. 케인스경제학이 후진국 경제성장 문제에 활용될 여지가 크다는 점이 주목도를 더 높였다.

이후 경제재건에 대한 관심이 커지면서 국내 경제학자들은 후진국 개발론을 적극 수용했다. 사회주의 국가를 제외할 경우 1950년대 중반까지 세계적으로 가장 큰 영향을 미친 후진국 개발이론은 래그나 넉시와 윌리엄 아서 루이스의 연구들이다. 그중 1950년대 한국 경제학계의 후진국 개발론에 가장 큰 영향을 미친 학자는 넉시다. '빈곤의 악순환'이라는 개념을 제기한『후진국의 자본형성 문제』(1955)의 저자다. 당시 국내 학자 대부분은 넉시의 이론에 기초해 '균형발전'과 '수입대체산업화' 전략을 주장했다.

사회주의 경제학은 경제개발론에서도 만만찮은 힘을 발휘했다. 경제학자 박희범은 1960년 4·19혁명 이후 모리스 돕의 공업화 이론을 적극 수용했다. 영국 케임브리지 대학의 돕은『자본주의 이행논쟁』으로 알려진 저명한 마르크스주의 경제학자이자 소비에트경제 연구자다. 박희범은 5·16 직후 박정희 국가재건최고회의 의장고문으로 제1차 경제개발 5개년 계획을 뒷받침했다. 당시 그의 경제개발론은 내포적 공업화론이라고 불렸다. 내포적 공업화론은 라울 프레비시로부터 차용한 개념이다. 프레비시는 수입대체 산업화이론, 종속이론으로 이어지는 라틴아메리카 경제개발사의 흐름에서 큰 역할을 한 학자다.

후진국 경제론·민족경제론의 탄생

경성제대 4인방이 뿌린 좌파경제학의 씨는 한국전쟁으로 이념적 대립이 극심해지며 잠시 수면 아래로 잠복했다. 하지만 1960년대부터 본격 복원돼 1970년대에 '민족경제학'이라는 범주로 진화했다.

그 최초의 성과는 1973년에 나온 조용범 고려대 교수의 『후진국 경제론』이다. 조 교수는 서구의 발전모형에서 탈피해 저개발국 경제개발론의 정립을 모색했다. 마르크스주의와 사회주의를 비중 있게 소개하고, 식민지 종속형 근대화의 문제를 지적했다. 그는 "조국의 자주독립을 위한 노력에서 식민지 유제의 청산과 민족경제의 확립을 의도하는 모든 사람들에게 이 글을 바친다"고 했다. 그 의도대로 『후진국 경제론』은 1970년대 변혁운동의 교과서로 귀한 대접을 받았다.

조용범은 '고도성장 15년의 사각지대를 고발한다'며 1976년에는『한국자본주의의 원점』도 출판했다. 수입학문을 따라 하는 한국 경제학의 불임을 질타하면서 마르크스주의 학자 모리스 돕과 폴 바란의 이론을 저개발국 경제발전이론으로 소개한 저서다. 이 책에서 조 교수는 후진국의 경제발전 방안으로 대외종속성 지양, 매판세력 제거, 외국자본 활동제한, 국제분업 지양 등을 제시했다. 초기 한국 진보경제학계 주장의 원형이 목격된다.

1978년 박현채 교수의 주저『민족경제론』이 출간됐다. 박현채는 조용범 교수의 문제인식을 좇아 한국적 경제발전 모델로 '민족경제 확립'을 화두로 던졌다. 진보경제학계가 내놓은 완성형 경제발전론이었던 민족경제론도 큰 줄기는 조용범 교수의『후진국 경제론』과 대동소이하다. '자립적 국가자본주의 발전이 필요하다'며 마르크스주의에 기반한 해법을 제시했다.

민족경제론은 시장 선도 기업을 키우고 외자를 적극 활용하는 '박정희식 경제개발 모델'에 맞서는 대안으로서의 지위를 누렸다. 박현채 교수의 주장은 '농업 협업화'와 '중소기업 육성론'이었다. 민족경제학을 표방했지만 박현채는 본질적으로 한국을 반(半)식민지로 본 마르크스주의 경제학자이고 사회주의자였다. 그런 탓에 수출주도 공업화보다 자립적 민족경제 성장에 집중해야 한다며 방향착오를 일으키고 말았다.

1978년 박현채의『민족경제론』출간을 전후해 진보경제학에서는 비슷비슷한 담론이 쏟아졌다. 유인호 중앙대 교수의『한국농업문제의 인식』, 김윤환·박현채·박찬일 교수의『한국 노동문

제의 구조』, 변형윤·유인호의 『한국 경제의 실상과 허상』(1979)
등이 주목받았다. 이들은 하나같이 "박정희식 경제개발은 저임
금·저곡가로 노동자와 농민을 착취한 허울뿐인 성장"이라고 직
격했다. 시시한 조립 가공형 공업은 수출이 늘어도 수입은 더 늘
어나기 때문에 무역적자가 확대되고 외채가 누적될 뿐이라는 게
당시 진보경제학계의 집단 사고였다.

해외이론 모방한 관념적 '사구체 논쟁'

조용범과 박현채가 '민족경제'라는 화두에 집착한 것은 일본 좌
파경제학의 관점을 수용한 결과다. 조용범 교수는 "『후진국 경
제론』의 대강은 일본(오사카시립대) 수학의 결과"라고 밝힌 바 있
다. 박현채의 이론 역시 마르크스에 바탕을 둔 일본학자 오쓰카
히사오의 '국민경제 형성론'에서 크게 영향받았다는 게 정설이
다. 국민경제 형성론은 선진자본주의 국가 중 선발국과 후발국
간의 경험 차이에 주목한 담론이다. 조용범, 박현채 교수의 경제
발전론은 시대변화에 뒤처진 무리한 이론전개였음이 드러났다.
하지만 1960~1970년대의 사상적 불모지에서 사회주의를 보존
해 후대에 연결해준 것만으로도 한국 진보경제학계에선 큰 공
이다.

　진보경제학은 민족과 자립이라는 키워드에 과몰입한 탓에 점
차 퇴행의 길로 빠져들었다. 그럼에도 유신체제 종말, 신군부 집

권, 마이너스 성장이라는 극단적 환경 덕분에 주목도는 점점 높아졌다. 급기야 1980년대를 거치며 학문세계의 중심부로 진입하며 지식사회의 시민권을 획득했다.

하지만 과대평가가 초래한 자신감 과잉은 외려 독이 됐다. 점차 정통 경제학과 괴리된 채 위태위태한 자가발전적 이론에 의존했다. 1980년대 중반 무렵부터는 걷잡을 수 없는 사변적 경향을 보였다. 한국자본주의 사회구성체에 대한 논쟁(사구체 논쟁)이 급속 확산하며 관념적 공방으로 치달은 건 어찌 보면 필연이었다.

사구체 논쟁은 한국 사회의 성격 변혁주체 전략 등에 대한 인문사회과학 전반의 논쟁이다. 한국자본주의 발전단계와 성격에 대한 박현채와 이대근(주변부자본주의론)의 대립으로 포문이 열렸다. 이는 '창비 논쟁'으로 불렸다. 또 다른 논쟁은 산업사회연구회 회지 창간호가 무대였다. 안병직 서울대 교수가 일제하 조선을 반봉건사회로 보는 식민지 반봉건 사회론을 발표하고, 주로 박현채 교수가 일제하 자본주의론 입장에서 비판하는 형태로 진행됐다.

1980년대 후반 치열했던 사구체 논쟁은 이제 흔적을 찾기 어려울 만큼 흐지부지됐다. 진보경제학계에서조차 회고적 맥락에서 간간이 언급될 뿐, 진지한 학문적 주제로 인정받지 못한다. 본질적으로 현실에 바탕하지 않은 공허한 논쟁이었기 때문이다. 당시 논쟁을 주도했던 안병직 서울대 교수는 후일 "실증연구에 기초한 독창석 이론이 아니라 북한의 조선경제사 연구 성과와 모택동의 문헌을 소개한 것에 불과하다"고 털어났다. 좌파경제학에서의 탈출을 선언하며 학문적 표절 사실을 용기 있게 고백한 행동이었다.

사구체 논쟁의 기본구도는 1930년대 일본과 중국에서 공산주의자들이 벌인 논쟁의 복사판이었다. 안병직 교수는 자신이 주장했던 '반(半)봉건'의 뿌리를 일본에서 차용했다고도 했다. "'반봉건'은 일본 학계가 일본 자본주의의 특징을 해명하려고 제기한 이론"이라는 설명이었다. 또 "'반봉건'을 내세운 논쟁은 객관적 현실에 기초하지 않은 관념으로서 허상이었다. 남의 이론을 흉내내기에 급급했다"고 회고했다. 한국 현실과 무관한 낡은 수입이론을 대단한 발견이자 스스로의 학문적 성취인 양 으스댔다는 양심적 자기비판이었다.

소련 붕괴 후 '분배주의'로 기사회생

사구체 논쟁은 공리공담에 불과했지만 당시엔 큰 주목을 끌었다. 한국 마르크스주의 경제학(정치경제학)을 복원해내는 괴력을 발휘했다. '87 체제'와 맞물리며 좌파경제학이 득세하는 계기를 만든 것이다. 변형윤 교수와 김수행 교수의 영향력 아래에 있던 서울대 등을 중심으로 진보적 관점이 확산했다.

하지만 1990년대 말 소련과 동구권 붕괴가 진보경제학을 덮쳤다. 많은 좌파경제학자들이 마르크스주의적 접근을 정당화할 수 있는 근거와 동력을 상실했다. 그리고 각자도생이 시작됐다. 민족경제론은 '한반도 경제론'으로 표지를 갈았다. 진보평론가 백낙청의 '분단체제론' 등과 결합시켜 민족국가와 국민국가를 뛰어넘는 한반도 경제를 만들자고 주창한 이론이다. 한국사회과학연구소의 박현채 교수 후학들은 '이해관계자 자본주의'를 대안으로 선택해 변절 논란을 부르기도 했다.

K진보경제학은 그렇게 뿔뿔이 흩어졌지만 외환위기, IT버블, 2008년 글로벌 금융위기를 겪으며 전열을 재정비했다. 일련의 사태에서 자본주의의 제국주의적 면모와 공황 반복이라는 내재적 속성이 재확인됐다는 게 진보경제학계의 진단이다. '사회주의적 해법은 여전히 유용하다'며 다시 깃발을 높이 들었다. 깃발 속 슬로건은 '사회주의' 대신 대중적 소구력이 큰 '양극화'와 '불평등'으로 바뀌었다. '기본소득', '토지공개념' 등을 앞세워 '분배지상주의'를 주창하고 나섰다. 하지만 공리공론에 불과했던 사구체 논쟁처럼 이런 주장들도 현실과 괴리돼 일방적 논지로 빠져드는 양상이다. '올인 베팅' 하듯 또 한 번의 승부에 나선 K진보경제학의 행보가 아슬아슬하다.

종속이론과 마오이즘 추종

진보경제학자들은 한국의 경제개발 과정을 오로지 외자 종속과 서민약탈의 길이라 규정하고 투쟁해 왔다. 1960년대까지만 해도 후진국 경제발전이론에는 정석이 없었다. 유엔의 경제발전기구조차 어떤 전략과 정책으로 경제를 발전시킬 수 있느냐고 질문하면 답을 못 내놓던 시절이다. 그런 탓에 후진국들은 사회주의식 계획경제 방식에 큰 매력을 느꼈고, 개발 초기의 한국도 마찬가지였다.

한국 진보경제학의 농촌 중시 개발전략은 마오쩌둥(모택동) 혁명이론을 연상시킨다. 농촌과 농업중시 전략으로 혁명에 성공한 마오쩌둥의 혁혁한 전과는 20세기 하반기 전 세계 혁명가들의 마음에 불을 질렀다. K진보경제학도 마오쩌둥이 1940년에 제기한 신민주주의론에 영향을 받았다. 신민주주의론은 공산당 외에 노동자와 농민, 소자산계급, 민족자산계급 등 광범위한 사회세력의 연합을 꾀하는 혁명사상이다. 발달된 공업국가에서 노동자계급의 힘으로 공산혁명이 일어난다던 마르크스-레닌주의를 전근대적 농업사회인 중국의 현실을 고려해 변형한 이론체계다. 중국이 소련에 이어 두 번째 공산국가 수립에 성공하자 신민주주의론을 비롯한 마오의 이론은 큰 후광을 얻고 제3세계 민족해방인민민주주의혁명론 형성에 지대한 영향을 미쳤다. 이는 많은 후진국이 경제발전 과정에서 농업중시 전략을 채택하는 배경이 됐다.

1965년 무렵부터 마르크스주의 경제학의 변형이론인 '종속이론' 광풍이 세계를 강타한 것도 K진보경제학을 '자립경제'라는 폐쇄적 길로 내몰았다. 남미에서 태동한 종속이론은 개발도상국의 경제발전을 각국의 정책에 의한 것이 아니라, 중심과 주변(수도와 위성)으로 구성된 세계자본주의 구조에 의해 결정되는 것으로 본다. 프랑크(Andre Gunder Frank) 등은 자본주의 체제하에서 중심부의 발전과 주변부의 저발전은 동시적인 것이라고 주장했다. 중심은 주변을 착취해 발전하는 반면 주변에는 '저발전의 발전'이 일어나 중심과 주변의 격차가 더욱 벌어진다고 설명했다. 한번 주변이 된 국가는 경제개발이 불가능하고 정치적으로 억압적인 체제로 전락한다고 봤다. R. 프레비시, P. A. 바란, P. M. 스위지, A. G. 프랑크 등 마르크스주의 학자들의 이론에 연원을 두고 있는 종속이론은 제2차 세계대전 후 수출주도형 성장론의 부활에 대항해 수입대체 공업화 전략을 옹호했다.

남미를 중심으로 종속이론 바람이 분 시기는 박정희 대통령이 '한국형 국가혁신 체제'를 가동시킨 직후다. 둘은 시기적으로 겹친다. 박 대통령은 후발기업이나 국가가 선발기업이나 국가를 추격하려면 선발국이 겪은 여러 단계를 뛰어넘거나 아예 다른 경로를 개척해야 한다고 판단했다. '한국적 국가혁신 체제'를 가동시킨 배경이다.

야당으로서는 박정희 모델의 성공적 출발과 안착에 대응하는 전략이 긴급했다. 그런 점에서 종속을 막고 자립경제 체제를 추구해야 한다는 진보경제학자들의 주장은 일견 매력적이었다. 외자를 도입하면 종속되니 수출보다는 소비재 산업을 키우고, 농업

과 중소기업을 중시하자는 주장은 그럴싸해 보였다. 그렇게 K진
보경제학은 경부고속도로와 포항제철을 반대하고, 중화학공업
육성을 저지하고, 한·미 FTA를 결사반대했다. 논쟁적인 해외 이
론을 검증 없이 수입해 덜컥 한국 경제에 적용한 무모함이 빚은
부끄러운 이력들이다.

'B급 경제학'의 종횡무진

———

진보경제학은 자신들의 정책이 실패해도 '선의가 있고 정의롭기 때문에 우리의 길이 옳다'고 합리화한다. 우리는 좋은 사람들이기 때문에 우리 정책이 나쁠 수는 없다는 기적의 논리다. 하지만 그들의 주장은 현실 적용이 힘겹고, 어렵게 실행하면 파국적 결과로 이어지는 경우가 태반이다.

'진보정부' 정책라인 장악한 학현

진보경제학 대부 변형윤 교수는 정치참여를 경계했지만 제자들
은 정반대였다. 변 교수가 직접 학현학파로 거론한 40여 명 중 절
반 이상이 김대중·노무현·문재인 등 자칭 '진보정부'에서 큰 감
투를 썼다. 마르크스경제학을 전공해 공직에 부적합한 이들을 제
외한 상당수의 학현학자가 요직에 발탁됐다. 정권을 바꿔가며 두
세 번씩 요직에 오른 이도 수두룩하다.

학현학파가 처음 주목받은 건 김대중 대통령 시절이다. 변 교
수부터 정치적 성격이 강한 '제2의 건국 범국민추진위원회' 위원
장을 맡았다. '정치에 참여하지 않겠다'던 다짐과는 다른 행보였
다. 김태동 성균관대 교수의 DJ 청와대 초대 경제수석 임명이 본
격 신호탄이었다. 이어 강철규 규제개혁위원장, 윤원배 금융감독
위원회 부위원장, 이진순 한국개발연구원장, 전철환 한국은행 총
재 등 학현학자들이 줄이어 등용됐다. 학계 내에서 비주류였던
학현의 위상도 이 무렵부터 수직상승했다.

하지만 강호로 나온 학현학파에 대한 평가는 박했다. 여러 분
배정책을 밀어붙였지만 때마침 외환위기와 겹치면서 오히려 분
배가 악화된 영향이 컸다. 좌충우돌하는 독불장군식 매너도 반발
을 불렀다. 다혈질 성향의 김태동 경제수석은 선동가 미네르바를
'국민경제의 스승으로 삼자'는 엉뚱한 제안으로 체면을 크게 구
기기도 했다.

학현학자들의 정부기구 진출은 DJ 정부 직후에 출범한 노무현

정부에서 더 가속화됐다. 직급도 장관급으로 높아졌다. 학현 핵심인 이정우 경북대 교수는 청와대 정책실장과 정책특별보좌관을 역임하며 노무현 정부의 경제정책 틀을 만들었다. 김대중 정부에 참여했던 강철규 교수가 공정거래위원장을 맡았고, 김대환 인하대 교수는 노동부 장관에 기용됐다. 노무현 시절 학현학파는 서강학파를 공개 저격하는 등 비타협적 태도도 노골화했다. 2006년 2월 청와대 홈페이지에 "서강학파 학자들이 뒷받침해 준 불균형 전략(압축성장)은 스스로 지속 불가능한 성장모델이었음을 입증하며 1997년 끝났다"는 자극적인 글을 게시하기도 했다.

하지만 학현을 널리 등용하고 자신만만하게 진보정책을 밀어붙인 노무현 정부의 경제성적표는 초라하다. 고성장에 익숙했던 우리 경제는 처음으로 세계 경제성장률을 밑도는 굴욕을 맛봤다. 분배중시 정책을 쏟아냈지만 불평등은 크게 악화했다. '부동산 불로소득을 인정하지 않겠다'며 종합부동산세 신설을 밀어붙인 게 부동산 가격의 기록적 폭등을 불렀다. '아마추어 정부'라는 비판이 나오자 이정우 교수는 "구태에 덜 물들었으니 오히려 아마추어가 희망"이라고 둘러댔다. 독선이자 불통이었다.

문재인 정부선 외곽 자리까지 싹쓸이

소위 '3기 민주정부' 문재인 정권에서 학현의 위세는 절정에 달했다. 말 그대로 압도적 위용을 자랑했다. 경제정책 라인은 물론이고 방계 싱크탱크까지 독식하다시피 했다. 학계에서 연륜이 쌓였고, 이전 정권에서의 공직경험도 충분했던 만큼 속속 핵심적인 국정 컨트롤타워를 장악했다. 소득주도성장전략 창안자로 알려진 홍장표 부경대 교수가 초대 경제수석에 임명되며 정책실험도 본격화됐다.

문 정부에서는 학현의 독주가 너무 뚜렷해 '학현 소속 아니면 괜히 청와대의 인사통보 전화 기다리지 말라'는 우스개도 돌았다. 소주성 실패로 경제수석에서 경질된 홍장표 교수가 학계의 거센 반대를 뒤로하고 2020년 5월 '국내 최고 싱크탱크' 한국개발연구원(KDI) 원장에 전격 임명된 데서도 학현의 위세가 여실히 입증됐다. KDI와 함께 경제 관련 핵심 국책연구원으로 꼽히는 대외경제정책연구원(KIEP)도 학현 멤버 김흥종이 2020년 6월 원장에 올랐다. 정성춘 KIEP 부원장 역시 학현학파다. 공정거래위원장을 거쳐 청와대 정책실장을 지낸 김상조, 초대 부총리 겸 교육부 장관을 지낸 김상곤 교수도 범학현그룹이다. 장지상 산업연구원장, 주상영 금융통화위원, 원승연 금융감독원 부원장, 박복영 대통령 경제보좌관 등 문 정부 경제라인은 학현으로 차고 넘쳤다.

학현끼리 바통터치하듯 자리를 주고받는 이례적인 인사도 다반사였다. 이제민 연세대 교수와 이근 서울대 교수는 대통령 직속기구인 국민경제자문회의 부의장(명목상 수장인 의장은 대통령) 자리를 2021년 1월 넘겨받았다. 국민경제자문회의도 학현 독무대였다. 2021년 6월 문 정부의 마지막(제4기) 국민경제자문회의 개편에서 학현그룹은 전체 4개 분과 중 3곳의 분과장을 꿰찼다. 거시경제분과장 김진일 고려대 교수, 민생경제분과장 전병유 한신대 교수, 대외경제분과장 지만수 한국금융연구원 선임연구위원이 주인공이다. 김진일 교수는 예일대 박사로 미국 중앙은행(Fed)에서도 일해 학현그룹과 학문적 결이 꽤나 다른 정통파다. 하지만 2021년 2월 변형윤 교수가 대표인 ㈜한국경제발전학회장에 취임하며 범학현그룹에 가세했다. 거시경제분과의 위원도 김희삼 광주과학기술원 교수, 류덕현 중앙대 경제학부 교수, 이선화 국회 미래연구원 연구위원, 조복현 한밭대 경제학과 교수 등 학현 일색이었다. 김진일 분과장을 포함해 총 6명의 거시경제분과 위원 중 5명이 범학현학자로 채워졌다. 민생분과 역시 분과장을 포함해 6명 가운데 4명(전병유·송원근·홍석철·홍태희 교수)이 범학현학자들이었다.

2020년 12월 통계청장 자리를 교대한 강신욱 교수와 류근관 교수도 모두 학현학자들이었다. 대통령직속 소득주도성장특별위원회 위원장을 홍장표 교수로부터 넘겨받았던 김유선 박사 역시 한·미 FTA 반대서명에 이름을 올린 오랜 학현그룹 멤버다. 학계에 연구자금을 배분하는 한국연구재단의 학술진흥본부장 자리도 학현에서 허리역할을 맡고 있는 류동민 충남대 교수와 남기곤 한밭대 교수가 2020년 3월 바통터치했다. 관료로 변신하기 오래전부터 학현그룹에서 활동해온 문 정부 시절 이동걸 산업은행장은 산업은행 역사상 처음으로 연임에 성공하는 기록도 세웠다.

문 정부 외곽 경제단체에도 학현이 즐비했다. 이정우 교수는 한국장학재단 이사장을 지냈다. 은행권이 100% 출자한 한국금융연구원에는 2021년 3월 학현 소속 박종규 원장이 취임했다. 강병구 인하대 교수는 문재인 정부에서 국세행정개혁TF단장, 재정개혁특별위원장, 세제발전심의위원장을 연이어 맡았다. 세계 경제 문제를 분석하는 국책연구기관인 대외경제정책연구원의 부원장(정성춘), 통일부 장관 정책보좌관(신현호) 등 곳곳에도 학현 인맥이 뻗쳤다. 금융권으로 진로를 잡았던 학현 소속 이용우 전 카카오은행 공동대표는 더불어민주당 공천을 받아 여의도로 입성했다.

이 같은 싹쓸이로 학현은 문 정부 5년간 경제현안을 좌지우지했다. 국정 이슈 전반을 학현그룹이 기획하고, 학현학자들의 의견을 과잉 반영하는 왜곡도 잦았다.

가령 탈원전 드라이브와 연계된 에너지 정책 전환과정을 보자. 2020년 11월 국회에서 더불어민주당 의원들이 주최한 '에너지산업 전환과 전력산업 구조개편 토론회'의 경우 발제자(안현효 대구대 교수, 정세은 충남대 교수)와 토론회 좌장(주병기 서울대 교수) 모두 학현학자였다.

그해 10월의 'LNG 직수입 제도의 문제점과 개선방안' 정책토론회 역시 주제발표자(정세은 충남대 교수, 김공회 경상대 교수, 안현효 대구대 교수)와 토론자(정혁 중앙대 교수, 나원준 경북대 교수)가 범학현학자들로

채워졌다. 이 두 행사를 주관한 혁신더하기연구소라는 단체마저 학현 소속 김상곤 한신대 교수(전 사회부총리 겸 교육부 장관)가 2015년 설립했다. 연구소 이사장 역시 학현학자 김윤자 교수였다. 정책 입안에서부터 시행까지 동일한 사고를 가진 집단의 일방적 작용이 있었다고 볼 수 있는 정황들이다.

분배·고용·성장의 동반 추락

학현은 문재인 정부를 거미줄처럼 장악하고 소득주도성장으로 대표되는 청개구리 정책을 밀어붙였다. 결과는 노무현 정부 실패의 되풀이였다. '되풀이'라는 말도 부족할 만큼 참담한 성적표를 받아들었다. 코로나19 사태의 영향이 없었던 집권 3년(2017~2019) 동안의 연평균 경제성장률은 2.7%로 추락해 같은 기간 세계 평균성장률 3.4%(IMF 기준)를 한참 밑돈다. 내수·생산·투자가 모두 역성장하다시피 했다.

　잠재성장률 추락은 더 심각하다. 한국경제연구원은 10년 내에 한국의 잠재성장률이 0%대로 진입할 가능성이 높다고 분석했다. 노동력, 자본 같은 생산요소를 최대한 활용해서 달성할 수 있는 생산량의 최대증가율을 뜻하는 잠재성장률은 한 나라 경제의 '기초 체력'으로 불린다. 당장 성장은 덜 되더라도 잠재성장률이 살아있으면 회복이 가능하다. 하지만 잠재성장률이 바닥이면 구조적 침체가 불가피하다. 성장 전략의 한계, 경직적 노동시장, 기술

혁신성 둔화 탓에 주요국 중 잠재성장률 하락이 가장 빠르게 진행되는 상황이다. 다급한 경제 구조조정 대신 밀어붙인 소주성 실험이 국고와 시간 낭비에 이어 미래 성장 동력까지 훼손한 결과다.

경제협력개발기구(OECD)의 전망은 더 심각하다. OECD는 한국의 잠재성장률이 2044년 0.62%까지 위축돼 38개 회원국 중 꼴찌가 될 것으로 봤다. 2020~2030년의 잠재성장률은 1.9%로 OECD 평균(1.3%)보다 높겠지만, 2030~2060년은 0.8%로 평균(1.1%)을 크게 밑돌 것이란 분석이다. 경제성장의 역사가 그리 길지 않은 한국의 잠재성장률이 역사가 훨씬 길고 경제 규모도 큰 미국(1.0%), 일본(1.1%)보다 낮아져 선진국 중 최하위가 될 것이란 충격적 진단이다.

분배상황이 개선된다면 성장률 추락을 어느 정도 용인해 줄 여지가 생긴다. 하지만 문재인 정부의 양극화는 기록적이었다. 불평등 정도를 보여주는 분배지표들이 문 정부 출범 직후부터 일제히 곤두박질쳤다. 상위 20%와 하위 20%의 소득 격차를 보여주는 5분위 배율(시장소득 기준)은 2021년 1분기 9.79배로 치솟았다. 상위 20%의 소득이 하위 20%보다 10배 가까이 많다는 의미다. 이는 소주성이 본격화된 2019년 1분기의 7.78배보다 25%나 더 높은 수준이다.

최저임금 '묻지마 인상'이 역설적으로 양극화를 심화시킨 주요 요인이다. 최저임금이 16.4%(2018년 결정) 급등했던 2019년에 1분위(최하위 20%) 가구의 근로소득은 전년 대비 47.1% 급감했다. 최저임금을 많이 올린다고 양극화가 완화되지 않는다는 건 경제학의 상식이다. 급격한 인상은 오히려 최하위 임금근로자를 실업으로 내몰아 소득격차를 확대시킨다.

최저임금 인상률과 소득 간의 이런 역설은 수없이 입증됐다. 노무현 정부 때인 2004~2007년 최저임금 인상률은 연평균 11.5%에 달했지만 당시 최하위 20% 가구(1분위)의 근로소득 증가율은 3년 연속 마이너스였다. 최하위 계층인 1분위의 소득증가율 하락도 최저임금 인상률이 높은 해에 더 두드러졌다. 적정 수준을 넘어선 과도한 최저임금 인상이 최하위계층 일자리 감소를 부른 탓이다. 미제스가 "자유로운 시장에서 결정되는 수준보다 더 높은 임금률을 강행하려는 시도들은 수년을 끌 장기간의 대량실업을 낳는다"고 경고한 그대로다. 이런 부작용을 몰랐다면 어이없는 무능이고, 알고도 밀어붙였다면 말할 수 없는 비정(非情)이 아닐 수 없다.

일자리 정부를 자처했지만 문재인 정부의 고용 역시 참사에 가까웠다. 코로나19 사태가 시작되기 직전인 2019년의 고용률은 66.8%로 OECD 평균(68.7%)보다 1.9%포인트 낮다. 문재인 정부 출범 직전 연도인 2016년 0.9%포인트였던 격차가 3년 만에 2배 이상 커진 것이다. 특히 청년층 고용률은 OECD를 15.1%포인트나 밑돈다. '가보지 않은 길을 가겠다'며 검증되지 않은 비주류 진보경제정책을 전면 채택한 결과다.

예고된 실패였다. 문 대통령은 취임 직후 노무현 대통령 추도

식에 참석해 "다시는 실패하지 않겠다"고 다짐했다. 하지만 노무현을 실패로 몰아넣은 이념 과잉의 엉터리 방법론을 더 강화한 탓에 훨씬 깊은 경제 주름을 자초하고 말았다. 이쯤 되면 학현 정책은 분배경제학이 아니라 '분배팔이 경제학', 서민경제학이 아니라 '서민팔이 경제학'으로 불려도 할 말이 없을 듯싶다.

참담한 실패에도 책임감 '제로'

"변형윤 선생님 제자들은 주로 국내에서 공부하면서 한국 현실에 비판적인 글을 많이 썼죠. 그게 오늘날까지 연결됐어요. 아주 단단합니다." 학현그룹을 오랫동안 가까이서 지켜봐 온 정운찬 전 서울대 총장은 학현의 특성을 '단단함'으로 규정했다. 단단함은 일반적으로 장점이다. 하지만 '반증 가능성'에 언제나 열려있어야 하는 학문 세계에선 치명적 단점이 되기 싶다. 특히 단단함이 무책임과 어우러지면 배타성과 경직성으로 기울게 된다.

소주성 설계자로 문 정부 KDI 원장을 지낸 홍장표 부경대 교수도 그런 비판에서 자유롭지 못하다. 홍 교수는 10개 지표 중 9개가 곤두박질치고 1개가 좋아지면 그 하나를 과장해 소주성이 효과를 냈다는 식으로 강변했다. 일시적이거나 외부 변수에 의한 한두 분기의 짧은 지표 호전을 성과로 포장하는 방식이다.

나빠진 나머지 지표들을 지적하면 '조만간 반전될 것'이라며 희망고문했다. 최악의 상황이 분명해져 희망고문조차 여의치 않게 되면 '순항하고 있었는데 코로나 때문에 악화돼 아쉽다'며 핑계모드로 전환했다. 그는 소주성 시행 후 성장률 추락과 고용참사가 두드러지자 경제수석 자리에서 경질됐다. 그런데도 퇴임 후 "소주성은 성공하는 중이었는데 코로나로 꺾였다"는 주장을 무한 반복했다.

홍장표 KDI 원장과 함께 소주성을 뒷받침한 핵심 인사로 꼽히는 주상영 건국대 교수도 비슷한 태도로 실망을 안겼다. 주 교수는 저명 경제학자인 로버트 배로 하버드대 교수가 "소득주도성장이라기보다 소득주도빈곤이라 불러야 한다"고 소주성을 혹평하자 "피상적 관찰과 논리적 비약"이라며 정면 반박했다. 또 배로 교수가 '보수 성향 학자'라는 점을 지적하며 "이것은 분석이 아니라 이데올로기"라는 인신공격성 반론도 펼쳤다.

그랬던 주 교수지만 소주성이 실패로 판명난 문 정부 말기엔 표변했다. "소득주도 성장론에는 생산론이 부족하다"며 비판적 입장으로 돌아섰다. 금통위원까지 지낸 소주성 핵심인사의 뒤늦은 유체이탈 화법이었다.

한·미 FTA 반대 서명파인 장지상 경북대 교수의 행보도 대동소이했다. 산업연구원 원장(2021년 6월 퇴임) 시절 그는 "최저임금 인상속도가 다소 빠른 감이 있었던 것 같다. 특히 경기가 하락하는 상황이어서 경제주체들에게 부담이 될 듯하다"고 했다. 국책연구원장으로 소주성을 적극적으로 지원하다 돌연 '관전 모드'로 전환했다.

'통계 마사지'로 하늘 가리기

실패가 분명해져도 학현학자들은 반성에 인색하다. 통계를 호도하며 실패를 부정하는 데 더 열중한다. 통계분석도 다반사다. 2018년 8월, 취임 1년도 채 안된 황수경 통계청장이 갑자기 경질됐다. 하위 20%(1분위)의 소득이 줄고, 상위 20%(5분위)는 크게 증가해 2008년 이래 소득분배지표가 가장 나빠졌다는 보도자료 발표 직후였다. 문재인 정부가 간판으로 내건 '소득주도성장'의 허상이 드러난 통계였다.

그러자 문 정부는 잘못된 정책을 수정하는 대신 통계청장을 바꿔버렸다. 억울하게 하차한 황수경 통계청장은 이임식 20여 분 내내 울먹이며 "내가 그리 말을 잘 듣는 편은 아니었다"는 이례적인 퇴임의 변을 남겼다. 후임으로 임명된 학현 소속 강신욱 통계청장은 "좋은 통계로 답하겠다"는 이례적인 충성 다짐과 함께 업무를 시작했다. 그는 '좋은 통계'를 만들어 내기 위해서라며 거의 해마다 통계표본과 조사방식을 변경하는 무리수를 뒀다.

기준이 너무 자주 바뀌다보니 이제 양극화 절대수준을 가늠하거나, 이전과 비교분석하는 일이 사실상 불가능해졌다는 평가다. 전문 연구자들마저 시계열 변화 추적에 두 손 두 발 들고 말 정도다. 문재인 대통령은 필요에 따라 여러 지표 중에서 유리한 것을 선택적으로 인용했다. '분배 악화가 걱정'이라고 말했다가 불과 며칠 뒤 '개선됐다'고 자랑하는 등 오락가락했다.

부동산 통계도 마찬가지다. 문재인 대통령은 2019년 11월 국민과의 대화에서 "집값은 일부 하락할 정도로 안정적"이라고 했다. 당시 서울 아파트 거래가격은 취임 2년 반 만에 평균 41%나 치솟았던 만큼 모든 이들이 고개를 갸웃했다. 정부가 인용한 한국부동산원의 통계가 잘못 설계된 점이 2021년 8월 뒤늦게 밝혀졌다.

통계와 시세 간 큰 괴리는 통계조작 의심을 불렀다. 과거엔 정확하던 통계가 문재인 정부 들어 갑자기 안 맞기 시작해서다. 계산통계학을 전공한 김준경 전 KDI 원장은 강한 의구심을 내비쳤다. "한국부동산원 통계와 KB 통계의 괴리가 너무 심하다. 과거에는 두 통계의 괴리가 없었다. 주택 가격이 급등한 노무현 정부 때조차 괴리는 관찰되지 않았다. 하지만 2018년 말부터 격차가 나타나더니 2020년 하반기부터 급격하게 벌어졌다. 반면 5대 광역시의 경우 두 지표의 괴리는 현 정부든 과거 정부든 관찰되지 않는다. 경제학자로서 볼 때 이런 통계 괴리는 있을 수 없다."

세금을 쏟아부어 만든 노인 알바 수십만 개로 취업자 수를 부풀린 고용통계도 분식에 가깝다. 2020년에 76만 9000명까지 급증한 노인 일자리의 대부분은 단기 아르바이트다. 고용지표가 코로나19 이전을 회복하고 있다고 기획재정부가 자랑한 2021년 사정도 마찬가지다. 그 결과 문 정부 출범 전인 2016년 39.5%이던 60세 이상 고용률이 2021년 42.9%로 급증하며 고용지표 회복을 주도했다. 하지만 가장이 많은 40대 고용률은 2016년 79.4%에서 2021년 77.3%로 2%포인트 넘게 낮아졌다.

노인 단기알바는 통계에선 정식 취업자로 잡힌다. 취업자 통계 기준이 '수입을 목적으로 일주일 사이에 1시간 이상 일한 사람'으로 규정돼 있어서다. 중국 통계를 못 믿는다지만, 5년에 걸친 학현의 마사지로 이제 국내 통계도 뜯어보고 뒤집어봐야 하는 불신 시대를 맞았다.

'뇌피셜' 앞세우는 지적 태만

진보경제학계의 통계 왜곡과 현실 호도는 고질병 수준이다. 필요에 따라 사실을 왜곡하고 취사선택하는 일을 무한반복 중이다.

진보경제학 대부 변형윤 서울대 명예교수는 박정희 정부 때부터 수십 년 동안 소득불평등 악화를 지적해왔다. 하지만 1965년부터 외환위기를 맞은 1997년까지 32년간 양극화(지니계수)는 장기 개선세였다. '분배가 그리 나쁘지 않다'는 데이터를 더 부인하기 힘들게 되자 변 교수는 2000년 무렵부터 '진짜 문제는 빈부(소득)보다 자산격차'라고 슬쩍 말을 바꿨다. "빈부격차를 나타내는 지표는 썩 나쁘지 않아요. 그러나 부동산을 포함한 자산으로 보면 선진국보다 큰 게 사실입니다."

자산불평등이 커졌다는 그의 지적은 옳다. 하지만 부동산 값을 급등시켜 자산격차를 천정부지로 키운 주역이 바로 학현학자들이다. 노무현 정부와 문재인 정부에서 집값 급등을 부른 이념과 잉 정책을 밀어붙인 주역은 김수현 세종대 교수다. 또 김수현은 학현그룹 핵심 이정우 경북대 교수의 지시를 충실히 따랐다. 노무현 정부에서 경제부총리를 지낸 이헌재는 "이정우가 정책기획위원장에서 물러나 민간인 신분이 됐는데도 부동산 대책을 짜는 청와대 별관회의에 참석하길래 못 오게 막았더니 김수현이 대타로 나오더라"고 증언했다.

학현 원로 이정우 교수의 학문적 느슨함도 아쉽다. 그는 틈만 나면 "한국이 미국보다 심한 불평등 자본주의 국가가 됐다"고 강조한다. 하지만 분배에 관한 한 미국은 알아주는 불평등 국가다. 일부 지표에서 한국이 더 나쁠 수 있겠지만, 전체적으로 미국보다 양극화가 심하다는 건 사실이 아니다.

이런 그릇된 진단은 국정 최고책임자의 생각을 왜곡시켜 그릇된 처방을 낳게 했다. 문재인 대통령은 2019년 신년기자회견에서 "부의 양극화와 경제적 불평등이 세계에서 가장 극심한 나라가 됐다"며 "사람중심경제로 이전해야 한다"고 강조했다. 진보경제학의 오류가 진보정치를 통해 국가의 오판으로 이어진 것이다.

누구나 오판은 한다. 하지만 학자는 자기성찰과 대안 제시가 직업적 소명이다. 우리 사회가 학문의 자유를 보장하기 위해 노력하는 것도 그런 소명 완수를 기대해서다. '하버드대학의 마르크스주의자'로 불렸던 폴 스위지 교수는 노작 『독점자본』의 오류를 25년이 지난 뒤에 발견하고 용기 있게 수정했다. 모르는 체하면 오류가 유야무야될 것이란 생각 역시 심각한 오판이다.

주류경제학을 적으로 보는 배타성

'나치의 계관학자'로 불린 독일 법학자 카를 슈미트는 "정치란 적과 동지를 구분하는 것"이라고 했다. 하지만 학문은 정치가 아닌 만큼 정치적 셈법과는 분명히 달라야 한다. 학문 세계에서는 이론적 대척점에 있는 상대를 무조건 공격하기보다 상호논쟁과 반증을 통해 진실을 모색하는 자세가 필수다.

아쉽게도 한국의 진보경제학은 주류경제학, 시장경제학을 배제하고 타도해야 할 적으로 상정한다. 그들의 해법은 강자와 부자의 이익에 복무할 뿐이라고 비난하며 경제문제를 정치화하는 데 익숙하다.

또 시장중시 학자들을 성장지상주의자로 몰아간다. 변형윤 교수는 "주류경제학의 '성장지상주의'가 대기업의 독점을 방관하고 분배를 망쳤다"고 했다. "박정희·이명박 정권 등은 경제성장률에 목매는 성장지상주의를 내세웠지만, 기득권층의 배만 불렸을 뿐 성장과실을 균점하는 제도적 장치는 외면했다"고 주장했다.

하지만 주류경제학적 방법론에 기초한 보수정부는 '닥치고 성장'을 밀어붙인 적이 없다. 경제개발 초기는 과도한 분배주의보다 성장을 강화해 분배를 해결하는 방식이 더 유용하다고 강조한 정도다.

보수정부는 시의적절한 분배정책도 의욕적으로 도입했다. 박정희 대통령은 1964년 한국의 첫 복지제도인 산업재해보험을 도입했다. 1977년에는 세계의 자랑이 된 의료보험제(건강보험제)를 시행했다. 전두환 정부도 국민연금법, 노태우 정부는 고용보험제로 사회안전망을 크게 강화했다. 또 김영삼 대통령은 '국민기초생활보장제'라는 족적을 남겼다. 이명박 정부는 능동적 복지를 선보였고, 박근혜 정부는 '기초연금제'를 시행했다. 지속가능성에 초점을 맞춘 보수정부의 이런 분배 설계는 '퍼주기' 성격을 벗어나지 못한 진보정부의 그것보다 월등하다는 평가가 다수다.

분배이슈의 핵심은 방법론 선택이다. 즉, 시장기능 활성화를 통한 생산적 재분배냐, 정부가 로빈 후드처럼 개입하는 인위적 재분배냐를 선택하는 일이다. 지난 60여 년 한국의 경제개발 역사는 시장기능을 활용하는 접근이 불평등의 구조적 해소에 더 효과적이라는 점을 넉넉히 입증했다.

진보경제학은 '시장경제학은 대기업만을 위한 매정한 성장지상주의'라는 이미지를 끝없이 만들어낸다. 주류경제학에는 '인간'이란 요소가 결여돼 있다며 스스로를 '착한 경제학자', '따뜻한 경제학자'로 자리매김한다. 자신들의 정책이 사회적 약자와 서민들을 벼랑 끝으로 내몰고 말았다는 점은 애써 외면한다.

주류경제학을 '시장만능주의'로 매도하는 것도 상용수법이다. 변 교수는 "현대경제학은 시장경제를 절대만능으로 여긴다"는 주장을 낡은 레코드처럼 반복해왔다. 그의 제자이자 문재인 정부의 금융업계 막후 실력자로 회자된 원승연 명지대 교수도 "시장자유주의는 시장만능주의"라는 프레임을 설파 중이다.

'시장이 만능'이라는 주장은 수백 년 전 경제학 태동기 때나 있던 생각이다. 이제 시장절대주의나 시장만능주의를 신봉하는 학자는 거의 없다. 시장 활용이 국가가 나서는 것보다 효율과 공정 면에서 대부분 좋은 결과를 낳는다는 원칙 정도를 공유할 뿐이다. '국가 개입 최소화' 주장을 시장만능주의나 시장결정주의로 등치할 수는 없다.

마셜의 '따뜻한 마음'에 대한 오독

학현학자들이 자주 인용하는 구절은 '냉철한 머리와 따뜻한 마음(cool heads but warm hearts)' 그리고 '인간 중심의 경제학'이다. 모두 영국 신고전학파 경제학자 앨프리드 마셜에게서 빌려온 말이다. 변형윤 교수는 회고록의 첫 문장과 마지막 문장으로 인용할 만큼 이 두 개의 키워드에 애착을 갖는다. '냉철한 머리와 따뜻한 마음'은 1885년 마셜의 케임브리지대학 교수직 취임사에 나온다. 마셜은 또 주저 『경제학 원리』에서 "경제학은 부의 축적에 관한 연구인 동시에 인간에 관한 연구의 일부"라고 썼다. 이는 "경제학은 인간중심의 학문이 돼야 한다"는 변 교수의 좌우명이 됐다.

그는 '따뜻한 마음'을 분배 우선으로 이해하지만, 이는 마셜 경제학에 대한 일정한 오독이다. 마셜은 분배보다 성장을 중시했다. 마셜 사상의 백미는 오히려 시장자유를 통한 성장의 강조다. 그는 번영의 원천은 정부가 아니라 시장, 즉 자본가와 기업가라고 강조했다. "정부는 셰익스피어 작품을 모양새 좋게 발간할 수는 있지만 그것을 저술할 수는 없다는 치명적 한계를 갖는다"는 근사한 비유를 들기도 했다. 자본가와 자본이 없는 사회는 야만의 세계로 돌아가고 인간 존립 자체가 위태롭게 될 것이라고 진단했다. 또 경제적 자유가 많을수록 성장률이 높고 성장률이 높을수록 분배도 개선된다고 강조했다.

경제학사를 거슬러 봐도 마셜을 인용하면서 분배지상주의를 주장하는 것은 대(大)경제학자에 대한 일종의 결례임을 쉽게 알아차릴 수 있다. 애덤 스미스의 등장으로 경제학은 유용성을 인정받았다. 때마침 동반된 기술과 생산방식의 혁신은 폭발적인 생산량 증대로 이어져 산업혁명을 불렀다.

하지만 토머스 맬서스, 데이비드 리카도, 카를 마르크스로 이어진 이후의 경제학은 여전히 세계를 비관했다. 맬서스는 인구과잉으로 인류는 빈곤·기아·범죄를 피할 수 없다고 봤다. 리카도도 빈곤, 불공정 분배, 성장 없는 정체를 극복하기 어렵다는 '음울한 경제학'을 설파했다. 나아가 마르크스는 '이윤율 저하 경향' 탓에 자본주의는 공황을 피할 수 없고 결국 붕괴돼 사회주의로 대체될 것이라고 했다.

18~19세기에 넘친 이 같은 '빈곤 숙명론'과 '사회주의 도래론'을 잠재운 긍정의 아이콘이 바로 마셜이다. 마셜 이전의 고전파 경제학자들은 노동가치설에 기초해 이론을 전개했다. 하지만 마셜은 상품가치는 효용에서 나온다는 이론을 일단의 학자들과 함

께 입증했다. 이른바 '한계혁명'이다. 이런 생각은 '신고전학파'로 불리는 근대경제학을 낳았고, 마셜은 그 최전선에서 맹활약했다. 마셜은 따뜻한 마음이 냉철한 머리와 같이 가야 한다고 설파했다. 따뜻한 마음만 내세우는 건 '근대경제학 창시자'에 대한 이해 부족이다.

'정치학의 아류' 자처하는 B급 경제학

진보경제학은 자신들의 정책이 실패해도 '선의가 있고 정의롭기 때문에 우리의 길이 옳다'고 합리화한다. 우리는 좋은 사람들이기 때문에 우리 정책이 나쁠 수는 없다는 기적의 논리다. 하지만 그들의 주장은 현실 적용이 힘겹고, 어렵게 실행하면 파국적 결과로 이어지는 경우가 태반이다.

애초 경제학은 정치경제학이라는 이름으로 불렸다. 이때 경제학은 법학·정치학·수학의 아류 학문적 지위를 가졌다. '정치'가 떨어지고 독자적 학문체계를 구축해 '경제학'이라는 온전한 이름을 갖게 된 건 마셜의 공이다. 그의 저서 『경제학 원론』이 나온 뒤에야 정치경제학은 경제학으로 자리매김했다.

마셜은 정치경제학적 접근을 중시한 마르크스와 대립했다. 마르크스가 마셜경제학을 '부르주아 계급의 학문'이라고 비판하자, 그는 집단소유체제는 경제를 황폐화하고 아름다운 것을 파괴한다고 직격했다. 마셜의 이런 노력은 당시 전 세계를 들불처럼 감쌌던 마르크시즘의 진군을 저지하는 데 큰 역할을 했다.

마셜을 추종한다는 학자들이 경제학을 정치의 종속 변수로 전락시키는 역설이 한국에서 벌어지고 있다. '따뜻한 마음'이라는 구절만 떼어내 경제학을 엄정한 사회과학이 아니라 정치학이나 사회학의 아류로 몰아간다. 경제학을 'B급 학문'으로, 스스로를 정치학 방법론에 의존하는 'B급 학자'로 비하하는 결과다.

학현학파에 포위됐던 문재인 대통령도 "정치가 곧 경제다"라는 혼란스러운 인식에 오랫동안 지배됐다. "소득이 골고루 돌아가는 소득주도성장이 민주주의"라고 한 발언은 그런 자락을 깔고 있다. 문 대통령은 "새 정치가 새 경제"라며 정치 만능주의적 사고도 드러냈다. 학현그룹의 일방적 세례를 받은 문 대통령이 거침없이 '경제의 정치화'로 질주한 것은 어쩌면 필연이었다.

상당수 진보경제학자들은 "경제학이 정치경제학으로 복귀해야 한다"고 목소리를 높인다. 하지만 지금 필요한 것은 정치경제학도, '경제의 정치화'도 아닌, '정치의 경제화'다.

'인간' 앞세우며 복지·윤리학과 혼동

변형윤 교수의 주류경제학 비판은 상식의 눈높이로 봐도 이질적이다. 경제개발 초기인 1970년대에는 "외국인 투자는 한국에 주둔하고 있는 미군과 같은 성격"이라는 주장을 폈다. "외국인 투자자들은 본국의 명령과 본사의 명령에 따르는 것이어서 문제가 많다"는 것이었다. 이런 내용으로 기고도 하고 강연도 다녔다. 경제학이 일천했던 개발연대 시절의 판단 착오로 넘어가 줄 수도 있다. 그런데 이런 내용을 2019년에 출간한 회고록『학현일지』에도 자랑스럽게 소개하고 있다. 지금도 이런 비합리적 생각을 하고 있다고 믿고 싶지는 않다.

미국식 경제학에 대한 부정적 인식도 뿌리 깊다. 그는 서울상대 학장 시절(1970~1975) 개혁적이고 진보적인 교수진을 구성하려고 했지만 만족스럽지 못했다며 아쉬워했다. "조교 때 개혁적이던 사람들이 유학을 갔다 오면 미국식 경제학 가치관으로 바뀌어버리더라"고 한탄하기도 했다. 주류경제학에 대한 깊은 불신이 고스란히 전해진다. 1981년 종속이론 등 주류경제학에 비판적인 국내외 학자들의 글을 정리해『반주류의 경제학』이라는 교양서를 출판하는 데 심혈을 쏟은 것도 그런 맥락에서다.

주류경제학에 보이는 반응이 너무 거칠어 놀랄 때도 많다. 그는 신자유주의 경제학의 거장 밀턴 프리드먼을 직접 보니 "미꾸라지 같은 약삭빠른 모습"이었다고 회고록에서 묘사했다. 외모와 인상으로 연구자를, 더구나 대가를 공격하는 방식은 공감하기 힘들다.

한국 진보경제학자들은 경제학을 도덕적 관점으로 재단하려는 경향이 뚜렷하다. 국부 증대방안과, 후대를 걱정하는 동료학자들의 고민을 '부자 감세'와 '반(反)서민적'이라 단정하고 모욕적 언사로 비판하는 일이 잦다. '인간중심의 경제학'을 앞세워 경제학을 어설픈 복지학이나 윤리학으로 오판하는 태도다.

'시대착오' 넘어 '시대 파괴'로

변형윤 교수는 분배를 강조하면서도 구체적인 정책을 제시하지는 않았다. 저서 등을 봐도 단편적인 주장의 나열이 많다. 그마저도 경제학 원리나 세계의 조류와 동떨어진 경우가 대부분이다. 『분배의 경제학』, 『냉철한 머리 따뜻한 마음』 등의 저서를 보면 동의하기 힘든 대목이 많다. 예컨대 이런 주장들이다.

> "공장자동화는 심각한 고용문제를 야기할 가능성이 커 장기적으로 잘못된 방향이다."
> "수출 증대보다는 수입 억제가 옳다."
> "한국·대만·홍콩·싱가포르의 경제개발이 성공적이라고 하는 것은 성급한 일반화이다."
> "국제 분업은 결코 저개발국에 유리한 결과를 초래한다고 할 수 없다."
> "교역결과 저개발국에서 선진국으로 막대한 이윤이 유출되고 있다."
> "고용 흡수 효과가 큰 농업을 육성해야 한다."

경제학의 학문적 깊이가 일천하던 시절의 견해임을 감안해도 번지수가 너무 틀린 주장들이다. 하지만 그는 2022년 말 세상을 떠날 때까지 이론을 수정하거나 실수를 바로 잡은 적이 없다.

학현학자들의 모험적 정책은 치명적인 실패를 거듭했다. 거의 모든 전망과 분석이 빗나갔다. 요즘 학현그룹이 미는 이슈는 토지공개념이다. '한국의 조지스트'로 불리는 학자들의 주축이 바로 학현학파다. 경제학자 마셜은 헨리 조지에 대해 "비판할 가치도 없다"며 무시했다. 그런데 마셜 추종자라는 이들이 조지스트를 자처하고 있다. '토지 몰수'에 준하는 후폭풍을 몰고올 검증되지 않은 정책을 만병통치약이라며 선전 중이다.

진보경제학은 코로나19 대처를 위해 한국은행이 발권력을 동원해 돈이 필요한 곳에 지원해 줘야 한다는 주장도 펼친다. 인플레를 걱정하면 '국가는 무제한 찍을 수 있다는 새로운 경제학 이론이 나와 있다'며 모험을 선동한다. '결과를 장담할 순 없지만 해볼 만하다'는 식이다. 시대착오를 넘어 국민과 나라의 미래를 미지로 이끌고 가는 모습이다.

진보정치와 연계해 사회갈등 증폭

진보경제학은 1970~1990년대에 전성기를 구가했지만 그때도 학계에서 소수이자 비주류였다. 그런데도 큰 영향력을 갖는 것은 현실 정치와의 끈끈한 연계 덕분이다. 소위 진보정치와 밀접한 관계를 형성한 덕분에 학문적 완결성과 무관하게 진보정부가 들어설 때마다 각광받았다.

진보경제학적 해법의 등장은 1965년 박순천 민중당 대표가 주창한 '100만 안정농가 창설론'이 시초격이다. 당시 민중당은 박정희식 경제개발에 대응하는 차원에서 농업양성을 주창했다. 박순천은 1966년 이를 '대중자본주의론'으로 확대발전시켰다. 1967년 민중당 대선후보로 영입된 고려대 총장 출신 유진오 박사는 재벌경제를 대중경제로 바꾸겠다고 선언했다. 외자 도입은 특권경제라며 농촌과 중소기업 위주의 자급자족경제 구축과 외국자본 통제를 주장했다.

민중당과 신한당을 통합해 신민당을 출범시킨 야당은 1967년 5월 대선에서 윤보선 후보를 앞세워 공화당 후보 박정희와 맞섰다. 이때 신민당은 외자 도입 지양, 공업제일주의의 지양, 농업과 공업 균형발전 등을 공약으로 내걸었지만 참패했다.

분명한 한계를 드러낸 대중경제론에 다시 숨을 불어넣은 주역은 진보경제학자들이었다. 40대 야당 정치인 김대중은 1971년 박현채 조선대 교수, 정윤형 홍익대 교수 등의 도움을 받아 대중경제론 완결판(『김대중 씨의 대중경제 100문 100답』)을 선보였다. 이 대중경제론은 1971년 대선에서 박정희와 간발의 승부를 만들어냈다. 진보경제와 진보정치 결합의 파괴력을 보여준 선거였다. 김대중은 박정희 정부의 수출중심 공업화를 '외향적 공업화'라 비판하고 내수시장을 중시하는 자신들의 전략을 '내포적 공업화'로 명명했다. 때마침 남미에서 건너온 종속이론 등과 합세해 박정희 정부의 경제개발 5개년 계획을 위협할 만큼 대중적 인기를 확보했다.

대중경제론의 허상을 무너뜨린 것은 다름아닌 박정희 대통령이 이끈 한국 경제의 비상이었다. 한국을 위시해 대만·홍콩·싱가포르 등 '아시아 네 마리 용'이 수출 중심 대외개방경제로 빛나는 성공을 거둔 게 카운터펀치가 됐다. 그렇게 대중경제론은 1990년대 들어 수명을 다하고 소멸했다. 박정희 모델에 맞섰던 김대중도 훗날 대통령에 오른 뒤 대중경제론적 방법론을 폐기했다. 진보진영으로부터 신자유주의에 투항했다는 비판을 받을 정도의 대변신이었다.

북한 노동당 기관지 〈노동신문〉은 2021년 7월 23일 '전당, 전국이 농업전선을 백방으로 계속 힘 있게 지원하자'는 사설을 실었다. 심화되는 경제난 속에서 올해 농사에 사활을 걸고 국가 역량을 집중하자고 촉구했다. 농업육성과 자립경제를 앞세웠던 진보경제학이 승리했더라면 지금 한국 언론에도 이런 사설과 논평이 실리고 있을지 모를 일이다.

심각한 식량난에 위기감을 느낀 김정은 국무위원장은 최근 "살얼음을 걷는 심정"이라며 "나락 한 톨까지 확보하라. 밥 먹는 사람은 모두 농촌 지원에 나서라"는 지시도 내렸다. 타임머신을 타고 1960~1970년대로 돌아간 듯한 착각을 부른다. 4차 산업혁명이 폭발하는 시대에 자급자족 경제로 치달은 북녘 동포들은 여전히 배고픔과 씨름 중이다.

잠깐 진보경제학과 결별한 진보정치인들

김대중 대통령은 집권 전부터 자신의 트레이드 마크인 대중경제론의 방향 착오를 깨닫고 자유주의 경제학으로 점차 근접했다. 1980년대와 1990년대에 미국 럿거스대학 유종근 교수의 도움을 받아 『대중참여경제론』을 영문으로 발간했다. 여기서는 분배에만 초점을 두는 게 아니라 경제 성장의 중요성도 인정했다. 또 박정희 시대의 경제개발과 수출주도 공업화의 유효성을 인정했다. 이념 과잉의 진보경제학적 시각에서 탈피해 현실감각을 키운 것이다. 이런 변화가 비토 세력이 많았던 그를 대통령으로 만든 발판이 됐다.

노무현 대통령도 비슷한 길을 걸었다. 경제정책 총괄 자리인 정책실장을 신설하고 학현 핵심인 이정우 경북대 교수를 초대 실장에 앉혔다. 하지만 대통령 자리에 오른 지 1년도 안 돼 진보경제학에서 방향을 틀었다. 2003년 12월 이정우 정책실장을 경질한 뒤 정통 관료출신인 박봉흠 당시 기획예산처 장관을 발탁했다. 경제부총리에도 시장의 신뢰가 컸던 정통관료 이헌재를 모셨다. 정권 곳곳에 포진한 진보경제학자들의 협공에서 벗어나기 위한 직관적 결단이었을 것이다.

이즈음의 노무현 대통령은 주류경제학의 유용성과 중요성을 인식하고 있었다. 2004년 남미 순방 당시 일화가 이를 잘 보여준다. 칠레 산티아고에서 가진 교민간담회 자리에서 노무현은 "라틴아메리카 국가들의 참담한 생활을 목격하고 한국은 왜 성공했을까 생각해 봤다"며 말문을 열었다. 그러고는 "자유당 시대에 토지개혁 농지분배를 했고, 지나 보

경제 천동설 손절하기　　　**130**

니 정말 획기적인 정책이고 역사를 바꾼 사건이었다"고 스스로 답했다. 정의가 패배한 역사라던 노무현 대통령의 생각이 달라졌음이 확인된 순간이었다. 이런 변화는 뒷날 정치적 기반인 진보진영의 격렬한 반대에도 한·미 FTA를 밀어붙이며 한국 경제에 안전판을 확보하는 결단으로 이어졌다.

아마도 칠레 방문 직전에 만난 브라질의 룰라 대통령 등 남미 지도자들이 들려준 얘기가 영향을 미쳤을 것이다. 노무현과 마찬가지로 좌파의 열광적 지지를 업고 당선된 룰라는 "브라질은 풍부한 자원을 가졌는데 어째서 5000만 명이 넘는 절대빈곤층이 존재하느냐"는 한국 언론의 질문에 토지개혁 문제를 꺼냈다. "한국은 50년대에 농지개혁을 했지만 브라질은 그러지 못했고, 지금도 그것이 풀어야 할 숙제다." 통찰은 일천했지만 고민이 심대했고 머리도 비상했던 노무현 대통령이 주류경제학으로 복귀한 것은 당연한 수순이었을 것이다.

문재인 대통령의 5년 행로는 노무현 대통령과 분명하게 대비됐다. 노대통령이 이정우 초대 정책실장을 사실상 경질한 것처럼 문 대통령도 장하성 초대 정책실장을 1년여 만에 경질했다. 어중간하게 진보 흉내를 내던 장하성 체제의 한계를 절감했을 것이다. 하지만 후속 조치는 노 대통령과 판이했다. 시장경제로 방향을 틀지 않고 더 진보적 색채의 김수현을 후임에 앉히는 고집을 부렸다. 결국 김수현은 희대의 부동산 폭등의 주범이 됐고, 쫓기듯 청와대를 나와야 했다. 한 치 앞을 못 본 진보경제학의 무능이 초래한 예정된 길이었다.

그들은 어떻게 주류가 됐나

—•—

변형윤이라는 신과 함께 동고동락해온 학현학파 핵심 그룹은 200~300명 선이다. 이들은 김대중 · 노무현 · 문재인 정권에서 대거 공직에 진출했다. 마르크스경제학 전공자 등 공직 진출이 쉽지 않은 이들을 제외한 웬만한 학현학자들이 무더기로 요직에 올라 정치적 행보를 보였다. 남다른 이념적 성향과 폐쇄적 인적 네트워크를 중시하는 경향도 뚜렷하다. FTA · 소주성 사례에서 보듯 경제 이슈에 관해 상식과 배치되는 견해나 분석이 제기될 때 배후에 학현학자들이 자리한 경우가 적잖다.

'민폐경제학' 진앙지는 서울대

진보경제학자들이 정부·비정부 조직의 요로를 차지하고 한국 경제를 좌지우지하는 힘은 어디서 오는 것일까. FTA 반대 성명에 참여한 경제학자의 상당수가 '한국 최고 대학' 서울대 출신이라는 게 하나의 단서다.

FTA 반대 성명에 이름을 올린 경제학자 152명(171명 중 박사과정 19명 제외)의 이력을 살펴보면 서울대 출신이 압도적이다. 152명 중 출신 학부가 확인되는 연구자는 118명인데, 이들의 52%인 61명이 서울대에서 공부했다. 박사과정까지 포함하면 137명(34명은 확인 안 됨) 중 82명으로 서울대 출신 비중은 60%에 달한다. 반대 성명 발표 당시의 소속기관으로 분류해 봐도 서울대가 14명으로 가장 많다.

서울대 '반대 성명파' 중 13명이 박사과정에 재학 중인 연구자라는 점도 이례적이다. 젊은 진보좌파 경제학자 그룹 내에서 서울대의 영향력이 압도적이라는 점을 시사한다. 국민세금이 대거 투입된 서울대가 나라를 갈등으로 몰아간 '수상한 경제학'의 중심이자 숙주라는 불편한 진실을 엿볼 수 있다.

반대 성명에 참여했던 13명의 서울대 박사과정 연구자들은 학위 취득 후 대학, 연구소, 정치권 등 다양한 곳으로 진출했다. 서울대에서 석사를 마친 뒤 런던대에서 마르크스경제학으로 박사를 취득한 한 소장 학자(김공회)는 경남 진주 소재 경상국립대에 자리 잡았다. 경상국립대는 국내 대학 중 거의 유일하게 정통 마르크스경제학을 체계적으로 연구하는 대학으로 최근 급부상했고, 김 교수는 그 과정에서 맹활약했다. KAIST(황성하 교수) 중앙대(정혁) 경북대(오종석) 목포대(장시복 교수) 순천향대(손삼호 교수)에서 경제학을 강의하는 이들도 있다. 정의당에 입당해 이른바 '진보 정치'를 시작한 현실참여파(강영삼 박사)도 등장했다.

서울대 출신이 압도적인 한·미 FTA 반대 경제학자 리스트			
이름	성명 당시 소속	학사학위	박사학위
박정원	상지대	건국대	강원대
윤병선	건국대	건국대	건국대
최배근	건국대	건국대	조지아대
이규금	목원대	건국대	고려대
정성기	경남대	경남대	서울대
김종한	경성대	경북대	경북대
김영용	경북대	경북대	경북대
홍태희	조선대	경북대	베를린자유대
김영철	계명대	경북대	일리노이대
채종화	부산경상대	계명대	대구가톨릭대
박영호	한신대	고려대	괴테대
김성희	한국비정규노동센터	고려대	고려대
김승석	울산대	고려대	서울대
강신준	동아대	고려대	고려대
박만섭	고려대	고려대	맨체스터대
김태연	단국대	고려대	뉴캐슬대
우명동	성신여대	고려대	고려대
성낙선	한신대	고려대	고려대
전창환	한신대	고려대	고려대

송원근	진주산업대	고려대	고려대
김차두	경성대	고려대	
양준호	삼성경제연구소	교토대	교토대
임상오	상지대	국민대	고려대
이원복	대구대	대구대	영남대
주종환	동국대 명예교수	도쿄대	동국대
한성안	영산대	부산대	브레멘대
김대래	신라대	부산대	부산대
양희석	경상대	부산대	맨체스터대
서환주	상지대	서강대	프랑스사회과학고등대
최정규	경북대	서울대	매사추세츠대
강남훈	한신대	서울대	서울대
김성구	한신대	서울대	브레멘대
김상조	한성대	서울대	서울대
남기곤	한밭대	서울대	서울대
정일용	한국외국어대	서울대	서울대
강신욱	한국보건사회연구원	서울대	서울대
김유선	한국노동사회연구소	서울대	고려대
장하준	케임브리지대	서울대	케임브리지대
류동민	충남대	서울대	서울대
박진도	충남대	서울대	도쿄대
정세은	충남대	서울대	파리13대학
이채언	전남대	서울대	런던대
신정완	성공회대	서울대	서울대
김삼수	서울산업대	서울대	도쿄대
변형윤	서울사회경제연구소	서울대	서울대
김수행	서울대	서울대	런던대
서석흥	부경대	서울대	서울대
홍장표	부경대	서울대	서울대
김기원	방송대	서울대	서울대
박관석	목포대	서울대	연세대

이우진	매사추세츠대	서울대	캘리포니아대
이강국	리쓰메이칸대	서울대	매사추세츠대
안현효	대구대	서울대	서울대
조원희	국민대	서울대	런던대
이재희	경성대	서울대	서울대
장상환	경상대	서울대	연세대
정성진	경상대	서울대	서울대
김형기	경북대	서울대	서울대
박경로	경북대	서울대	서울대
이정우	경북대	서울대	하버드대
장지상	경북대	서울대	서울대
이병천	강원대	서울대	서울대
배영목	충북대	서울대	서울대
유철규	성공회대	서울대	서울대
김 준	상지대	서울대	서울대
신상기	경원대	서울대	파리9대학
이해영	한신대	서울대	마르부르크필립대
현영석	한남대	서울대	KAIST
김상곤	한신대	서울대	서울대
강신성	한남대	서울대	서울대
박 경	목원대	서울대	충남대
노중기	한신대	서울대	서울대
이일영	한신대	서울대	서울대
조영탁	한밭대	서울대	서울대
정원호	한국직업능력개발원	서울대	브레멘대
박태주	한국노동교육원	서울대	워릭대
손명환	충남대	서울대	
박 섭	인제대	서울대	교토대
조석곤	상지대	서울대	서울대
황신준	상지대	서울대	브레멘대
최진배	경성대	서울대	서울대

박순성	동국대	서울대	파리10대학
황한식	부산대	서울대	서울대
송태복	한남대	서울대	서울대
정승일	국민대	서울대	베를린자유대
이영기	동아대	서울대	서울대
정건화	한신대	서울대	서울대
신조영	대진대	서울대	매사추세츠대
황호선	부경대	서울대	미시간대
김양화	부산대	서울대	서울대
민완기	한남대	성균관대	서울대
김재훈	대구대	성균관대	성균관대
이재은	경기대	성균관대	성균관대
김윤자	한신대	성균관대	서울대
최정식	UNI 한국협의회	수도여자사범대	
박종현	진주산업대	연세대	연세대
우석훈	성공회대	연세대	파리10대학
김도근	동명정보대	연세대	
윤영삼	부경대	연세대	연세대
이기훈	충남대	연세대	텍사스A&M
박광서	전남대	연세대	연세대
홍 훈	연세대	연세대	뉴스쿨대
김용원	대구대	연세대	프랑크푸르트대
서한석	경원대	연세대	연세대
김의동	경상대	영남대	경북대
박지웅	영남대	영남대	영남대
홍덕기	전남대	전남대	전남대
박형달	순천대	전남대	전남대
최종민	전북대	전북대	전북대
박상수	제주대	제주대	서울대
권광식	방송대	조선대	중앙대
윤석원	중앙대	중앙대	미시시피주립대

조복현	한밭대	충남대	매사추세츠대
류덕위	한밭대	충남대	충남대
민경세	한밭대	충남대	뉴욕시립대
전형수	대구대	한국외국어대	마르부르크필립대
정명기	한남대	한남대	마르부르크대
장대익	경성대	한사대	영남대
김정주	한신대		
이세영	한신대		
이종한	한국행정연구원		파리10대학
김안국	한국직업능력개발원		고려대
문종상	한국섬유개발연구원		
배인철	한국도로공사		
백영현	참여사회연구소		
이상호	진보정치연구소		
박명훈	지방분권운동 대구경북본부		
백 일	울산과학대		
이상철	성공회대		서울대
김태억	새로운사회를여는연구원		영국 리즈대
유태환	목포대		
정재호	목원대		미주리콜롬비아대
한기조	동의대		
김애경	대구사회연구소		
안진권	대구사회연구소		
표명주	대구사회연구소		
이용재	대구경북분권혁신아카데미		
장주영	대구경북분권혁신아카데미		
임수강	국회의원 보좌관		
김진일	국민대		뉴스쿨대
이상준	국민대		
이재성	계명대		
허민영	경성대		

박승호	경상대 사회과학연구원		
김창근	경상대 사회과학연구원		
이종래	경상대 사회과학연구원		뮌스터대
주무현	경상대 사회과학연구원		경북대
채장수	경북대		경북대
김기현	경북대		
서익진	경남대		그르노블사회과학대
이상호	가톨릭대		
이영자	가톨릭대		

한·미 FTA 반대 박사과정 연구자들			
이름	학사학위	박사학위	현재 소속
강영삼	서울대	서울대	정의당
권은지		서울대	예금보험공사
김공회	서울대	런던대	경상국립대
김선영		서울대	
손삼호	부산대	서울대	순천향대
심성희	서울대	서울대	에너지경제연구원
양정승		서울대	
오승연		매사추세츠대	보험연구원
오종석	한양대 사학	매사추세츠대	경북대
원도연		고려대	
이동한		서울대	
장시복	성균관대	서울대	목포대
전희상		서울대	런던대
정상준		서울대	목포대
정재현		고려대	한국고용정보원
정혁	서울대	뉴욕주립대 알바니	중앙대
조태희		미주리캔자스시티대	
황성하	서울대	매사추세츠대	KAIST
현영진		서울대	

*공란은 미확인

'변형윤 혁명'이 키운 진보경제학 숙주

'서울대 경제학'의 궤도 이탈은 변형윤·김수행 교수 시절 본격화됐지만, 출발은 훨씬 오래전이다. 1960~1970년대 세상을 뒤흔든 많은 지하혁명당 사건의 중심에 언제나 서울대 경제학과 출신들이 약방의 감초처럼 빠지지 않는다.

1964년 전국 규모의 비합법적 전위당인 인혁당 사건이 하나의 출발점으로 꼽힌다. 당시 서울상대 졸업 후 강사로 일하던 박현채 교수는 사건 주범 도예종을 은닉해 준 혐의를 받았다. 1960년대 남한에서 조직된 지하혁명당 가운데 가장 규모가 컸던 통혁당 사건에도 서울대 좌파경제학 그림자가 비친다.

1960년 4·19혁명으로 이승만 정부가 무너지자 김일성은 적화의 호기를 놓친 것을 자책하며 남한 내 혁명적 당 구축을 지시했다. 이후 탄생한 게 북한 조선노동당의 지시를 받은 지하당 통혁당이다. 이 통혁당 중간 간부진에 신영복(『감옥으로부터의 사색』 저자), 박성준(한명숙 전 국무총리 남편), 이종태, 김국주 등 서울대 경제학과 출신이 다수 포진했다.

서울대 좌파경제학은 경성제국대학 시절부터 잉태됐다. 일제강점기에 처음 접한 근대 학문의 경향성이 해방 이후로도 이어진 것이다. 서울대 상대의 전신인 경성경제전문학교(1944년 설립)의 교수진은 대부분 마르크스경제학 전공자였다.

잠깐 변화의 시기도 있었다. 1946년 경성경제전문학교 등 9개 전문학교와 경성제국대학이 통합해 국립 서울대학교가 출범했다. 이 개편안에 좌익계열 교수들이 반대하며 대거 자진 사퇴했다. 그 바람에 한때 우익계열 교수들이 약진해 마르크스경제학 과목이 폐강되고 주류경제학 중심의 커리큘럼이 구성된 적도 있다.

하지만 1960년 4·19를 계기로 다시 진보 학풍이 강해졌다. 그 과정에서 변형윤 교수의 역할이 컸다. 4·19 당시 서울상대 교수 중 유일하게 '교수단 데모'에 참여한 변형윤 교수는 그해 9월 상대 교무과장에 임명돼 진보좌파 연구자들을 대거 영입했다.

당시 자유당 정권에 협력한 교수들에 대한 사퇴운동이 일어나자 변형윤 과장은 전 교수진에 일괄사표를 받았다. 그리고 선별 수리를 통해 당시 20여 명의 서울상대 교수 중 15~16명이 학교를 떠났다. 변 과장은 그 자리를 곧바로 진보성향 신진 교수로 채우며 학풍을 '좌클릭'시켰다.

학내 분위기를 완전히 바꾼 이 과정은 서울상대에서 '변형윤 혁명'으로 회자된다. 정운찬 전 총리는 "1960년 이후의 서울대 상대는 완전 변형윤 동문 작품"이라고 말했다. 변 교수는 1970년부터 1975년 경제학과가 사회과학대학으로 편입될 때까지 마지막 학장을 맡았다. "학장 시절에도 더 개혁적이고 진보적인 교수진을 구성하려고 노력했다"는 게 그의 설명이다.

1987년 6월 항쟁 이후 또 한 번의 변곡점이 왔다. 학문의 개방화와 다양화를 도모한다는 취지를 앞세워 당시로선 금기에 가까웠던 마르크스경제학 전공자인 김수행 교수가 영입됐다. 가뜩이나 진보경제학적 전통이 강한 서울대에 마르크스경제학이라는

신형 엔진이 장착된 순간이다. 그의 임용을 둘러싸고 기존 교수
진의 반대가 거셌지만 일일이 무마한 주인공도 변형윤 교수다.

이후 서울상대의 좌클릭이 가속화됐다. 1990년대에는 서울대
대학원 석·박사 경제학 논문의 절반 이상이 마르크스경제학을
주제로 다뤘다고 전해질 정도다. 이 무렵의 서울대는 '세계에서
가장 경쟁력 있는 마르크스경제학의 메카'로까지 불렸다.

동료 연구자들의 방관과 부화뇌동

국립 서울대가 진보좌파경제학 허브가 된 데는 동료학자들 방
관이 한몫했다. 변형윤 교수와 함께 서울대 경제학과의 양대 산
맥으로 꼽히는 조순 교수의 행보도 아쉽다. 그는 미국 캘리포니
아대 버클리캠퍼스에서 박사학위를 취득한 정통 경제학자다.
하지만 진보경제학이 활개 치던 시절 균형을 잡으려는 노력은
희미했다.

특히 한·미 FTA 협정에 대한 조순 교수의 태도는 실망을 안겼
다. 2007년 6월 한국국제경제학회 세미나에선 기조강연을 맡아
"한·미 FTA가 임금상승과 양극화를 조장할 것"이라고 강조하기
도 했다. 당시 강연 요지는 이랬다.

"우리는 이미 미국에 수출할 만큼 수출도 하고 수입할 만큼 수입
도 하고 있기 때문에 내려갈 대로 내려간 미국의 관세를 철폐해

서까지 우리 수출을 늘려야 할 다급한 사정은 없다."

"FTA로 인해 대미 무역이 증가하면 우리 경제의 무역의존도가 필요 이상으로 높아지고 이것은 임금물가의 지속적인 상승과 사회의 양극화, 내부파열, 문화의 정체성 상실 등을 조장한다."

"미국 경제의 최근 추세가 불균형과 양극화로 치닫고 있는 현상을 볼 때 이 체질병에 우리 경제가 감염되는 사태가 예견된다."

"미국의 경제제도와 운영의 방향은 우리나라의 모델로는 적합할 수 없다."

"미국과 한국이 무조건 똑같은 정책선상에 설 경우 이 나라는 경제적 이익에 비해 나라의 모양은 크게 일그러지며 아시아와 세계에서 수행해야 할 역할을 스스로 포기하고 엄청난 후유를 후세에 남길 것으로 본다."

"부자유한 것을 참아가면서 무역만이 아니라 무역 이외의 모든 경제관계에 있어서 미국의 제도와 관례에 따른다는 것을 인정하는 것."

긴 협상 끝에 한·미 FTA 협상이 끝나 국회 비준을 앞둔 2011년 2월에는 국무총리(김황식) 면전에 직격탄을 날리기도 했다. 같은 행사에 참석한 김 총리가 "FTA는 선택이 아니라 필수인데 이렇게 논란이 되는 것이 유감스럽다"고 연설한 게 발단이었다. 조순 교수가 바로 마이크를 넘겨받아 반박했다. "FTA가 너무 지나치면 방파제 없는 항구가 된다", "집도 문을 잠가놔야 정체성이 유지되지 문이 항상 열려 있고 사람들이 무상출입하는 집에는 살기 싫다"고 했다. 진보경제학의 막무가내 주장에 힘을 실어주는 공감하기 힘든 논변이었다.

이름값 높은 정운찬 교수의 처신도 그리 다르지 않았다. 협정 체결과 반대운동이 한창일 때 서울대 총장이었던 정 교수는 "현재 한·미 경제관계가 깊은 관계인데 두 경제를 섣불리 합치는 건 위험해 보인다"고 했다. "경제 규모가 20배에 가까운 미국 경제와 합쳐졌을 때 현재로선 미국이 더 큰 득을 볼 가능성이 많고, 한국은 득이 아니라 손해를 볼 수도 있다"고 했다.

그는 자유무역협정을 시장통합협정으로 오해하는 초보적인 실수도 범했다. "두 시장의 통합이 어떤 결과를 부를지에 대한 설득력 있는 연구결과도 없는데 정부가 너무 서두르고 있다"고 비판했다. "자유무역이 좋다는 건 경제원론 책 어디에든 있지만 책 뒤로 가면 문제점도 있는데 책을 마지막까지 안 읽어 보고 쉽게 가는 격"이라고도 했다.

잇따른 내부의 자성과 비판

서울대 경제학이 이상기류에 휘말리자 내부의 자성 움직임도 제기됐다. 안병직 교수가 "연옥을 통과하는 지적 고뇌 끝에 자본주의와 자유주의의 실효성을 인정한다"며 전향한 게 시작이었다. 1980년대 말의 일이다. 당시 '학생운동의 대부'로 불렸던 안 교수는 1960년대 이후 대학 내에서 자생한 사회주의 그룹의 일원이자 한국의 대표적 마오주의자였다.

하지만 어느 순간 자신의 이론이 '한국의 급속한 경제발전'을 설명하지 못하는 점을 인식했다. 전두환 정권이 들어선 뒤 경제가 강력한 성장세를 보이자 회의는 더 커졌다. 그러던 중 1984년 '제3세계에서도 자립적인 자본주의 성립이 가능하다'는 일본 역사학자 나카무라 사토루의 '중진자본주의론'을 접했다. 이어 1986년 우리 경제가 해방 이후 처음으로 경상수지 흑자를 내자 그는 식민지반봉건사회론을 접고 중진자본론을 수용했다.

이영훈 교수는 서울대 경제학의 궤도 이탈에 가장 강력히 저항한 내부자다. 그는 구로공단에 위장 취업하고 5년간 제적된 운동권 학생이었다. 그도 안병직 교수처럼 이념과 현실의 괴리에 고민하다 실증경제학으로 옮아갔다. 김낙년·주익종 교수 등이 합류했고, 안병직과 이들은 낙성대경제연구소를 세웠다. 그들은 이념 잣대에서 벗어나 근현대 한국경제사를 데이터로 검증하고 해석하는 학문적 흐름을 만들어냈다.

이영훈 교수는 2017년 정년퇴임 때도 반성을 촉구하는 논쟁적 고별사를 냈다. 두루 감사를 전한 뒤 무난한 작별을 고하는 통상의 고별사와 딴판이었다. 고별사에서 그는 "경제학은 수학적 언어로 논리와 실증의 엄격함을 추구해 사회과학의 꽃이라고 불리는데 한국의 경제학은 그 뿌리가 현실에 깊게 박혀 있지 않다"고 자성했다. "전쟁 직후 낙후된 전통 소농사회를 정치가 기업가 노동자들이 국가혁신체제로 중진국 상위권에 올렸지만, 그 과정에서 한국의 경제학이 기여한 바는 없거나 적었다"고 토로했다. 또 "1988년 이후 민주화시대에 관변 경제학이 정치적 발언권을 강화한 뒤에는 역사성을 무시한 과격한 접근으로 국가혁신체제를 허물어 외환위기를 자초했다"며 맹성을 촉구하기도 했다. 한국 경제학계 전반의 문제로 에둘렀지만 실은 '서울대 경제학'의 궤도 이탈과 구성원들의 지적 태만에 대한 자기비판이었다.

학현학파 내부에서도 좀 다른 분위기가 감지된다. 학현 핵심 멤버인 장세진 인하대 명예교수는 소주성 실패를 거론하면서 "우리에게 따뜻한 마음은 있었지만 냉정한 머리로 뒷받침했는지 반성해보자"고 했다. 더 이상 부인하기 힘들어진 학문적 취약성을 들여다볼 수밖에 없다는 곤혹스러움과 자성의 목소리다.

잠깐 '자본주의 맹아론'의 허구

이영훈 교수는 코페르니쿠스적 전환을 통해 적잖은 학문적 성과를 일궜다. 진보학계의 '숨은 신'이라 불린 김영섭 연세대 교수의 '자본주의 맹아론'의 허구를 파헤친 것도 주목받았다.

자본주의 맹아론은 18세기 이래 '경영형 부농'이 증가하는 등 조선이 정상적인 자본주의적 발전의 길을 걷고 있었다고 주장한다. 이는 '소농'

이 '부농'과 '빈농'으로 분화한다고 본 마르크스주의적 이론의 정당성이 조선에서도 입증됐다는 중대한 의미를 갖는다. 한국 근대사를 어떻게든 마르크스적 방법론으로 해석해 내려던 진보좌파 진영의 이론적 공백을 메워주는 획기적인 연구결과였다. 조선이 일본에 의해 근대를 이식받은 게 아니라 봉건체제 타파와 자본주의적 발전의 자생적 길을 걷던 중에 일본으로부터 강제 침탈 당했다는 '진보의 내러티브'가 완성된 것이다. 특유의 좌파 민족주의적 정서를 충족시킨 김 교수는 진보진영 내에서 일약 '신'과 같은 지위를 확보했다.

한국 경제사 연구를 위해 3년간 서당에서 한문을 수학하기도 한 이영훈은 고문서를 파헤쳤다. 김용섭의 관찰 사례는 전라도 고부라는 특정 지역의 토지대장에서 발견한 특정 연도에 국한된 것이었다. 그 점에 착안해 이영훈은 특정 장소의 여러 해에 걸친 장기 추세를 조사했다. 그렇게 데이터를 확보하고 분석해 "18~19세기 이래 농민층이 부농과 빈농의 두 계층으로 분화됐다"는 김영섭 교수의 주장은 '실증적 근거가 불충분하다'고 결론을 냈다. 김 교수 주장과 반대로 조선 말기의 농민은 표준적인 경작규모의 소농으로 수렴됐다는 점을 확인했다. 이를 토대로 '자립적 소농의 발전'이라는 새 학설을 제기했다. 조선 후기에 자본주의적 발전의 맹아가 발현되기는커녕 19세기 내내 경제수준이 계속 악화됐다는 점이 실증됐다. 1860년대에 이르러서는 나라가 망했다고 해도 될 정도로 조선 경제가 바닥을 친 점도 밝혀졌다. 일제가 침략하기도 전에 조선이 패망으로 치닫고 있었다는 결과가 도출된 것이다.

사실 맹아론은 김일성이 처음 주장한 뒤 북한에서 봇물이 터진 듯했던 관점이다. 1950년대 후반 북한의 역사학은 18~19세기 조선에서 달팽이 걸음이나마 자본주의의 싹이 텄다고 주장했다. 이어 남한 역사학자들이 동조했다. 그렇게 맹아론은 1980년대까지 남북한에서 주류 학설로 맹위를 떨쳤다. 이영훈의 연구는 실증주의로 마르크스주의의 도식성과 관념성을 넘어섰다는 평가를 받는다.

완성형으로 진화한 '진보 네트워크'

1992년에 변형윤 교수, 2007년에 김수행 교수가 정년퇴임하면서 서울대의 좌편향에 제동이 걸렸다. 김 교수 퇴임 후 마르크스 경제학 전공교수 충원요구도 저지됐다. 지금도 김수행 교수의 제자 격인 몇몇 강사가 진보경제학을 강의 중이지만 활발하지는 않다. 서울대 내에서 진보경제학 입지는 축소됐지만, 경제학계 전반에선 짙은 그림자가 여전하다. 서울대 출신 진보경제학자들이 특유의 엘리트 의식을 공유하면서 끈끈한 인적 네트워크로 활발하게 대외활동에 나서고 있어서다. 이들의 네트워크는 학문 영역을 벗어나 정치·사회·문화 등의 제반 분야로 거미줄처럼 확장된 모습이다.

문재인 정부 출범 이후엔 권력 상층부로 진입해 배타적 카르텔을 구축했다. 경질됐던 '소주성 주역' 홍장표 부경대 교수가 빗발치는 학계의 반대에도 한국개발연구원(KDI) 원장에 임명된 대목에서 막강 파워가 감지된다. 학현그룹끼리 국민경제자문회의 부의장(명목상 의장은 대통령), 통계청장, 소주성특별위원장 등의 자리를 노골적으로 대물림한 장면에서도 위세가 느껴진다.

진보경제학자들은 경제 이슈를 넘어 조국 전 법무부 장관 지지 같은 비경제 이슈에도 전방위로 참여했다. 비상식과 범법까지 감싸는 좌파 네트워크의 맹목적 동지애는 시대의 타락에 침묵하며 몸을 낮추는 여타 지식인 그룹의 무관심과 분명히 대조된다.

K진보경제학 최초 진지 한신대

K좌파경제학의 마르지 않는 샘인 서울대와 급진성을 경쟁하는 대학도 여럿 있다. 한신대가 대표적이다. 한신대학교는 대한성공회와 함께 한국 교계의 대표적인 진보 교단으로 꼽히는 한국기독교장로회(일명 기장) 소속이다. 한신대는 6·25전쟁 이후 한국에서 처음으로 정치경제학을 정식과목으로 개설했다. 대학 측은 "현재보다 좀 더 평등해지는 대안 마련에 주력하고 있다"는 말로 한신대 경제학의 지향을 밝히고 있다.

한신대는 국내에 마르크스경제학을 도입하고 확장시킨 주역이다. 마르크스경제학 1세대인 김수행·박영호·정운영 교수를 1980년대 초에 임용한 게 결정적이었다. 정통 마르크스주의 학자가 없던 시절 유럽 유학파인 세 사람이 동시에 둥지를 틀면서 단숨에 마르크스경제학의 중심이 됐다.

셋은 인연도 얽혀 있다. 1960년대 고려대 경제학과생 박영호

는 서울 종암동에서 등교하던 서울대 상대생 김수행과 의기투합
해 비주류경제학에 빠졌다. 금서를 구해 읽고, 밤새워 종속이론
과 제국주의론을 토론했다는 게 박 교수의 회고다. 박 교수가 먼
저 독일 괴테대로 떠나 『자본론』을 파고들었다. 때마침 김수행이
외환은행 영국지점으로 파견 나왔고, 그는 김수행에게 좌파경제
학 공부를 권했다. 같은 시기 벨기에 루뱅대에서 마르크스경제학
의 핵심명제인 '이윤율 저하의 경향적 법칙'에 관한 박사논문을
쓰던 정운영과도 현지에서 친분을 쌓았다. 그런 인연으로 세 사
람은 자연스럽게 교유했다.

한신대는 마르크스학자 3인방 임용 후 이영훈·윤소영·강남
훈 등 국내파를 잇따라 영입해 경제과학연구소를 출범시키며 좌
파경제학 연구거점으로 자리매김했다. 1987년 초 학내 분규에
휘말리면서 정운영·김수행 교수는 한신대에서 해직됐다. 하지만
김윤자·김성구·전창환·성낙선·정건화·양우진 등 두텁게 포진
한 좌파학자들이 공백을 메우며 마르크스경제학의 큰 성을 구축
했다.

지방 습격한 서울대 진보경제학

김수행 교수의 서울대 입성을 기화로 '마르크스경제학의 봄'이
도래했다. 서울대에 불어닥친 좌파경제학 붐은 고려대 연세대
등 주요 대학으로도 확산됐다. 이런 흐름은 김균·박만섭(이상 고려

대)·홍훈(연세대) 등 마르크시즘에 우호적인 연구자들이 명문대 강단에서 입지를 다지는 기회로 작용했다.

서울대 경제학의 '좌 경도'는 전국 대학으로 진보경제학이 빠르게 확산하는 자양분이 됐다. 서울대에서 양성된 좌파경제학자들이 전국 강단으로 파고든 것이다. 연구실적보다 간판과 인맥이 중요한 국내 학계 풍토에서 '서울대 박사'라는 타이틀은 막강한 힘이다. 이런 분위기를 활용해 서울대의 소장파 진보학자들은 지방대, 특히 지방 국립대로 속속 진입했다. 한 명이 입성한 뒤 빠르게 비슷한 성향으로 교수진이 재편되는 현상도 두드러졌다. 좌파 네트워크가 끌어주고 밀어주는 동지애를 발휘한 덕분일 것이다. 이런 과정을 거쳐 적잖은 지방대학에 진보경제학 진지가 구축됐다.

국립 지방대인 경북대, 경상대, 충남대 등이 대표적이다. 경북대에는 열성 학현학파 이정우 교수와 김형기 교수가 1980년을 전후해 자리잡은 뒤 진보학자들이 줄줄이 진입했다. FTA 반대 서명에 경북대 교수가 8명이나 이름을 올린 배경이다. 경남 진주 소재 경상대는 마르크스주의 중견학자 정성진 교수의 1984년 부임을 계기로 강단 진보화가 가속화됐다. 현재 경상대는 대학원 수준에서 마르크시즘을 정통으로 연구할 수 있는 거의 유일한 고등교육기관으로 꼽힌다. 계간지 〈마르크스주의 연구〉를 발간하는 경상대 사회과학연구원은 다양한 전공의 소장학자 수십 명이 포진한 한국 진보진영의 주요 축이다. 경상대는 정치경제학연구소(PERI)를 통해 미국 좌파경제학을 주도하는 매사추세츠주립대 (UMass, University of Massachusetts at Amherst)나, 정치경제학 연구로 유명한 뉴욕 소재 뉴스쿨대 모델을 따르고 있다.

충청권 국립대학 충남대에도 경제학과 설립 때부터 진보학자들이 둥지를 틀었다. 진보학자 손명환 교수가 학과 개설 때 임용됐고, 학현학파 전철환 전 한국은행 총재, 문재인 정부의 농어업·농어촌특별위원회 위원장을 지낸 박진도 교수가 터줏대감으로 자리잡았다. 최근 활동이 두드러진 마르크스경제학자 류동민 교수와 소득주도성장, 재정팽창론, 토지공개념의 강력한 지지자 정세은 교수도 충남대 소속이다. 전철환을 제외한 모두가 한·미 FTA 반대 성명에 참여했다.

전남대에는 학현학파 이채언 교수가 터를 잡고 있다. '마르크스 노동가치설의 가장 해박한 해설자이자 지지자'라는 평가를 좌파 내부에서 받는 중량감 있는 학자다.

지방 소규모 대학으로도 진보경제학주의자들의 진출이 활발하다. 김수행 교수 사후 한국에서 가장 저명한 마르크스주의 학자의 한 명인 강신준 교수를 필두로 동아대에서도 좌파경제학이 만만찮다. 학현학파이자 마르크스주의자인 안현효 교수의 대구대, 학현파 남기곤 교수와 마르크스주의 학자 조복현 교수가 자리잡은 한밭대에도 진보좌파학자가 즐비하다.

상대적으로 진입 문턱이 낮은 지방에서 기반을 다진 뒤 수도권을 역공략하는 게 K진보경제학의 세 불리기 패턴이다. 이런 작전이 성공해 지방 학계에선 진보경제학의 장악력이 상당하다. 정치현안이 터질 때마다 지방에서 노골적인 움직임이 먼저 시작되는 현상에도 진보경제학자들의 기여가 적지 않다. 예컨대 2012년 4·11 총선을 앞두고 부산지역 교수 82명이 '민주진보정부 수립을 위한 야권연대 지지성명'을 발표할 때도 어김없이 FTA 반대 교수들이 서명했다. 지역 학계에서 부지런히 활동하는 홍장표(부경대), 황호선(부경대), 한성안(영산대), 이재희(경성대), 채종화(부산 경상대) 등이 주인공들이다. 한국이 '비웃음거리 국가가 됐다'며 2023년 3월에 나온 경남지역 교수·연구자들의 '비상시국선언'도 FTA 반대 서명파인 송원근 경상국립대 교수가 주도했다.

지방 거점 확보 뒤 수도권 역류

마오쩌둥은 도시에서의 혁명이 불가능한 상황에서 소외된 하층 민중이 많은 농촌에 근거지를 마련하는 전략으로 혁명에 성공했다. 농민 중심, 유격전 중심, 장기전 중심의 전략을 통해 해방구가 된 농촌의 네트워크로 도시를 포위해 섬처럼 고립시켰다. 이런 유니크한 방식으로 거대한 대륙을 붉게 물들였다.

지방에 먼저 거점을 확보한 뒤 수도권으로 진격하는 진보경제학 네트워크의 모습은 마오의 중국 공산화 행보를 연상시킨다. 수도권 소재 대학 경제학과 교수의 90% 정도가 주류경제학자로 분류된다. 주류경제학의 본산인 미국 박사도 85% 안팎으로 추산된다. 그런데도 수도권에서조차 적잖은 대학이 진보좌파 경제학으로 경도된 모습이다. 진보적 경제학풍이 대학 내에서 일정 지분을 확보한 수도권 캠퍼스로는 성공회대, 상지대, 국민대가 거론된다.

진보교단인 대한성공회 소속 성공회대는 경제학과 규모가 크지 않지만 진보경제학으로의 경도는 가장 뚜렷하다. 마르크스주의 학자 신정완 교수, 학현학파 이상철 교수와 유철규 교수 등이 포진해 활발한 대외활동을 펼친다.

한신대, 성공회대와 함께 '민주 동맹'을 맺고 진보학문을 장려하는 상지대도 진보경제학의 수도권 주요 진지다. 학현학파 황신준 교수와 박현채의 직계제자 조석곤 교수 등이 상지대의 진보학풍을 견인 중이다. FTA 반대 성명에도 6명의 상지대 교수가 이름을 올렸다.

상지대, 성공회대, 한신대는 민주대학 컨소시엄 형태의 공동연구소인 민주사회정책연구원(민사연)을 운영 중이다. 폐쇄적인 한국의 대학사회에서 학교의 울타리를 넘어 공동연구소가 만들어진 것은 유례없는 일이다. '진보적 정책 대안의 구축'이라는 목표 아래 네트워크화에 집중하는 노력이 돋보인다.

국민대도 다크호스다. 런던대에서 마르크스주의를 공부한 학현학파 조원희 교수, 미국 뉴스쿨대에서 좌파경제학을 연구한 김진일 교수, 러시아에서 수학한 슬라브유라시아전문가 이상준 교수 등 해외파가 주축이다. 모두 한·미 FTA 반대 성명에 이름을 올린 학자들이다.

'진보 아지트' 한국사회경제학회·한국경제발전학회

K진보경제학자들의 최대 집결지는 한국사회경제학회(한사경)와 한국경제발전학회다. 전국 대학을 중심으로 넓게 포진한 진보 좌파 경제학자들은 이곳을 아지트 삼아 네트워크를 다지고, 논리를 보강하며, 현실 참여를 모색한다.

두 학회 모두 변형윤 교수 지도 아래 발족했다. 한사경은 국내 마르크스경제학자들의 집합소다. 대외적으로는 '한국 경제의 발전과 경제민주화에 기여할 수 있는 이론 개발 및 도입을 위한 경제학 연구자들의 모임'을 표방한다. 하지만 출범 당시부터 마르크스학회를 지향했다.

한사경은 학현 내에서도 가장 진보적 성향인 이병천·김기원·김형기·윤소영·정성진 교수 등이 1985년 결성한 마르크스주의 경제학 독서모임에서 출발했다. 그 2년 뒤 '마르크스주의 경제학회 건설'을 최종목표로 삼아 과도기적으로 한국사회경제학회를 발족했다. 한사경의 등장은 국내 마르크스주의 경제학 연구와 교육 측면에서 획기적인 '사건'이란 평가를 받는다. 주류경제학을 '친일 보수', '냉전 보수'에 이은 '시장 보수'라 폄훼하며 적대감을 드러내는 과격 학자그룹의 세력화 신호탄이었기 때문이다.

한사경은 주류경제학의 시장주의와 개방주의를 '지적 식민화'

라는 날선 단어로 규정한다. 한사경은 '보수 세력과 연합해 한·미 FTA를 추진했다'며 노무현 정부를 격렬히 비난할 만큼 비타협적 성향도 강하다. 2006년 3월 270여 개 진보진영 단체가 집결해 '한미 FTA 저지 범국민운동본부'를 발족할 때 56개 국내 주요 경제학회 중 유일하게 참여했다.

한사경의 진보적 지향은 정관에도 잘 나타난다. '정치경제학에 입각한 연구와 주류경제학의 비판적 분석을 촉진하고 진보적 대안을 추구함으로써 학문과 사회발전에 기여하는 것을 목적으로 한다'고 명시하고 있다. '사회경제학회'라는 순한 이름은 공안당국의 탄압을 피하기 위한 완곡어법이었다. 애초에 정한 학회 명칭은 한국정치경제학회였다.

학회 창립 당시 박현채 조선대 교수, 정윤형 홍익대 교수 등 진보경제학계 원로들은 대중적 정치경제학회의 발족에 반대했다. 하지만 변 교수가 초대회장을 맡으며 바람막이 역할을 자처했다. 한사경 학회지인 〈사회경제평론〉 창간사에서 변 교수는 '변혁지향적, 민중지향적 경제학' 정립을 역설했다. 이 새로운 경제학이 정당한 시민권을 얻어야 한다고도 했다.

변 교수는 '한사경 창립'을 학현연구실의 주요 공적으로 꼽을 만큼 큰 애정을 보였다. 200여 명의 연구자가 참여 중이며 열성회원은 대부분 좌파 경제학자들이다. 핵심 회원(전현직 회장단 및 등기이사) 20명 중 절반이 넘는 11명이 정통 마르크스주의 경제학 연구자다. 장상환(경상대), 이채언(전남대), 홍훈(연세대), 김윤자(한신대),

이병천(강원대), 강신준(동아대), 정성진(경상대), 조원희(국민대), 강남훈(한신대) 조복현(한밭대) 류동민(충남대) 등이 그들이다. 하나같이 한국 마르크스주의 경제학을 대표하는 중진 및 원로학자들이다.

핵심회원 20명 중 한·미 FTA 반대 성명에 이름을 올리지 않은 이는 두 명(조영건 경남대 교수, 김균 고려대 교수)뿐이다. 그 둘마저 뚜렷한 진보 좌파성향이다. 조영건 교수는 '양심수 이석기 전 의원을 석방하라'며 청와대 앞 시위를 벌인 전력이 있다. 김균 고려대 교수는 좌파적 대안에 몰입하는 시민단체 참여연대의 대표를 지냈다.

학회 집행부 105명으로 분석대상을 확대해도 비슷한 결과가 도출된다. 105명 중 한·미 FTA 반대 성명에 이름을 올린 회원이 무려 67명이다. 한 가지 위안은 한사경 내에서도 정통 마르크스주의 경제학이 완연한 퇴조 분위기라는 점이다. 정통 마르크스경제학을 연구하는 회원은 급속히 줄어 이제 20명 정도에 불과하다. 마르크스주의 경제학에서 제도주의, 포스트케인스주의 등으로 방향을 선회한 회원이 30여 명에 달하는 것으로 전해진다.

한사경 외에 진보경제학자들의 아지트를 하나 더 꼽자면 한국경제발전학회다. 한국경제발전학회는 한국의 경제발전 및 관련 이론에 관한 연구를 촉진하고, 그 연구 성과 보급을 목표로 1994년 12월 출범했다. 출발은 한사경보다 7년 늦었지만 경제발전론 및 관련 분야를 전공한 학자 400여 명이 회원인 대형 학회다.

이 학회는 지난 문재인 정부의 '숨은 싱크탱크' 같은 느낌이다. 통계청장을 지낸 강신욱 한국보건사회연구원 연구위원이 회장이다. 학회지 〈경제발전연구〉 편집위원장은 문 정부에서 국민경제자문회의 부의장을 지낸 이근 교수다. 장지상 산업연구원장과 홍장표 전 청와대 경제수석도 경제산업분과장과 사회발전분과장으로 학회에 참여 중이다. 소주성을 적극 옹호하는 등 활발한 대외활동으로 주목받는 이강국 일본 리쓰메이칸대 교수가 세계경제발전분과장이다.

한국경제발전학회는 '학현학술상'을 제정해 2011년부터 시상 (2023년부터 서울사회경제연구소, 한겨레신문사가 공동주관) 해왔다. 그만큼 변형윤 교수의 학회 내 영향력이 절대적이다. 일단 초대회장이 변 교수다. "내 전공이 경제발전론이고 연구소 회원 중에 발전론 전공자가 많아 자연스럽게 학회창립 논의가 이뤄졌다"는 게 그의 설명이다. 변 교수가 주도한 탓에 출범 당시 200여 명이던 회원의 85%가량이 서울대 상경계 졸업생이었다. 타 대학과 타 학과 졸업 후 대학원에서 변 교수를 만난 제자를 포함하면 서울대 비중은 더욱 높아진다.

'학현학파 본산' 서울사회경제연구소

한국사회경제학회나 한국경제발전학회보다 더 주목받고 더 강력한 힘을 가진 곳이 서울사회경제연구소(서경연)다. 서경연은 한사경과 한국경제발전학회의 지주회사 같은 역할을 하는 K진보 경제학의 통합 진지 격이다. 변형윤을 좌장으로 10여 년간 활동하던 '학현연구실'을 발전적으로 해체하고 비영리사단법인 형태의 민간연구소로 개편해 1993년 출범했다. 학현학파의 정통성을 이어받은 조직으로 회원은 200여 명이다.

문재인 정부에서는 회원들이 정부기관 곳곳으로 진출해 서경연에 기관의 연구용역을 맡기고 후원금도 내는 일이 다반사였다. 2021년 10월 말 연 '부동산 정책 어디로 가야 하나'라는 심포지엄은 문재인 대통령이 의장인 국민경제자문회의가 직접 후원하기도 했다. 당시 국민경제자문회의를 이끈 이근 부의장(서울대 교수)이 서경연 회원이다.

회원들이 요직에 진입하고 영향력이 막강해지면서 일반 기업들의 지원도 줄을 잇는다. 2021년 열린 서경연 심포지엄에는 산업은행과 대우건설이 후원금을 냈다. 보수정권으로 교체된 이후인 2022년 5월 12일의 서경연 심포지엄도 국책기관인 산업은행, 한국개발연구원, 산업연구원이 자금을 지원했다.

진보정권 때마다 학현이 경제정책라인을 장악하며 영향력이 막강해지자 주류경제학자들도 속속 서경연의 문을 두드린다. 회원도 서울대 일색에서 비서울대 출신으로 확장되며 빠르게 몸집을 불리는 모습이다. 그런 탓에 70대부터 40대까지 넓은 연배를 포괄하는 파워집단으로 거듭나고 있다. 학문적 스펙트럼도 다양해지고 유연해졌다.

변 교수는 '필생의 마지막 소임'이라며 서경연 키우기에 애정을 아끼지 않았다. 창립 이후 20년 가까이 이사장을 맡아오다

2021년 2월 강철규 전 공정거래위원장에게 넘기고 명예이사장을 맡았다. 그래도 연구소 소식지가 변 교수의 코로나19 백신접종 같은 동정을 주요 내용으로 다룰 만큼 존재감은 여전히 독보적이었다. 변 교수는 2022년 12월 95세를 일기로 세상을 떠났다.

진보경제학의 허브가 된 서경연은 '경제민주화 싱크탱크'를 자처한다. 그러면서 "촛불혁명으로 탄생한 문재인 정부의 출범이 경제민주화의 큰 진전"이라고 평가했다. 특정 정파의 집권을 경제민주화로 치환한 대목에서 학현학파의 정치적 지향이 여실히 드러난다.

배타적이고 폐쇄적인 정치편향

한국사회경제학회, 한국발전경제학회, 서울사회경제연구소에선 공통적으로 변형윤이라는 이름을 만나게 된다. 세 단체 모두 변 교수가 초대회장을 지냈고 학현연구실 멤버들이 회원의 주축이다. 상당수 경제학자들이 이들 단체에 중복 가입해 활동 중일 만큼 인적 동질성도 크다. 변 교수는 세 단체의 최대주주 격으로 이사장과 명예회장 등을 두루 섭렵했다. 가히 한국 진보경제학의 '숨은 신'이라 부를 만하다.

변형윤이라는 신과 함께 동고동락해온 학현학파 핵심 그룹은 200~300명 선이다. 이들은 김대중·노무현·문재인 정권에서 대거 공직에 진출했다. 마르크스경제학 전공자 등 공직진출이 쉽지 않은 이들을 제외한 웬만한 학현학자들이 무더기로 요직에 올라 정치적 행보를 보였다. 남다른 이념적 성향과 폐쇄적 인적 네트워크를 중시하는 경향도 뚜렷하다. FTA·소주성 사례에서 보듯 경제 이슈에 관해 고개를 갸웃하게 만드는 견해나 분석이 제기될 때 배후에 학현학자들이 자리한 경우가 적잖다.

범학현그룹 주요 학자들 *소속은 주요경력임			
이름	소속	이름	소속
강남훈	한신대	김도훈	산업연구원
강명현	단국대	김두순	한국고용정보원
강병구	인하대	김박수	대외경제정책연구원
강신욱	한국보건사회연구원	김상곤	한신대
강창희	중앙대	김상미	충북대
강철규	서울시립대	김상조	한성대
고민창	원광대	김성구	한신대
구인회	서울대	김석진	통일연구원
권광식	한국방송대	김선주	경기대
권세훈	상명대	김세진	금융연구원
권순만	서울대	김수행	서울대
권혜자	한국고용정보원	김연철	삼성경제연구소
김경수	성균관대	김용복	서울사회경제연구소
김계환	산업연구원	김우현	조세연구원
김균	고려대	김원호	대외경제정책연구원
김근수	경희대	김유선	노동사회연구소
김금수	한국노동사회연구소	김윤자	한신대
김기원	한국방송대	김정우	한국노동연구원

이름	소속	이름	소속
김정호	아주대	류정순	한국빈곤문제연구소
김정호	KDI정책대학원	박경로	경북대
김종호	환경정책평가연구원	박규호	한신대
김준	국회입법조사처	박능후	경기대
김지연	기업은행	박민수	성균관대
김진방	인하대	박번순	홍익대
김진수	강남대	박복영	대외경제정책연구원
김진수	연세대	박상인	서울대
김진영	건국대	박성재	한국노동연구원
김진일	국민대	박순성	동국대
김진일	고려대	박순일	한국사회정책연구원
김진현	서울대	박승호	성공회대
김태동	성균관대	박우희	서울대
김태준	동덕여대	박종규	금융연구원
김항섭	한신대	박준식	한림대
김현경	한국보건사회연구원	박진도	충남대
김형기	경북대	박태주	고려대
김혜원	한국교원대	박호정	고려대
김흥종	대외경제정책연구원	배규식	한국노동연구원
김희삼	광주과학기술원	배영목	충북대
나원준	경북대	배현기	웰스가이드
남기곤	한밭대	백욱인	서울산업대
남기업	토지정의시민연대	변형윤	서울대
남일총	한국개발연구원	변창흠	세종대
류근관	서울대	서근우	금융감독위원회
류덕현	중앙대	석상훈	국민연금
류동민	충남대	성효용	성신여대
류재우	국민대	송민경	한국기업지배구조원

이름	소속	이름	소속
송원근	진주산업대	윤민호	경북대
송인호	한국개발연구원	윤원배	숙명여대
송치영	국민대	윤진호	인하대
송홍선	자본시장연구원	윤홍식	인하대
신봉호	서울시립대	이강국	리쓰메이칸대
신상기	가천대	이강복	조선대
신정완	경북대	이건범	한신대
신현호	통일부	이경의	숙명여대
안국신	중앙대	이권형	대외경제정책연구원
안진원	한동대	이근	서울대
안충영	대외경제정책연구원	이근식	서울시립대
안현효	대구대	이기영	경기대
양동휴	서울대	이동걸	산업은행
양문수	북한대학원대	이두원	연세대
양우진	한신대	이명헌	인천대
어수봉	최저임금위원회	이병천	강원대
오갑수	금감원 부원장	이병훈	중앙대
오건호	민주사회정책연구원	이병희	노동연구원
옥우석	인천대	이상영	명지대
우석진	명지대	이상철	성공회대
원승연	명지대	이석기	산업연구원
유근춘	한국보건사회연구원	이선화	국회 미래연구원
유승경	경기도경제과학진흥원	이성섭	숭실대
유재원	건국대	이시균	한국고용정보원
유종일	KDI국제정책대학원	이영	한양대
유철규	성공회대	이영섭	숙명여대
윤건수	서울사회경제연구소	이영성	서울대
윤명수	툴레인대	이용우	의원

주류 꿰찬 민폐경제학

이름	소속	이름	소속
이은우	울산대	전병유	한국노동연구원
이일영	한신대	전성인	홍익대
이재우	수출입은행	전철환	충북대
이재율	계명대	정성진	경상대
이재희	경성대	정성춘	대외경제정책연구원
이정우	경북대	정세은	충남대
이정희	한국노동연구원	정신동	금융감독원
이제민	연세대	정승일	대안연대
이종욱	서울여대	정영석	유안타저축은행
이준	산업연구원	정영식	대외경제정책연구원
이진순	숭실대	정운찬	서울대
이창수	경희대	정원호	경기연구원
이채언	전남대	정윤형	홍익대
이철희	서울대	정일용	한국외국어대
이태수	꽃동네대학교	정준호	강원대
이필상	고려대	정지만	상명대
이한주	경기연구원	정태인	칼폴라니사회경제연구소장
이헌창	고려대	정해구	성공회대
이현훈	강원대	조돈문	가톨릭대
임재만	세종대	조복현	한밭대
장상환	경상대	조성재	한국노동연구원
장석인	산업연구원	조영탁	한밭대
장시복	목포대	조원희	국민대
장세진	인하대	조우현	숭실대
장지상	경북대	조종화	대외경제정책연구원
장지연	한국노동연구원	조형제	울산대
장현진	에너지경제연구원	조홍종	한밭대
전강수	대구가톨릭대	조흥식	서울대

이름	소속	이름	소속
주병기	서울대	하준경	한양대
주상영	건국대	한상범	경기대
주현	산업연구원	한치록	고려대
지만수	한국금융연구원	허석균	중앙대
지민웅	산업연구원	홍민기	한국노동연구원
진미윤	LH토지주택연구원	홍석철	서울대
채창균	직업능력개발원	홍성하	한림대
최민식	이화여대	홍장표	부경대
최영기	한국노동연구원	홍종학	경원대
최정규	경북대	황덕순	한국노동연구원
최진봉	조세연구원	황선웅	부경대
최필수	세종대	황수철	농정연구센터
최한수	한국조제재정연구원	황신준	상지대
하성근	연세대	황현기	경기대

*서경연 세미나 참여 등 학문적 친밀도 기준. 작고 인사 포함

실패한 독일 강단사회주의와 판박이

한국 진보경제학자들의 학문적 스탠스는 오래전에 역사의 뒤안 길로 사라진 19세기 독일의 강단사회주의자들과 흡사하다. 강단 사회주의자는 150여 년 전인 1860~1870년대에 대학교수들이 중심이 돼 벌인 지식인 운동이다. 1873년 창립된 독일 사회정책 학회에 참가했던, 사회개량을 주장한 사회정책학자들의 사상적 경향을 일컫는다.

독일에서는 18세기 말까지만 해도 영국·프랑스처럼 자유주의

와 자본주의가 조화롭고 보편적 풍요를 보장하는 세계를 실현해 줄 것이란 믿음이 강했다. 구스타프 슈몰러로 대표되는 일단의 독일 학자들이 이런 낙관에 반기를 들고 나섰다. 자유무역, 재산권 보장 등의 개혁은 빈곤, 불평등, 실업, 사회갈등을 초래할 뿐이며 독일 경제가 갈 길이 아니라고 주장한 것이다. 대신 정부가 경제에 적극 개입하는 사회주의적 방법론을 조화로운 번영으로 가는 대안으로 제시했다. 이들을 강단사회주의자라고 부른다.

이들은 '시민을 덜 지배하는 정부가 더 좋은 정부'라는 전통적 명제를 거부했다. 국가의 입법적 간섭과 적극적 개입을 강조한 것이다. 이런 자신들의 생각을 강연을 통해 적극 전파하고, 정책 입안에도 영향을 미치려고 노력했다.

19세기 중반 강단사회주의파가 등장하면서 독일 경제학은 급속히 변화했다. 1860~1890년대에 독일 경제학의 주류가 된 이들은 보편타당한 경제법칙의 존재를 부정했다. 시대나 나라의 차이에 따라 다른 정책을 써야 한다고 했다. 자유주의는 외래품이기 때문에 독일 경제에 적합하지도 않고 불평등 등 사회문제를 해결할 수 없다고도 했다. 또 분배정의를 이상으로 하는 정책이 경제학의 보편타당한 진리가 돼야 한다며 국가사회주의적 접근을 제안했다. 그러면서 역사를 통해 경제문제에 접근하는 방법론을 강조해 '역사주의'라고 불린다.

강단사회주의 대표학자는 아돌프 바그너와 구스타프 슈몰러다. 베를린대학 교수였던 바그너는 국가사회주의의 입장에서 조세에 의한 분배 정의를 실현해야 한다며 사유재산권을 국가가 제한하자고 주장했다. 사회개혁 실현의 계기를 국가에 의한 대자본의 억제에서 찾았다. 문재인 정부 경제정책을 주도한 진보경제학의 주장과 별반 다르지 않은 견해다.

'강단사회주의의 거두' 구스타프 슈몰러는 영국 경제학이 주창한 자유무역이론을 반대했다. 그는 영국 경제학을 뛰어넘어 후진 독일 경제를 이끌 수 있는 유니크한 '독일 경제학' 구축을 추구했다. 복잡한 현실을 형식화 단순화해 연역적으로 보편이론을 도출하는 영국 경제학의 방법론이 현실과 동떨어져 있다고 생각했다. 모든 나라는 사정이 다르고 고유의 특징을 갖기 때문에 보편적 경제이론은 존재할 수 없다는 게 그의 지론이었다.

슈몰러는 자유주의적 개혁은 빈곤·불평등·갈등을 초래한다며 독일 경제의 길이 아니라고 봤다. 정부가 경제에 적극 개입하는 사회주의가 조화롭게 번영을 이끄는 길이라고 인식했다. 하지만 강단사회주의자들이 밀어붙인 사회정책은 친시장 개혁을 통한 독일의 산업혁명과 빈곤 및 실업문제 해결을 더디게 했다는 냉혹한 평가를 받았다.

슈몰러는 사회적 문제를 방관할 수 없기 때문에 경제학은 윤리학이 돼야 한다고 했다. 경제학은 '인간에 관한 학문'이라고 강조하는 변형윤 교수와 닮았다. 슈몰러는 노동자보호, 서민주택 등 다양한 사회정책을 쏟아냈다. 이런 사회정책 운동을 체계적으로 전개하기 위해 사회주의자들과 힘을 합쳐 사회정책학회도 설립했다. 변형윤 교수가 서울사회경제연구소를 만들고 분배지상주의를 앞세워 국가주의 정책을 입안한 것과 크게 다르지 않다.

강단사회주의는 윤리를 앞세운 그럴싸한 주장으로 독일 경제학의 중심이 되는 데 성공했다. 하지만 경제가 윤리와 인간의 문제까지 포함해야 한다는 그들의 사고는 경제학의 손발을 자르고 말았다. 1918~1923년의 악성 인플레이션을 만나자 독일의 경제학은 속수무책이었다. 이후 경제이론을 무시하고 뜬구름 잡는 강단사회주의도 쇠락의 길을 걸었다.

슈몰러는 '사회적 전제정치'를 찬양했다. 민주정치는 보편적 이익보다 사회계급의 이해를 대변하기 때문에 일관된 사회정책을 펼칠 수 없다며 유능한 관료 제도를 갖춘 강한 군주제가 바람직하다고 설파했다. 또 국가주의와 간섭주의 정책을 통해 대중을 자유주의적 유산계급과의 싸움으로 이끌어야 한다는 대결적 인식에 지배됐다.

슈몰러의 역사학파는 이제 전 세계에서 추종하는 후학그룹을 찾아볼 수 없을 만큼 존재감이 희미하다. 반면 그들과 격렬하게 논쟁했던 오스트리아학파의 '한계효용의 법칙'은 경제학과 사회과학의 문법을 바꾸고 혁명적 변화를 불러왔다.

반대 · 독선으로 일관한 60년

오판 앞세워 고비마다 발목

———•———

박정희의 한국식 경제발전모델은 대외적으로 개방경제를 지향하면서 대내적으로는 국가가 시장의 활력을 적극 지원하는 독특한 개념이다. 지원 주체인 국가가 부패 없는 공정한 관리자로 역할하면서 민관이 시너지를 내는 게 핵심이다. 박정희 모델은 1980년대 세계은행 연례보고서에 언급되면서 널리 주목받기 시작했다. 자유시장주의를 대표하는 워싱턴 컨센서스, 국가사회주의를 대표하는 베이징 컨센서스와 비견되는 세계사적 의미를 지닌다. '서울 컨센서스'로 불러도 손색없다.

'1차 5개년 계획'부터 몽니로 일관

한·미 FTA 반대운동은 약과다. K진보경제학은 유구한 반대 역사를 자랑한다. '한강의 기적'의 출발점인 1962년 제1차 경제개발 5개년 계획 때부터 상식과 합리를 벗어난 딴지가 시작됐다. 지난 60여 년의 기적 같은 경제개발 과정은 매판자본이 주도한 외자 종속이자 부유층이 앞장선 서민 착취의 길이었다는 게 기본적 관점이다.

김문수 경제사회노동위원회 위원장은 이렇게 증언했다. "서울대 상과대에서 변형윤 교수 등의 가르침과 지도 아래 고속도로 건설 반대, 창원 중화학공업단지 반대를 많이 했습니다. 자동차 공장도 안 된다고 했습니다. 기술종속, 자본종속, 시장종속, 결국은 종속국가로 떨어진다는 설명을 들으면 명쾌하죠. 그러나 지금 생각하면 그때 포철도 안 만들고 중화학공단 안 만들었다면 (어떻게 됐을까), 지나고 나보니 박정희 전 대통령이 맞았죠. 유수한 경제학자도 틀렸고 그 제자인 저도 잘못이 아니었나 생각하고 있습니다."

1961년 5·16으로 권좌에 오른 박정희는 이듬해 정초부터 사회간접자본투자와 국가기간설비 투자에 중점을 둔 제1차 경제개발계획에 돌입했다. 그런데 역사적인 경제개발의 테이프를 끊은 지 불과 보름여 만인 1962년 1월 16일 〈동아일보〉에 '경제개발 5개년 계획 나는 이렇게 본다'는 제목으로 변형윤 교수의 비판기고가 실렸다.

경제개발 5개년 계획이 '가능하지 않은 계획이며, 신뢰하기 어렵다'는 취지의 글이었다. 하지만 변 교수가 '비현실적'이라던 목표는 현실이 됐다. 1차 경제개발의 평균성장률은 연 7.8%로 목표(연 7.1%)를 훌쩍 넘어섰다. 2차 경제개발계획 때 성장률이 연평균 9.6%로 치솟았다.

틀린 진단보다 더 안타까운 건 너무 빈약한 논리다. 변 교수는 기고문에서 △경제계획은 경제통계 정비가 전제돼야 하는데 순서가 뒤바뀌어 신뢰하기 어렵다 △총투자액이 3조 2000억 환인데 과연 조달 가능한가 △5년 동안 수출을 약 4배 늘리는 목표가 달성 가능한 일인가 △많은 기술자가 필요한데 수급계획이 전혀 세워지지 않았다 △인플레이션이 나타날 것이고 그로 인해 목표 달성이 힘들다 △실패 시 대비책이 없다고 지적했다. 이분법과 비관이 넘칠 뿐 지식과 통찰은 희미하다.

1차 경제개발계획(1962~1966)이 성공적으로 끝난 뒤에도 그의 반대행보는 계속됐다. 1968년에는 '한국의 경제개발'이라는 논문까지 발표하며 5개년 계획을 평가절하했다. '완벽한 경제개발'이라는 이상론을 앞세워 진행 중인 경제개발의 방식과 결과를 감정적인 언어로 직격하는 내용이었다.

"경부고속도로는 부자 위한 유람로"

'단군 이래 최대 역사' 경부고속도로는 1967년 11월 건설이 결정됐다. 이듬해 2월 기공식을 가진 뒤 1970년 7월 2년 5개월 만에 속전속결로 완성했다.

1967년 대선 때 박정희 대통령 후보의 공약으로 처음 등장했다. 건설 발표 직후 각계 인사 100명 대상의 여론조사(1968년 1월 월간 〈세대〉) 결과는 찬성이 압도적이었다. 68%는 무조건 찬성, 27%는 조건부 찬성이었다. 둘을 합치면 95% 절대다수의 찬성이었다. 당시는 일반 국민대상 여론조사는 없던 시절이다.

하지만 야당은 물론이고 학계 언론계까지 격렬히 반대했다. 이유는 다양했다. 야당은 유료 고속도로 건설보다 국도지방도로 포장에 집중해야 한다고 했다. 당시 한 일간지는 "심각한 주택난 하나도 제대로 해소할 능력을 갖추지 못한 우리 재정 형편에 어떻게 이처럼 방대한 사업을 그나마도 4년 안에 완성시킬 수 있다는 건가"라고 했다. 기업들도 혹시나 공사비 부담이 자신들에게 돌아오지 않을까 하는 걱정에 반대한 것으로 전해진다.

반대 진영의 든든한 지원군은 진보경제학자들이었다. 경부고속도로 건설은 2차 경제개발계획 기간(1967~1971)의 핵심 사업이었다. 경제개발계획의 성공적 추진을 위해 육로 수송수단 개혁이 필수라고 판단한 것이었다. 그런데 당시 진보경제학이 득세했던 서울대 상대 교수진이 반대 의견을 내놓았다. '자가용 가진 사람이 몇이나 된다고 농토를 가로질러 길을 내나', '소수의 부자들이 젊은 처첩들을 옆자리에 태우고 전국을 놀러 다니는 유람로가 될 것'이라는 주장이었다.

당시 야당인 신민당도 당론으로 반대했다. "GDP가 68억 달러에 불과한데 나라를 파탄 낼 일 있느냐"며 격렬히 비판했다. "자가용 나들이 도로를 건설해야 하느냐"고도 했다. 수백억 원의 자금을 고속도로 건설이 아니라 농산물 가격안정과 중소기업 육성, 초등학교 교실난 해소에 지원해야 한다는 주장이었다. "경부고속도로는 한국 경제를 일본 경제에 예속시킬 뿐"이라며 반일 프레임까지 동원했다.

야당 반대운동의 선봉은 김대중(DJ) 의원이었다. 1968년 국회 건설교통위원회에서 그는 "전국의 도로 상태가 말이 아닌데 국가에서 외국차관도 얻고 갖은 재원을 총동원해 경부고속도로에 투입하겠다고 한다. 이것은 언어도단"이라고 했다. "고속도로를 놓는다면 서울~부산이 아니라 서울~강릉을 우선시해야 한다"고도 했다. 뒷날 대통령이 된 김영삼 의원 역시 "좁은 국토에 무슨 넓은 길이냐"고 맹비난했다.

경성제대를 수석 입학하고 수석 졸업한 수재로 마르크스경제학에 심취했던 신민당수 유진오는 경부고속도로를 밀어붙이는 박정희를 히틀러에 비유하기도 했다. "히틀러의 그 유명한 아우토반 고속도로를 연상해 보면 경제적인 의미보다 군사적인 의미가 더 컸지만, 자고로 독재자는 거대한 인공물을 남기기를 좋아한다."

김대중 대통령은 훗날 야당 총재 시절 "그 당시 내가 잘못 판단했던 것 같다"는 취지로 경부고속도로 반대를 에둘러 사과했다. DJ와 호형호제하는 최측근 김상현 의원도 "그땐 반대를 많이 했는데 지금 결과를 보면 경부고속도로 건설은 참 훌륭한 결과물"
이라며 생각을 180도 변경했다.

잠깐 중동 건설 붐 디딤돌 된 경부고속도로

거센 저항을 이겨내고 경부고속도로는 착공 2년5개월 만인 1970년 7월
7일 완공됐다. 물론 부작용이 적지 않았다. 공사과정에서 목숨을 잃은 근
로자가 77명에 달했다. 기술력과 예산부족에 따른 졸속공사라는 지적도
많았다. 1981년 국회에 출석한 도로공사 사장(윤필용)은 '심청이 아버지의
두루마기 같은 만신창이 도로'라고 답변하기도 했다. 이웃 일본이 하던
대로면 ㎞당 8억 원, 총 3600억 원이 들지만, ㎞당 1억 원, 총 430억 원
에 끝내다 보니 벌어진 일들이다.

  하지만 장점은 단점을 압도했다. 우리 손으로 건설한 덕분에 '하면 된
다'는 자신감을 갖는 계기가 됐다. 토목·교량·도로 등에서 선진국과 경쟁
할 수 있는 기술축적도 가능했다. 이는 도로완공 3년 뒤 중동 건설 붐을
맞는 결정적 디딤돌이 됐다. 당시 인구의 63%, GNP의 66%, 공업생산
력의 81%를 차지하던 한강경제권과 낙동강경제권의 연결은 국민경제
에 막대한 이익을 안겼다. '도어 투 도어' 수송이 가능해져 생산지와 소비
지를 분리할 수 있게 됐다. 또 산업입지 재편을 가능하게 했다. 항만이 좋
은 임해공업지와 내륙 물류단지를 연결해 기간산업의 입지 계열화를 이
룩한 것이다.

경부고속도로는 전국을 단일 시장권으로 통합해 초기 10년간 화물수송이 16배로 급증했다. 서울·부산뿐 아니라 전국 어디나 하루 만에 왕복할 수 있는 일일 생활권이 돼 경제발전의 대동맥 역할을 했다. 완공 불과 15년 뒤인 1980년대 중반부터 기존 4차선이 미어터져 끝없는 확장공사에 돌입해야 했다.

"중화학공업화로 나라 망할 것"

경부고속도로 반대는 유구한 발목잡기의 시작에 불과했다. 진보 경제학자들은 철강, 석유화학, 조선, 자동차, 전자 등 오늘 한국을 먹여살리고 있는 중추 산업 육성과 수출중심의 산업정책을 초지일관 반대했다. '중화학공업화는 나라 망하는 길'이라고까지 했다. 이영훈 전 서울대 교수는 "1976년 복학하니 변형윤 교수가 한국경제론 강의에서 중화학공업화로 한국 경제가 망하게 됐다"며 탄식을 거듭했다고 전했다. '한·미 FTA 협정을 체결하면 파국이 올 것'이라고 선동한 행태와 빼닮았다.

종합제철소 건설은 당초 1차 경제개발계획에 포함돼 있었지만 투자자금 미확보로 착공조차 하지 못했다. 당시 고도성장에 따라 폭증하는 철강재 수요는 대부분 일본산 수입으로 해결했다. 종합제철소 건설은 더 이상 미룰 수 없는 시대적 과제였다. 2차 경제개발계획에 다시 중점사업으로 포함해 1968년 포항제철 주식회사를 설립했다. 공장부지를 정비했지만 역시 자금과 기술 확보는 막막했다.

결국 1965년 한일협정으로 들어올 대일청구권자금(무상원조 3억 달러, 공공차관 2억 달러, 그리고 3억 달러의 상업차관)의 일부(7370만 달러)를 투입하기로 하고 일본 정부의 동의를 구했다. 일본이 기술과 자본을 제공했고, 포항제철은 경부고속도로 완공 3개월 전인 1970년 4월에 착공해 1973년 6월 완공됐다.

포철(포스코) 건설 때도 반대가 극심했다. 정치인 지식인, 심지어 박정희 정부의 경제부처 장관들까지 반대했다. 해외의 반대 움직임도 유난했다. 일본 기업인과 정치인들은 한국에는 일관제철산업이 불가능하다고 주장했다. 당시 세계 최고 경제분석기관이라던 세계은행(IBRD)도 일본의 주장에 동조했다. '한국 경제는 종합제철사업을 감당할 능력이 없다'는 게 유럽 및 미국 경제전문가들의 일치된 견해였다. IBRD는 1969년 한국의 종합제철사업을 공식적으로 반대했고, 한국이 간청한 차관을 브라질과 터키 지원으로 돌려버렸다. '한국은 고로(高爐) 경험이 없고 브라질과 터키는 있다'는 게 이유였다. 결과적으로 브라질과 터키는 모두 실패했고 세계은행은 돈을 날리고 말았다. 미국 수출입은행도 '경제성이 충분치 않다'는 이유로 차관 공여를 거부했다.

박 대통령은 포철 추진 경험을 살려 1973년 1월 중화학공업화 선언을 했다. 또 6월에는 철강, 비철, 금속, 기계, 조선, 전자, 화학공업을 6대 전략업종으로 선정했다. 이를 통해 1981년까지 1인당 소득 1000달러, 수출 100억 달러를 달성한다는 목표를 세웠다.

1981년까지 중화학공업 비중을 51%까지 늘리겠다는 청사진을 내걸었지만 당시 개발정책을 주도한 경제기획원조차 회의적이었다. 한국 경제의 자문에 응해온 IMF와 IBRD도 부정적 견해를 표명했다.

하지만 중화학공업화는 급속도로 진행돼 1977년에 목표를 달성하고 한국의 산업구조와 생활수준을 크게 변모시켰다. 1970년과 1985년을 비교하면 1인당 GDP는 253달러에서 2242달러로, 수출은 8억 3500만 달러에서 302억 8300만 달러로 치솟았다. 제조업에서 차지하는 중공업 비중은 같은 기간 46%에서 62%로, 수출에서 차지하는 중공업 비중은 13%에서 48%로 급증했다.

중화학공업화는 사실상의 방위산업이기도 했다. 1971년 가을 일본 총리를 지낸 기시 노부스케가 추석연휴를 전후하여 방한해 박정희 대통령과 장시간 면담하는 자리에서 방위산업 육성 필요성을 제기했다. 기시는 일본 군수산업을 일으킨 주역이다. 그는 경제개발계획의 실행으로 "공업화 과정은 만족할 만하지만 방위산업은 아직 손대지 못한 게 아니냐"며 빨리 시작할수록 좋을 것이라고 권유했다. 당시 한국은 대부분의 군수무기를 미국에서 무상원조로 조달할 때였다.

박 대통령은 기시 면담내용을 김학렬 부총리에게 전하며 방위산업 육성 의지를 밝혔다. 김학렬은 당시 기획원 운영차관보 황병태에게 계획 마련을 지시했다. 오원철 상공부 차관보, 국방부 신원식 군수차관보, KIST 심원택 부소장이 첫 대책회의를 열어

'중공업 추진단'을 출범시켰다. 황병태가 단장을 맡았고, 조선소·자동차·주물·총포 등 4개 분야를 이른바 '4대 핵공장 사업'으로 중점 개발한다는 구상으로 출발했다.

기적 같은 중화학공업 구상이 현실화되는 과정에서도 진보경제학계는 반대로 일관했다. 진보경제학자들의 조언에 야당 거물 정치인 김대중은 1971년 대통령 선거 출마 때 '박정희 중화학공업정책의 무효화'를 공약으로 내걸기도 했다.

잠깐 경부고속도로·포항제철 능가한 대역사

중화학공업화에 결정적 역할을 담당한 것이 울산에 들어선 한국 최초의 공업단지인 석유화학단지다. 울산석유화학단지 프로젝트는 경부고속도로와 포항제철을 능가하는 대역사다. 박정희 대통령과 오원철 비서실장(건설 당시 상공부 공업국장)을 중심으로 한 테크노크라트들은 불굴의 의지로 해외에서 자금과 기술을 확보하고 허허벌판에 공장을 지었다. 말 그대로 맨땅에 헤딩해 가며 성취한 피땀 어린 프로젝트였다.

후진국에선 단일공장을 짓고 자생시키는 일도 만만치 않다. 그런데 석유화학은 공장 10여 개가 하나의 그룹처럼 움직여야 가능한 난이도 최상급의 프로젝트다. 한 공장 한 공장이 모두 건실해야 비로소 석유화학공단이 가동되는 구조다. 공장마다 국내에서 수요가 있어야 하고, 가격이 맞아야 하고, 팔려나갈 수 있는 제품을 생산해 내야 한다는 의미다. 투자규모도 경부고속도로가 400억 원인 데 비해 울산석유화학단지 조성에는 2배에 가까운 712억 원이 들었다.

경공업과 화학공업으로 시작한 지 14년 만인 1977년 중화학공업 비중이 50.8%로 드디어 50%를 돌파했다. 같은 기간 이 땅에서는 기계 30배, 금속 20배, 화학 13배, 시멘트 등 비금속광물 9배, 섬유 24배 성장이라는 경이적인 산업혁명이 일어났다. 당시 상공부 장관으로 중화학공업화를 주도한 오원철은 "산업혁명이 아니라 산업폭발이었다"고 회고했다.

"수출입국은 망상" 비난 쏟아낸 학자들

거사 두 달 만인 1961년 7월 박정희 정부는 경제기획원을 설립했다. "기아선상에 허덕이는 민생고를 시급히 해결하고 국가자주경제 재건에 총력을 경주한다"는 혁명공약을 실천하기 위해서였다. 경제기획원은 개발계획 수립, 예산편성, 외자와 기술도입 업무를 도맡았다. 예산 편성권을 지렛대로 재무부의 반발을 누르고 여러 부처를 조정하며 통제할 수 있게 됐다.

경제기획원은 1962년 1월 제1차 경제개발 5개년 계획을 발표했다. 1958년 이승만 정부, 1961년 장면 정부가 세웠던 개발계획을 참조해 훨씬 의욕적인 목표를 제시했다. 예컨대 1958년 계획에서 연 5.2%로 잡았던 성장률 목표를 7.1%로 상향했다. 하지만 서류상 계획에 불과했다. 총 3205억 원(당시 환율로 25억 달러)에 달하는 막대한 투자금이 필요한데 자금 조달계획이 백지였다.

　민간에 숨어 있는 여유자금을 산업재원으로 끌어내겠다며 1962년 6월 전격 통화개혁에 나섰지만 시장혼란만 야기한 채 대실패로 끝났다. 민간 이라고 돈이 있을 리 없었던 것이다. 한 달 뒤에는 외국차관 도입 촉진을 위해 민간 기업이 차관 도입 시 정부가 지급보증해 주는 파격적인 특혜법을 제정했지만 역시 실패했다. 해마다 큰 무역적자가 나고 이를 미국 원조로 때우는 후진국에 공장 지으라며 돈 빌려주는 착한 외국 금융사는 없었다.

　이런 상황에서 1962년부터 투자를 늘리자 외환이 고갈되고 인플레가 덮쳤다. 결국 5개년 계획은 축소 조정됐다. 1964년 2월 발표한 보완계획에선 목표 성장률을 7%에서 5%로 낮추고, 사업수도 대폭 줄였다. 그런데 1963년부터 공산품 수출이 갑작스레 급증했다. 그해 공산품 수출 목표가 640만 달러였는데 실적이 2810만 달러에 달했다. 철강재, 합판, 면포가 공산품 수출 삼총사였다. 1950년대 이승만 정부에서 적극적인 재정투융자로 뿌리를 다진 뒤 안간힘을 쏟아부으며 수출시장을 개척해온 바로 그 품목들이었다.

　박정희 대통령은 이 변화를 놓치지 않았다. 1964년 1월 10일 대통령 연두교서에서 "공산품을 중심으로 한 수출 증대는 특기할 만한 발전"이라고 자부했다. 마침 전택보(천우사 창립자), 이원만(코오롱그룹 창립자) 등의 기업가들이 정부에 수출제일주의를 건의했다. 드디어 1964년 하반기 수출제일주의와 수출입국의 깃발이 내걸렸다.

1965년 1월 16일 박정희 대통령은 새해 연두교서에서 "이 해의 3대 목표를 증산, 수출, 건설로 설정했다"고 강조했다. '수출주도 공업화 전략'을 정식 선포한 역사적 순간이었다. 공산품 수출 장려, 외자도입을 통한 투자 확대, 대기업 육성 등의 방침이 천명됐다. 후진국이 외자를 빌려 공산품을 수출 주력품으로 만들겠다는 발상을 아무도 하지 못했던 시절이었다.

당시 대부분의 경제학자들은 관세장벽으로 유치산업을 보호해 공업화를 진전시키고 자립경제를 만드는 '수입대체산업 육성'을 주문했다. 이는 2차 세계대전 이후 독립한 거의 모든 후진국의 전략이기도 했다. 최고회의 의장 고문을 지내며 당대 최고 경제학자로 불리던 성창환 교수를 비롯해 대다수 학자들은 '수출입국'은 실행 불가능한 정책이라고 했다.

언론과 정치인이 그 주장에 동조하자 많은 국민이 군사정부가 곧 무너지고 한국 경제는 수렁에 빠질 것이라고 생각했다. 미국도 한국의 무모한 투자계획을 비판했다. 결과는 정반대였다. 1965년이 목표였던 수출 1억 달러를 한 해 앞당겨 1964년에 달성했다. 팔아먹을 상품도, 상품을 생산할 산업도 없는 데서 싹튼 '한국식 산업혁명'의 출발이었다.

"100만 농가 창출" 외친 대중경제론

박정희 대통령은 1965년 연두교서에서 '수출주도공업화'를 선언했다. 그러자 야당은 첨예한 반대각을 세웠다. 박순천 민주당 대표는 중산층 육성 방안으로 '100만 안정농가 창설'을 제창하고 나섰다. 공업화를 위한 '국내자본 동원' 방안도 제시했다. '수출공업 대 농업', '외자 대 내자' 구도라는 대립적 경제개발론의 충돌이었다.

민정당과 민주당, 두 야당은 한일협정 반대 투쟁을 위해 1965년 5월에 민중당으로 통합했다. 민중당 대표 박순천은 다시 1966년 1월 20일 국회 연설에서 '대중자본주의론'을 제창했다. 중소기업 우선 육성, 외화가득률이 높은 농수산물 등 국산 원료의 가공특화 방향의 수출산업 발전, 농업경제 발전을 위한 이중곡가제, 대일 예속화 방지 등을 요구했다. 1967년 대통령 선거 민중당 후보였던 고려대 총장 출신 유진오는 "외자 의존 경제와 재벌과 정상배만 위하는 경제로부터 탈피하여 농민, 노동자, 봉급생활자, 중소기업가 등을 망라하는 대중이 본위가 되는 경제 확립을 위해 중남미에서 대두된 대중경제정책(populist economic policy)을 시행하자"고 목소리를 높였다.

민중당과 신한당이 1967년 2월에 통합한 신민당은 '대중경제론'을 경제강령으로 삼았다. 신민당은 그해 5월의 대통령 선거에서 재벌에 대한 특혜투자 지양과 대중투자 실현, 외자 도입 지양과 합작투자로의 전환, 공업제일주의 지양과 농공합작의 실현, 대일 예속 체제의 지양과 자주 체제로의 전환 등을 경제공약으로 걸었다. 하지만 1967년 대선과 총선에서 공화당에 참패했다.

이런 박정희 경제모델 비판 흐름을 주도한 사람이 박현채 조선대 교수다. 박 교수는 자립경제, 중소기업경제 중심의 진보경제이론인 대중경제론의 원작자다. 대중경제론이 제안하는 경제 발전론은 내자동원·내수확대형으로 민족적 자립경제를 수립하자는 것이다. 구체적인 실천 방안으로는, 농업 문제에서 미국 잉여농산물 도입의 폐해를 지적하는 데서 나아가 '농업 협업화'를 주장했다.

　민족경제론의 한 축을 이루는 또 하나의 실천적 대안으로 '중소기업 육성론'을 꼽을 수 있다. 1960년대 후반 외세 의존적 경제개발계획이 진행되면서 깊어진 사회적 불평등을 해결하기 위해선 중소기업 또는 중소자본을 민족경제의 육성 주체로 삼아 매판적 경제구조를 깨야 한다는 주장이었다. 이 같은 대중경제론적 접근은 1960년대 중반부터 20세기가 끝나는 1990년대까지 30여 년 동안 K진보경제학을 지배했다.

농업 강조하며 국제 분업·해외자본 거부

대중경제론은 당시 남미에서 유행하던 '종속이론'의 영향을 받아 국제 분업은 '예속의 길'이라며 단절을 주문했다. 재벌만 좋고 서민은 힘들어지는, 또 외자의존으로 부채가 커지는 위험한 방식이라는 관점이었다. 대안으로 농업을 키우고 국내 자본을 중심으로 경공업과 소비재 산업을 키워 편의생활을 향상시키는 방식으로 전환하자고 주장했다.

대중경제는 '자유경제를 원리로 하되 한국 실정에 맞게 적용되는 경제체제'로 정의했다. 그러면서 국내 시장과 국내 분업이 중심이고, 해외와의 관계는 최소화하는 경제개발론을 제시했다. 대중경제론자들은 박정희 정부의 공업화를 '외향적(外向的) 공업화'라 비판하고 자신들의 전략을 '내포적(內包的) 공업화'라고 불렀다.

대중경제론은 한국의 진보세력이 박정희식 경제성장론에 맞서서 제시한 대안적 방법론이라는 매우 중요한 지위를 갖는다. 1967년 대선에서 박정희와 붙은 윤보선도 대중경제론을 앞세웠다. 그리고 정치인 김대중이 책으로 엮어낸 1971년부터 큰 인기를 끌었다. 대중경제론은 박현채 교수의 기획이었으며, 박현채를 중심으로 당시의 수많은 진보학자들이 참여해서 창안한 대안 경제이론이었다. 진보학계에서 오랫동안 논의돼온 내용을 공동저술 형태로 엮어냈던 것이다. 대중경제론은 민족경제론의 정치적 버전이었던 만큼 만약 박정희가 대선에서 패배했다면 국가경제발전 전략으로 채택됐을 것이다. 그런 일이 실현됐다면 오늘 우리의 '한강의 기적'과 세계 10대 경제대국 진입이 가능했을지 의문이다.

인간은 누구나 오류의 가능성에서 자유로울 수 없다. 그래서 더 중요한 것이 오류발생 시 대처법이다. 정치인 김대중은 40대 때의 불완전한 세계관을 훗날 바로잡아 '외환위기 극복'이라는 시대적 소임을 다했다. 표를 좇을 수밖에 없는 정치인도 하는 이런 자기성찰을 엄정함이 필수 덕목인 연구자가 경시하는 것은 어

떤 이유로도 변명하기 힘들다. 그것은 학문이 아니라 B급 정치이
자 유사 종교일 뿐이다. 박현채 교수는 삶의 마지막 순간까지 자
신의 오류에 대해 어떤 말도 언급하지 않았다. 진보경제학계도
의미 있는 반성의 행보를 보인 적이 없다.

'1986년 대반전'에 외채망국론 퇴장

박정희식 경제발전의 최대 장애는 말라버린, 애초부터 바닥이었
던 추진자금이었다. 1963년 9월 말 외환보유액은 9300만 달러로
1억 달러에도 못 미칠 만큼 바닥을 드러냈다. 군사정부를 탐탁지
않게 여겼던 미국은 무상원조를 받는 나라에는 차관을 못 준다고
했고, 일본은 국교가 없는 나라와 차관협정을 맺을 수 없다며 외
면했다.

　1964년 서독 방문으로 숨통이 트였다. 1350만 달러의 재정차
관과 2625만 달러의 상업차관을 공여받았다. 물꼬가 트이자 탄
력이 붙었다. 차관액수는 1965년 4200만 달러, 1966년 1억 1900
만 달러, 1967년 4억 110만 달러로 급증했다. 차관이 빠르게 늘어
나자 진보경제학은 외채망국론을 들고 나왔다.

　박정희 정권은 1차 5개년 계획이 시작된 1962년 외국에서 수
월하게 돈을 꿔올 수 있는 법을 만들었다. '장기결제방식에 의한
자본재 도입에 관한 특별조치법'이 그것이다. 그래도 낮은 신용
도 탓에 외자도입이 안 되자 민간기업에 대한 '차관 지불보증법'

도 만들었다. 기업이 차관을 상환하지 못하면 정부가 대신 갚아주는 것으로, 세계에 유례가 없는 특혜법이었다. 야당에선 '나라 망하게 하는 법'이라는 파상공격이 날아들었다.

이후 외채망국론이 확산됐고 박정희 정권은 두고두고 공격당했다. 실제로도 1967년 말부터 외자의 상당수가 부실화됐고 산업은행이 대신 변제하는 사건이 터졌다. '기업은 망해도 기업인은 사는' 망국적 풍토가 말썽이 되고 근절여론이 들끓었다. 부실기업 정리가 시작돼 1969년 5월부터 8월까지 7차례 조치를 통해 30개 업체가 정리됐다.

그래도 외채망국론은 커져만 갔다. 중화학공업 성공이 외채망국론을 한없이 부풀리는 역설도 나타났다. 성공할수록 외자 도입 규모가 급증했기 때문이다. 외채가 아킬레스건이며, 빠른 외채 증가로 파국을 맞을 것이란 우려 속에 한국 경제는 대반전을 준비하고 있었다. 경제개발사에 기억될 1986년의 대반전은 바로 건국 이래 첫 경상수지 흑자였다. 흑자 규모는 46억 달러였다. 일제강점기였던 1924년과 1925년에도 2년 연속 경상흑자를 낸 적이 있다. 하지만 당시는 일본이 조선 쌀을 대량 수입하던 예외적 시기였다. 1986년이 갖는 의미와는 완연히 구별된다.

1986년 무렵은 '외채망국론'이 절정을 달리던 시기다. 지식인 사회, 특히 대학가는 나날이 눈덩이처럼 불어나는 외채를 목격하면서 좌파적 해법으로 치달았다. 박정희·전두환 정권이 나라를 부강하게 만든 것처럼 보이지만 외채를 감안하면 빛 좋은 개살구에 불과하다는 비난이 쏟아졌다. 외채에 의존한 성장은 무가치하며 나라를 파국으로 몰아갈 뿐이라는 극단론이 캠퍼스와 지식인 사회에 풍미했다. 경상적자로 인한 외화자금 부족을 메꾸느라 다시 해외차입을 늘리는 악순환이었다.

중화학공업 수출급증이 외채위기론을 잠재우는 특효약이 됐다. 1980년대 전반의 '안정화 정책'을 통해 내실을 다진 뒤 때맞춰 도래한 '3저 호황'(원유가격 하락, 달러가치 하락, 국제금리 하락)에 올라타면서 한국 경제는 비상했다. 1985년 300억 달러이던 수출이 1988년 600억 달러로 3년 만에 2배로 뛰었다. 중화학공업 수출급증 덕분이었다.

1986년에 시작된 흑자는 1988년까지 3년간 이어졌다. 덕분에 1980년 112억 달러에서 1985년 275억 달러까지 치솟았던 외채총액이 1986~1988년 3년 내리 감소해 160억 달러로 줄었다. 흑자 달성은 사회 전반에 큰 변화를 불러왔다. 이전 정부에서 '고도성장 후유증'을 물려받은 전두환 정부는 자신감을 회복하고 '안정화 시책'을 밀어붙였다. 그 덕분에 고질적인 병폐이자 뇌관이던 과잉투자가 상당부분 해소됐다. 1970년대 내내 높이뛰기 하던 물가도 하향 안정되는 등 체질개선이 나타났다.

지식인 사회에 끼친 영향도 빼놓을 수 없다. 외자 의존적인 경제발전 전략은 종속을 강화하고 착취를 키울 뿐이라던 종속이론류의 진보경제학에 대한 의구심이 확산됐다. "한국에서는 자립적 자본주의가 발전할 수 없다"는 식민지반봉건사회론을 전개했

딘 안병직 서울대 교수는 경상흑자를 계기로 '학문적 전향'을 단행했다. 경제학계의 풍토도 실증적으로 바뀌어 이념과잉을 돌아보는 계기가 됐다.

본원적 자본축적에 대한 오판

1950년대와 1960년대는 개발경제학의 황금기였다. 제2차 세계대전 이후 출현한 수많은 저소득 신생 독립국들이 산업화에 목말라했기 때문이다. 당시의 경제개발이론은 모두 토종산업인 농촌경제 활성화를 바탕으로 산업 간 동시발전을 도모하는 '균형성장론'에 입각해 있었다. 후진국 개발경제론의 권위자로 인정받았던 영국의 아서 루이스 교수나 『개발도상국의 자본형성』(1953)으로 유명한 미국의 래그나 넉시 교수 등도 균형성장론을 제안했다.

루이스 교수와 넉시 교수는 무역이 경제성장의 원동력이 될 수 없다고 봤다. 무역은 많은 제약요인이 있기 때문에 수입대체산업 육성 등 내부지향적인 발전 전략이 우선돼야 한다는 이론전개였다. 2차 세계대전 후 경제개발 실사례에서도 인도의 사회주의적 개발이나, 대약진운동과 집단화로 발생한 농촌의 잉여를 활용하는 중국의 자력갱생 방식에 시선이 쏠렸다.

종속이론의 본고장 중남미와 아프리카에서는 자본주의 선발국가와의 경제협력은 변방화를 초래한다는 시각이 득세했다. 외국자본에 의존하는 공업화는 제국주의 체제의 희생양이 되는 지름길이라고 봤다. 따라서 예속을 피하려면 수입대체를 위한 최소 수준으로만 공업화를 해야 한다는 이론이 대세였다. 외자를 배제한 폐쇄적 규제경제로 자급력 강화에 주력해야 한다는 주문이었다. 실제로 이런 개발방식에 따라 당시 대만이 농업투자에 성공하기도 했다.

하지만 박정희 정부는 세상에 없던 새로운 후진국 경제개발론을 창출했다. 상식과 선례를 모두 뒤집고 공업화를 우선시하는 '불균형 개발전략'이라는 파격을 택했다. 빈곤경제를 탈피하려면 단기간에 고성장해야 하고, 그러자면 공업화밖에 방법이 없다는 판단이었다.

보릿고개의 극심한 가난에 시달리는 농업을 제쳐둔, 공업화 중심의 불균형 전략은 시대의 이단론이었다. 하지만 '한국 모델'은 2차 세계대전 후에 등장한 많은 후진국 개발전략 중 거의 유일하게 성공했다. 종속화 우려에 외자 유입을 봉쇄한 남미는 지금까지도 장기 저개발에 허덕인다. 계층 간 충돌을 피해 농촌의 잉여생산성으로부터의 자본축적을 노린 인도는 투자자본 형성 미흡으로 개발 역사가 크게 지체됐다. 마오쩌둥의 중국은 인민공사를 통한 농민 수탈로 본원적 자본축적을 도모했지만 농촌 붕괴라는 정반대 결과를 만났다.

모두가 본원적 자본축적 문제에 대한 인식부족과 오판의 결과였다. 한국처럼 외국에서 차관과 기술을 투자받아 어느 계층도 희생시키지 않는 방식은 어떤 개도국도 시도하지 않았다. 공업개발을 먼저 일으키고 그 파급효과로 다른 분야를 순차적으로 이끌어간다는 한국의 불균형 성장전략은 1970년대 중국의 개방개혁전략으로 이어졌다. 한국의 성공을 유심히 지켜본 덩샤오핑은 대약진운동과 문화대혁명의 실패를 만회하기 위해 박정희 모델을 연구하고 접목시켰다.

그는 경제개발 초기엔 불균형 성장이 불가피하다는 '선부론'을 주창해 상전벽해와 같은 변화를 이끌어냈다. '당신이 먼저 부자가 돼라'는 선부론은 연안지역을 개발해 이익을 쌓고 그 과실을 후발지역으로 흘려보내는 불균형 성장전략이다. 선부론까지 작동하자 불균형 성장론은 후진국 개발의 일반론으로 공인받기에 이르렀다. 돌연변이와도 같았던 박정희 모델은 흑묘백묘로 상징되는 덩샤오핑의 실용주의 노선을 멀찍이 앞서간 혜안의 결과물이다.

박정희의 한국식 경제발전모델은 대외적으로 개방경제를 지향하면서 대내적으로는 국가가 시장의 활력을 적극 지원하는 독특한 개념이다. 지원 주체인 국가가 부패 없는 공정한 관리자로 역할하면서 민관이 시너지를 내는 게 핵심이다. 박정희 모델은 1980년대 세계은행 연례보고서에 언급되면서 널리 주목받기 시작했다. 자유시장주의를 대표하는 워싱턴 컨센서스, 국가사회주의를 대표하는 베이징 컨센서스와 비견되는 세계사적 의미를 지닌다. '서울 컨센서스'로 불러도 손색없다.

5·16은 외형적으로 군사쿠데타다. 무력을 동원해 합법적인 정부를 전복했기 때문이다. 하지만 쿠데타라는 한마디 말로 규정하기에는 시대적 함의가 깊고 복잡하다. 다수 대중은 물론이고 지식인들도 지지한 쿠데타였다는 점에서 특히 그렇다.

해방과 함께 미군정이 시작됐다. 국민 의식주 해결은 미국 원조에 전적으로 의존했다. 막대한 원조에도 경제상황 개선 조짐이 없자 미국은 한국에서 손을 떼기 시작했다. 골치 아픈 존재로 본 것이다. 이는 1949년 6월 미군 철수로 이어졌다. 1년 뒤 한국전쟁이 터졌고 나라는 폐허가 됐다. 1950~1961년 미국의 원조는 27억 달러에 달했고 별개로 적잖은 군사원조가 있었지만 한국 경제는 여전히 암담했다.

1961년 5월 16일, 박정희와 소장군인들이 군사쿠데타를 일으켰다. 예고된 거사였다. 4·19로 집권한 2공화국 장면 정부의 무능과 부패가 극에 달해 국민 사이에선 군부 등장에 대한 소문과 기대가 상당했다. 진보잡지 〈사상계〉의 편집인 장준하 선생은 군부대 강연 시 청년장교들에게 "당신들은 똥별인가, 나라를 구하기 위해 일어서라"고 공공연히 쿠데타를 독려하기까지 했다. 나라꼴이 이래서는 안 된다는 공감대는 그만큼 광범위했다.

군 내부에선 젊은 엘리트 군인들의 집단행동을 예상했다. 좌익민족세력에 의한 소위 민족통일운동이 극성이던 1961년 당시 군부 수장이던 장도영 육군참모총장은 박정희로부터 직접 거사계획을 보고받기까지 했다.

쿠데타 후에도 지식인 사회의 호응이 두드러졌다. 서울대 총학생회는 4·19와 5·16은 동일한 목표를 갖는다면서 '민족주의적 군사혁명'이라고 환영했다. "나라의 부패와 구악을 일소하고 퇴폐한 국민도의와 민족정기를 바로잡겠다"는 혁명공약이 설득력을 발휘했다.

장준하는 "민족 활로를 만들어 나가기 위한 최후 수단"이라며 5·16을 '혁명'으로 칭했다. 한때 마르크스경제학에 심취했던 유진오 고려대 총장은 혁명세력의 추대로 재건국민운동본부 본부장에 취임했다. 장면 정부의 대변지나 다름없던 〈경향신문〉조차 사설에서 "정치인의 구태의연한 사고방식과 부패, 무능과 파쟁의 소치"라며 "올 것이 왔다는 감을 짙게 한다"고 우호적으로 논평했다.

해방공간과 연이은 반공산주의 전선하에서 터진 군사쿠데타는 지금과는 사뭇 다른 의미로 받아들여졌다. 쿠데타가 민주주의를 파괴하는 폭거라는 생각은 한국뿐만 아니라 세계적으로도 꽤나 희박했다. 오히려 근대화 혁명을 달성하기 위한 유효하고 핵심적인 수단이라는 우호적 인식이 적잖았다. 그런 탓에 1946~1970년 사이 전 세계 59개국에서 229차례나 쿠데타가 발생했다. 2차 세계대전 종전으로 근대화 혁명에 대한 제 3세계와 신생 독립국 민중의 열망이 폭발한 결과였다.

덩샤오핑도 모방한 '박정희 모델'

5·16 쿠데타 세력은 통일을 위한 반공, 부패와 구악일소, 민생고

해결 및 경제재건을 앞세웠다. "지체된 근대화혁명을 하겠다"며 경제개발에 올인했다. 초기에는 내자동원을 통한 수입대체형 성장전략으로 갔다.

하지만 내자동원 단계에서부터 좌절했다. 부정축재 환수, 통화개혁, 증시를 통한 자금조달, 금리현실화의 4가지 방법이 모두 실패한 것이다. 부정축재 환수는 40억 원이라는 '푼돈'에 그쳤고 통화개혁은 경제혼란만 불렀다. 또 증권정책은 유명한 '증권파동'을 야기했고 금리현실화는 인플레이션의 방아쇠가 되고 말았다.

2~3년 시행착오를 겪은 뒤 1964년부터 외자동원을 통한 수출중시전략으로 과감하게 선회했다. 특혜라는 비판을 무릅쓰고 잘 준비되고 경쟁력을 갖춘 전략품목을 집중 지원해 특화산업으로 육성해 나갔다. 빠른 성장을 위한 수출주도전략은 대박을 냈다. 수출은 1964년 1억 달러, 1967년 3억 달러, 1970년 10억 달러를 돌파했다. 유신 직후 1973년 중화학공업을 선언한 뒤에는 증가세가 더욱 가팔라져 1977년 100억 달러를 넘어섰다. 같은 해에 중화학공업화율도 50%를 넘어섰다.

박정희가 권좌에 오른 1961년 82달러이던 1인당 국민소득은 그의 재임 마지막 해인 1979년 1649달러가 됐다. 수출은 4100만 달러에서 150억 달러로 치솟았다. 산업구조 변화도 상전벽해였다. 1961년 국민 63%가 1차 산업에 종사했던 농업사회는 1979년 63.4%가 제조업과 서비스업에 종사하는 산업사회로 탈바꿈했다. 박 대통령 재임 18년 동안의 경제성장률은 연 9%다. 그 결과 국내 총생산은 27배, 1인당 국민소득은 19배, 수출은 275배로 폭증했다.

'불균형 개발을 통한 균형발전'이라는 모순적 목표를 달성한 '박정희 모델'에 대한 동의는 오늘날 광범위하다. 모범적인 후진 국 경제개발 모델로 인정받으며 세계 역사를 움직였다. 박정희 모델이 성공하자 수많은 후진국이 1970~1980년대 들어 모방했 다. 대표적인 나라가 G2로 성장한 중국이다.

박정희의 성공은 덩샤오핑에게 깊은 인상을 남겼다. 마오쩌둥 통치가 부른 중국의 추락을 목격한 덩샤오핑은 박정희가 일궈낸 변화를 직시했다. 중국을 오늘의 경제대국으로 이끈 덩샤오핑의 개혁개방정책의 기본골격과 전략은 박정희 대통령의 탈이데올 로기적이며 개방적인 접근과 궤를 같이한다. 1978년의 제11기 3중전회는 현재 중국의 모습을 결정한, 중국 현대사의 가장 중 요한 기점으로 꼽힌다. 이 회의에서 덩샤오핑은 권력 전면에 등 장하며 '개혁·개방'을 본격화했다. 미국의 저명한 국방 관련 민 간 싱크탱크인 랜드연구소는 "중국 덩샤오핑의 개혁은 박정희 모델의 모방"이라고 평가했다. 덩샤오핑도 "아시아 네 마리 용 의 경제발전을 따라붙어야 한다. 특히 박정희에 주목하라"는 어 록을 남겼다.

덩샤오핑은 1988년 최측근 참모를 한국에 보내 남다른 성공모 델에 대한 조사보고를 받아보고 한국과의 수교를 결심했다.『박정희 평전』을 펴내 중국 정부의 국장급 이상 고위관료들에게 네 번 이상씩 읽게 한 것으로 전해진다. 북한·중국·러시아 사업을 활발히 추진했던 장치혁 전 고합그룹 회장은 "덩샤오핑이 박정희 모델을 전적으로 모방해 개혁개방 정책에 박차를 가했고, 그 결과 G2가 될 수 있었다"고 평가했다.

'북한 김일성이 덩샤오핑의 뒤를 따르려 했다'는 게 장 회장의 설명이다. 덩샤오핑이 1994년 장쩌민을 평양에 보내 중국처럼 개혁개방을 택할 것을 권유하고, 남북 정상회담을 적극 지지했다는 것이다. 김일성은 이 조언을 받아들여 1994년 7월 김영삼 대통령과의 남북정상회담 일자를 확정했다. 하지만 예기치 못한 돌발적인 사망으로 개방 행보는 중단되고 말았다.

잠깐 박정희 리더십에 대한 평가

박정희식 경제개발에 대한 세계인의 평가는 한마디로 '놀랍다'는 것이다. 최근 글로벌 인플레이션을 족집게처럼 맞춰 성가를 높인 로런스 서머스 하버드대 교수도 박정희 모델 예찬론자다. 그는 "한국이 불과 한 세대 안에 세계 유수의 산업국가가 된 것은 20세기를 통틀어 가장 충격적이고 놀라운 일"이라고 평가했다.

소련 몰락과 중국 부상을 예견해 명망 높은 폴 케네디도 "세계 최빈국이었던 한국이 박정희의 새마을운동을 시작으로 20여 년 만에 세계적인 무역국가가 됐음을 경이롭게 본다"고 했다. 미국의 서명 정치학자 프랜시스 후쿠야마도 몇 해 전 발간한『정치질서의 기원』에서 세계적으로 성공한 근대화 과정의 패러다임으로 한국 사례를 꼽았다.

리더십 평가도 후하다. 현대경영학 창시자 피터 드러커는 "2차 세계대전 이후 인류가 이룩한 가장 놀라운 기적은 바로 박정희의 위대한 지도력을 탄생시킨 대한민국"이라고 극찬했다. '동아시아 문제 대석학' 에즈라 보겔 하버드대학 교수도 "박정희가 없었다면 오늘의 한국은 없었다"고 했다.

압도적 성과는 좌파학자들도 돌려세웠다. 한반도 전문가로 손꼽히는 브루스 커밍스 미국 시카고대 교수도 박정희 모델 찬양자로 변신했다. 그는 1981년『한국전쟁의 기원』이라는 저작으로 한국 사회 전반을 좌파 이데올로기로 물들인 수정주의 사학자다. 그런 커밍스지만 "동남아, 중국까지 보편화된 '한국식 모델'은 북한뿐 아니라 전 세계에서 발전모델로서 스탈린주의의 허리를 분질러놓았다"(브루스 커밍스의『한국현대사』)며 극찬했다. 제국주의적 경쟁이 판치는 불리한 세계 경제 여건을 이겨내고 산업적 자립을 쟁취해냈다는 설명이다. "중공업 추진정책은 멋진 성공인 동시에, 한국의 독립선언이었다"고도 했다.

18년 장기집권에 대한 호의적 평가도 나온다. 앨빈 토플러는 "민주화란 산업화가 끝나야 가능한 것이다. 박정희를 독재로 매도하는 것은 말이 안 된다"고 했다. 국제정치학계의 거물 헨리 키신저 미 국무장관은 "민주주의와 경제발전이 동시에 이뤄지기란 사실상 어려웠다. 당시 박정희 대통령의 판단이 옳았다"고 했다. '싱가포르 국부' 리콴유 총리도 "박정희 대통령이 눈앞의 현실에만 집중했다면 오늘의 대한민국은 존재하지 않았을 것"이라고 했다.

학현의 코드는 부정·비관·독설

1963년부터 1997년 외환위기 직전까지 한국은 연평균 9.1%의 수직성장을 이뤘다. 세계 어디에서도 보기 힘든 기록이다. 하지만 이런 성과에도 학현 변형윤 교수는 "균형발전이 안 됐다"며 박정희 정부의 경제계획은 실패라고 독설을 퍼부었다.

변 교수는 한강의 기적을 가능케 한 거의 모든 역사적 프로젝트에 반대학자로 이름을 올렸다. 분배지상주의와 기계적 평등에 집착해 역동적인 공업화전략 자체를 부정했다. 경제개발 5개년 계획부터 경부고속도로, 포철, 중화학공업, 그리고 한·미 FTA까지 한국 경제의 주요 장면마다 제자들과 함께 등장해 몽니를 부렸다.

1986년에 쓴 논문에선 그의 폐쇄적 경제관이 여실히 드러난다. 아래 문장처럼 지식과 통찰이 실종된 흑백논리로 점철돼 있다.

"은행 및 금융업은 지금도 지나치게 개방돼 있다."

"금융·은행 개방은 통화정책 등 각종 경제정책의 자주성 자율성을 제약할 것."

"자본자유화 정책을 통한 외국인 직접투자 확대는 국내산업의 대외송속을 심화시킬 것."

"일부 관료나 식자층이 개방정책에 대한 신념으로 우리 경제를 끌어갈 수 있다는 생각은 위험한 발상."

"개방에 반대하는 민중의 요구를 무지의 소치로 치부해선 안 된다."

변 교수의 비판은 오랜 학문적 숙성기간이 지난 뒤에도 지속됐다. '한강의 기적'이 뚜렷해진 1997년, 그가 70세 때 발표한 '계획시대(1962~1979)의 교훈'이라는 글에서도 부정과 비관적 정서가 넘친다. 예컨대 "공업화는 경제개발의 수단이고 경제개발이 목적인데, 박정희 시대는 공업화를 목적으로 착각했다"고 썼다. "고수출이 고성장을 부르고, 고성장이 고고용을 부른다는 논리는 통계에 의해 입증되지 않는다"고도 했다. 그러다가 "농공 동시성장 또는 농공 병진전략이 타당하다는 것이 밝혀졌다", "GNP의 대폭 증가를 뜻하는 고성장은 결코 추구할 만한 것이 못 된다"는 식의 비약으로 치달았다.

경제적 분석 대신 정치적 해석에 의존하는 경향도 뚜렷하다. "1차 5개년 계획은 5·16쿠데타 합리화 수단의 하나였고, 2~4차는 장기집권 합리화 수단이었다"고 단정했다. 논문 결론 역시 정치적 메시지로 가득하다. "현재 한국 경제의 어려움은 박정희 시대에 싹텄다", "결코 박정희에 대해 향수를 느낄 필요가 없다", "경제개발 계획기의 고성장은 장기집권욕의 산물"이라는 식이다.

한·미 FTA 반대에 대한 입장도 동의하기 힘든 수준이다. 2007년 한·미 FTA 반대 경제학자 선언에 이름을 올린 뒤 밝힌 이유는 꽤나 당혹스럽다. "이론적으로 이러쿵저러쿵 말하기 전에 나는 반대입니다. 농민들이 땀흘려 농사지은 것을 불태우면서 저항하는 걸 보면 마음이 아파요. 경제라는 게 잘 먹고 잘 살고 행복하자는 것인데 논리와 숫자에만 빠져 있습니다." 엄정한 데이터와 분석으로 효율과 공정을 찾아가는 사회과학자의 발언이라기에는 너무 감상적이다.

그가 적극 지원해 제자들이 주도한 문재인 정부의 소득주도성장도 한국 경제를 나락으로 몰았다. 명색이 전공분야가 '경제발전론'인데 이처럼 조목조목 한국 경제발전의 발목을 잡은 것을 어떻게 해석해야 할지 혼란스럽다. 진보경제학의 궤도 이탈을 변 교수의 행보보다 더 잘 보여주는 사례를 찾기도 쉽지 않을 듯싶다.

그는 최근까지도 말을 조금씩 바꿔가며 변명했다. 경제개발계획을 반대한 것에 대해서는 "국민적 지지를 받으려면 반드시 여론 수렴이 필요한데 군사정권이 그런 절차를 빠뜨렸기 때문"이라고 했다. 허탈한 이 해명을 믿는다 해도, 경제학자가 엄정한 데이터가 아닌 국민여론을 앞세우는 태도는 납득하기 어렵다.

변형윤 교수와 동년배인 '1세대 경제학자' 중에는 한국 경제발전사의 한 페이지를 장식한 인물들이 수두룩하다. 변 교수보다 세 살 많은 남덕우 국민대 경제학과 교수는 부총리를 맡아 개발연대 성공신화의 주역이 됐다. 변 교수와 같은 해인 1951년에 서울대 공과대학 화학공업과를 졸업한 오원철 경제수석도 테크노크라트로 한강의 기적을 주도했다. 변 교수 세 살 아래인 '1호 독일 경제학 박사' 백영훈 중앙대 교수 역시 '한국 첫 차관 도입 성사'라는 결정적 공을 세웠다.

세 살 아래인 윤기중 연세대 경제학과 명예교수와 비교해보면 변 교수의 궤도 이탈은 더욱 아쉽다. 두 사람은 연구 분야가 '경제 통계'와 '불평등'으로 겹친다. 둘 모두 한국경제학회장을 지내고, 대한민국 학술원 회원으로 이력도 비슷하다. 하지만 변 교수는 이념적·자의적 시각으로 불평등 이슈에 접근한 탓에 실패를 거듭했다. 반면 윤 교수는 수리적·실증적 자세로 소득분배 연구에 크게 공헌했다. 원로 학자들의 이런 기여를 생각하면 변 교수의 행보는 더욱 안타깝다.

자폐적 세계관의 집단오류

55년 전인 1967년, 대중경제론이 세상에 등장했다. 박정희 대통령의 '수출주도 경제개발'에 막 탄력이 붙을 무렵이었다. 대중경제론은 윤보선 후보를 앞세운 야당이 준비한 비장의 카드였다.

남미에서 갓 태동해 세계를 휩쓴 종속이론의 변형이었다.

대중경제론은 대외종속적 '재벌경제'에서 내수 중심 '대중경제'로의 전환을 외쳤다. 국내 자본을 총동원한 농업과 중소기업 우선투자를 주장했다. '외자도입·공업제일주의 지양'도 명문화했다. 외국 자본과 대기업이 중소기업 농민 노동자를 억압한다는 시각이었다. 지금 보면 어이없는 오판이다. 하지만 당시엔 급속한 산업화 과정에서 소외감이 커진 농민과 소시민들이 대거 호응했다. 식자층의 지지도 유별났다. 지적 허영심만 비대했던 세계 변방 지식인들의 자폐적 세계관에서 비롯된 집단오류였다.

박정희 대통령은 '이 나라가 왜 대외종속국이냐'고 따져물으며 대중경제론의 패배주의적 관점을 파고들었다. 박정희는 선거에서 승리했지만 대중경제론을 더 정교하게 가다듬은 김대중 후보를 1971년 대선에서 만났다. 이때도 승리해 박정희는 3선에 성공했다. 하지만 대중경제론은 중소기업가·지식인·농민·노동자 연대라는 이념적 요소까지 가미해 더욱 대중의 구미를 당겼다.

1971년 대선 승리 이듬해에 박정희는 '10월 유신'을 감행하고 중화학공업화 승부수를 던졌다. 권위적 통치를 통해서라도 세계 경제열차의 마지막 칸에 올라타겠다는 결기였다. 야당은 결사반대했다. 성공으로 이끌 어떤 경제적 조건이나 국제적 비교우위도 없다고 주장했다. '중화학 공업화 추진은 우리 경제를 파멸시킬 것'이라며 외채망국론도 들끓었다.

하지만 결과는 한강의 기적이었다. 동북아 모퉁이 국가의 경제

적 성공은 세계를 개방과 시장의 질서로 빠르게 재편하는 역할노
해냈다. 한국의 위대한 세계사적 기여이기도 하다.

속출하는 대중경제론 시즌2·시즌3

대중경제론의 해법이 국가정책 영역으로 진입한 건 '386 참모'
들이 활개 친 노무현 정부 때다. '중소기업과 서민과 약자를 위
해서'라는 명분을 앞세운 반시장·반기업 정책이 대거 채택됐다.

하지만 결과는 참담했다. 거의 모든 지표가 진보경제학자들의
장담과 반대로 갔다. 글로벌 호황기였음에도 '나 홀로 부진'을 보
이며 경제성장률이 처음으로 세계 평균을 밑돌았다. 양극화도 크
게 악화됐다. '부자를 벌하겠다'며 도입한 세금이 가격에 전가돼
부동산 가격이 폭등해 자산격차도 엄청나게 벌어졌다.

당시 노무현 정부는 "복지를 통해 소득을 분배하고, 소득분배
로 건강한 소비를 늘리고 일자리를 만들겠다"고 했다. 9년 뒤 문
재인 정부가 밀어붙인 소득주도성장 정책의 '오리지널 버전' 격
이다. 그러나 양극화에 증세로 접근하는 방식은 소비와 투자심리
위축이라는 악순환을 불렀다. '소유·지배구조 괴리도' 같은 세계
에 유례없는 기준을 만들어 대기업을 압박하자 경제 전반의 투자
의욕도 쇠퇴했다.

직관력이 남달랐던 노무현 대통령은 임기 중반 무렵부터 대중
경제론의 환상에서 점차 벗어났다. 대통령이 된 뒤의 국정운영

경험을 통해 시장과 나라 경제의 작동원리를 빠르게 깨쳐나갔다. 정치적 우군인 진보진영의 거센 반대를 뚫고 임기 막판에 한·미 FTA를 밀어붙여 결코 작지 않은 성장디딤돌을 만들어 낼 수 있었던 배경이다.

'노무현 경제'의 실패로 대중경제론은 수명을 다하고 역사의 박물관에 유폐되는 듯했다. 하지만 끝날 때까지 끝난 게 아니라더니, 문재인 정부 탄생으로 기어이 '대중경제론 시즌2'가 펼쳐졌다. 학현학파 류동민 충남대 교수가 "소득주도성장론은 김대중의 대중경제론 이후 실로 몇십 년 만에 본격적인 논쟁을 부른 이슈"라고 자평한 대로다.

소득주도성장은 '신상 이론'처럼 일견 신선해 보이지만 실패한 대중경제론과 전략이나 정서 측면에서 별반 다르지 않다. 우선 반개방·반경쟁·반기업이라는 본질에서 동일하다. 말하자면 '21세기 대중경제론'이다. 큰 정부의 개입을 노골화하고 '사회주의' 같은 이념적 단어가 회자된 것도 비슷하다.

'대중경제론 시즌2' 주도그룹도 학현학파였다. 그들은 소주성이 '한국 경제의 새 성장패러다임'이라며 검증되지 않은 정책으로 폭주했다. 결과는 성장률 추락, 일자리 파괴, 양극화 심화라는 최악 성적표다. 그래도 반성이 없다. 오히려 재정만능주의, 기본소득, 토지공개념 카드를 꺼내들고 더 강력한 '대중경제론 시즌3'를 준비 중이다. 한 번도 성공하지도, 제대로 검증받지도 않은 이론을 국민경제를 볼모로 실험하려는 투기적 행태다.

지금도 이어지는 '386 경제학'의 선동

진보경제학의 선동과 민폐는 지금도 이어지고 있다. '주 69시간 근로'를 둘러싸고 벌어지는 장면을 봐도 그때 그 시절 '한·미 FTA 괴담'과 빼닮았다. 공포 유발 수법, 선동 주도 인물, 무책임한 언론, 경박한 여론 등이 판박이다.

선진국은 다 근로시간을 줄이는데 '한국만 역주행'이라는 비난부터 엉터리다. '정부가 근로시간을 주 52시간에서 주 69시간으로 늘렸다'는 주장은 귀에 쏙쏙 박혀 분노를 유발한다. 하지만 너무 악의적인 단순화법이다. 현재 '1주' 단위인 연장근로 관리기준을 3개월 이상으로 바꾸면 외려 근로시간이 감소한다.

줄어드는 총 연장 근로시간은 새 기준이 '3개월'이면 10%, '반기'면 20%, '1년'이면 30%까지 감축하도록 규정돼 있어서다. 바뀌는 건 임금을 50% 더 받는 초과근무 수행 방식이다. 한국은 한 달 4주 근무 시 주당 최대 근로가 52·52·52·52시간으로 엄격히 통제한다. 개편안이 시행되면 64·48·48·48시간 등 모든 조합이 가능해진다. 선진국 중 주 근로시간을 국가가 획일적으로 통제하는 나라는 한국이 유일하다. 진지한 전문가와 사용자는 물론 생산현장의 많은 노동자도 획일화를 깬 유연한 근무를 갈망한다. 정부가 월 208시간 범위 내에서 근로시간 배정을 노사가 자율협의하도록 유연화를 추진한 이유다. 노동자 건강을 명분으로 주 52시간 이상 근무를 원천 봉쇄하는 것은 국가폭력에 불과하다. 학생들의 건강을 위해 시험기간에도 밤 12시면 취침을 강제하는 법이 어불성설인 것과 마찬가지다.

어쨌든 이론적으로 주간 최대 근로시간이 52시간에서 69시간으로 늘어나니 개악이라는 주장도 왜곡이다. 이론적으로 따지면 현행 '주 52시간제' 아래서도 최대 근로 가능 시간은 129시간으로 계산된다. 정부 개편안을 '주 69시간제'로 매도한다면 현 제도는 '주 52시간제'가 아니라 '주 129시간제'로 불려야 한다. 또 일본은 '주 78시간제', 연장근로 규제가 없는 미국과 영국은 '무제한 근로제'다.

'노동 지옥', '과로사 조장법' 같은 말폭탄에는 악의가 넘친다. 극단적 사례라는 주 69시간도 보통 직장인이 일이 집중될 때 하는 '9 to 9(주 6일)' 정도의 업무 강도다. '주당 48시간 이상 근무는 인체에 유해하다'며 근로시간 개편위원회(미래노동시장연구회)에서 사퇴한 보건전문가의 행동은 과잉이다. 실현가능성이 거의 없는 미세한 꼬투리를 과장해석해 한·미 FTA가 '사법주권을 침해한 불평등 조약'이라고 목소리를 높였던 몇몇 판사들을 떠올리게 한다. 주당 근로시간은 개편 전이나 후나 40시간(하루 8시간×5일)으로 변함없다. 근로자들의 2022년 실제 주당 노동시간도 38.0시간으로 집계된다. 짧은 기간 극단적인 경우에 일어날 수 있는 주 69시간 근로를 일상적 일로 취급하는 것은 비합리적이다.

주 69시간 근로 반대의 선봉에는 한·미 FTA 체결 당시 '나라 망한다'고 나팔 불던 이들이 서 있다. "협정 체결은 1등 국가 되

기를 포기하는 것"이라며 저급한 논지를 펼친 장하준 런던대 교수가 대표적이다. 그는 주 69시간 근로 개편을 "경악스럽다"고 했다. 69시간 근로를 "미개한 개념"이라며 비웃었다. 진짜 조롱받을 대상은 선진국에는 없고 70년 묵은 굴뚝산업 시대의 낡은 노동법과 제도를 고집하는 그의 이분법적 관점이다. 독설을 퍼부으며 '주 69시간 전투'에 참전한 한·미 FTA 반대 인사들은 이 외에도 김유선 전 소주성특위 위원장, 진중권 평론가 등 숱하다. '일하다 죽자는 것'이라는 이재명 더불어민주당 대표류의 정치인과 참여연대 같은 편향적 시민단체의 준동은 말하면 입이 아플 정도다.

괴담 확산의 선봉대이자 행동대도 예나 지금이나 386식 궤변으로 무장한 거대 귀족노조 단체다. 민주노총은 윤석열 정부 출범 직후부터 공포 마케팅을 펼치며 치밀하게 반대 여론을 만들어 나갔다. 양경수 위원장이 공중파 방송에서 "주 92시간까지 일하게 될 것"이라는 궤변으로 밑밥을 깔기 시작한 게 벌써 1년 전 일이다. '야근 지옥' 같은 자극적 말과 왜곡된 정보에 휘둘려 불안을 확산하고 오보를 남발 중인 언론의 책임도 만만찮다. 가짜를 양산하던 '뉴스 공장'이 끝났다지만 괴담을 생산하는 '선동 공장'은 여전히 활발히 가동하며 검은 연기를 내뿜고 있다.

서민 저격한 '포용 코스프레'

———•———

진보경제학은 스스로를 분배경제학·평등경제학으로 명명한다. 실제
로는 '질투의 경제학'일 뿐이다. 폭발하는 평등 욕구를 합리적으로 해소
하는 방안을 고민하기보다 질투를 부추겨 정치적 이득을 얻는 데만 골
몰해서다. 경제개발이 시작된 이래 60여 년 간 한국의 양극화는 꾸준히
개선돼 왔다. 그런데도 사실관계를 왜곡해가며 필요 이상으로 분노를
부추기는 게 진보경제학의 상투적 수법이다.

'닥치고 분배' 결과는 빈곤의 평등

잇단 실패에도 진보경제학은 퇴출되지 않고 좀비처럼 되살아나며 생명력을 과시했다. 불평등이라는 시대적 화두를 선점한 덕분이다. 이론과 현실 모두에서 무능함이 적나라하게 드러나도 진보경제학은 자신들의 오류를 외면한다. 대신 새로운 논쟁거리를 찾아 국민 시선을 분산시키는 방식으로 존재감을 유지한다.

그런 전략으로 발견해낸 새 공격목표가 '불평등'이다. 경제개발에는 성공했을지 모르지만 재벌과 부자만 좋아졌을 뿐 노동자는 여전히 착취당하고 서민 삶은 더 고달파졌다고 외친다. '약자의 눈물을 우리가 닦아주겠다'며 맹목적 분배를 약속한다. 성장을 못 해도 분배를 해야 하고, 분배가 없으면 성장도 안 된다며 '닥치고 분배'를 외친다. 말하자면 분배지상주의다.

먹고살기 힘들면 불평을 늘어놓을 시간조차 없다. 먹고살 만하면 그제서야 주변 일이 눈에 들어온다. 그리고 그때는 작은 불평등과 사소한 불이익에도 크게 분노하는 게 인지상정이다. 『미국의 민주주의』의 저자 알렉시스 드 토크빌이 "모든 조건이 불평등할 때는 어떤 불평등도 눈에 거슬리지 않는다. 반면에 평등해질수록 조그마한 불평등도 견디지 못 하게 된다"고 갈파한 대로다.

진보경제학은 스스로를 분배경제학, 평등경제학으로 명명한다. 실제로는 '질투의 경제학'일 뿐이다. 폭발하는 평등 욕구를 합리적으로 해소하는 방안을 고민하기보다 질투를 부추겨 정치적

이득을 얻는 데만 골몰해서다. 경제개발이 시작된 이래 60여 년간 한국의 양극화는 꾸준히 개선돼 왔다. 그런데도 사실관계를 왜곡해가며 필요 이상으로 분노를 부추기는 게 진보경제학의 상투적 수법이다.

보수정권이 대기업과 부자를 편들며 서민을 벼랑 끝으로 내몰았다는 게 그들의 주장이다. '저들은 지금도 한통속이며 진보경제학만이 서민을 구제할 수 있다'는 주문을 끝없이 외운다. 현실은 정반대다. 서민 삶은 보수정권에서 개선되고, 진보정권이 집권했을 때 악화되는 경향이 뚜렷하다. 이런 추세는 보수와 진보가 정권을 수차례 바통터치하는 동안 예외없이 목격됐다.

30년 우파집권기에 양극화 개선 뚜렷

진보경제학자들은 한국의 불평등이 지속적으로 심화돼 왔다며 이대로는 안 된다고 목소리를 높인다. 오랫동안 집권한 우파정부가 재벌과 부자만 챙기는 바람에 서민과 중산층의 삶이 도탄에 빠졌다고 맹공격한다. 성장만 챙기느라 분배를 엉망으로 만들었다는 말도 입에 달고 산다. 오해이자 사실무근이다. 경제개발이 본격화된 박정희 정권 시절부터 김영삼 정부까지 우파가 장기 집권한 30여 년간 한국의 분배는 지속적으로 개선돼 왔다.

양극화 정도를 보여주는 지표인 지니계수 추이를 보면 금방 확인할 수 있다. 경제개발이 본격화된 1965년부터 1997년까지 보수 집권 32년 동안 양극화는 16% 개선(지니계수 하락)됐다. 1965년 0.34이던 지니계수(도시 2인 이상 가구 기준)가 김영삼 정부의 마지막 해(1997년)에 0.28까지 낮아진 것이다. 양극화가 갈수록 심해지고 있다고 주장해온 학현학파 소속의 이제민 연세대 교수(문재인 정부 국민경제자문회의 부의장)가 지도한 논문에서 이용한 팩트다.

보수 집권시기에도 정권별로 명암이 교차한다. 박정희 정권에서는 분배상황이 살짝 악화됐다. 경제개발이 본격화된 1965년 0.34이던 지니계수는 1980년 0.38로 올랐다. 15년 동안 불평등이 12%가량 심화됐다는 의미다. 하지만 박정희 대통령 시절이 경제개발 초기였다는 점을 감안하면 나름 선방한 것으로 평가할 수 있다. 원래 산업화 개시 초기에는 성장의 수혜계층과 소외계층이 구분되며 소득격차가 커지는 게 일반적이다. 이런 경향을 '쿠즈네츠의 U자 가설'이라고 부른다. 사이먼 쿠즈네츠 하버드대 교수가 경제개발 초기에 분배가 악화되다가 성숙 단계 진입 후 개선되는 사실을 발견하고 정립한 이론이다.

박정희에 뒤이어 등장한 전두환·노태우·김영삼 등 세 번의 보수정부에서는 불평등이 뚜렷이 개선됐다. 전두환 정부 출범 때인 1980년 0.38이던 지니계수는 1988년 0.34로 낮아졌다. 노태우 정부 말기인 1993년 지니계수도 0.33으로 소폭 하락했다. 그러다 김영삼 정부 마지막 해인 1998년 지니계수는 0.28로 크게 낮아졌다. 불평등이 대폭 개선됐다는 의미다. 정권별 불평등 개선율을 계산해보면 전두환 정부 11%, 노태우 정부 3%, 김영삼 정부 15% 다. 자본주의 시장경제에서 소득양극화는 불가피하고, 보수정부에서 불평등이 심화된다는 진보경제학의 주장이 근거 없음을 보여주는 결과다.

'분배 낙제점' 노무현·문재인 정부

보수정부에서 불평등이 꾸준히 개선된 것과는 반대로 양극화 해소를 앞세웠던 진보정부의 분배성적표는 낙제점이다. 김영삼 정부에서 뚜렷하게 개선된 지니계수는 김대중 정부 들어 빠르게 악화됐다. 그렇지만 김대중 집권기는 외환위기로 IMF(국제통화기금) 구제금융을 받은 비상시기였던 만큼 섣불리 평가하기 어렵다. 위기국면에서는 경제적 약자들의 생활고가 더 커지는 게 일반적이어서다.

서민을 위한다며 밀어붙이는 진보정책이 불평등 해소에 기여하지 못한다는 게 확인된 시기는 노무현 정부 때다. 당시는 '골디락스'(완만한 성장세가 지속되는 이상적인 상태)라는 용어가 일상화될 정도로 세계 경제가 순항하던 시기다. 그만큼 양극화 해소에도 유리했지만 분배지표는 곤두박질쳤다. 노무현 정부 5년 동안 지니계수는 5%(가처분소득·도시 2인 가구 기준)가량 악화됐다.

그렇게 악화된 지니계수는 시장주의적 정책으로 복귀한 이명박·박근혜 정부에서 호전됐다. 개선율이 각각 2%와 3%로 크진 않았다. 하지만 노무현 정부에서 빠르게 악화하던 불평등지표를 개선추세로 되돌렸다는 점만으로도 결코 만만치 않은 성과다.

퍼주기 끝판왕 문재인 정부 출범과 동시에 양극화는 다시 급속도로 나빠졌다. 코로나 사태로 경제지표가 일제히 곤두박질치기 전의 정상적 시기인 문재인 정부 초기 2년(2018~2019)간 지니계수는 6%나 나빠졌다. 2년 만에 불평등이 6% 악화한 건 60여 년 한국 경제개발사에서 찾아보기 힘든 일이다.

양극화 정도를 보여주는 또 다른 지표인 '5분위 배율'도 지니계수 움직임과 동일하다. 5분위 배율은 상위 20% 가구의 소득이 하위 20% 가구의 몇 배인지를 나타낸다. 문 정부 출범 첫해인 2017년 4.61배이던 5분위 배율(균등화 처분가능소득 기준)은 2019년 5.26배로 껑충 뛰었다. 문 정부 출범 2년 만에 상위 20%와 하위 20% 간 소득격차가 14%나 확대된 것이다. 2009년부터 2017년까지 직전 9년간 이명박·박근혜 정부에서 12% 개선된 격차(5분위 배율)를 불과 2년 만에 고스란히 까먹고 말았다.

문재인 정부 때는 하위 20% 가구의 절대소득이 감소하는 일도 벌어졌다. 하위 20%의 소득추락과 반대로 상위 20%의 소득은 가장 많이 늘었다. '약자를 위한 정치'를 슬로건으로 권력을 잡고 '다 함께 잘살기'를 외쳤지만 저소득층을 빈곤으로 내몰고 고소득층 배만 불리고 만 것이다. 최저임금 급속인상 등으로 다수의 취약계층이 고용시장 바깥으로 내몰린 결과다. 반대로 억대 연봉의 조직화된 귀족 노동자들은 최저임금 고공비행을 빌미로 사측을 압박해 높은 임금인상률을 관철했다.

경직된 주52시간제 도입도 격차 확대를 불렀다. 잔업이 금지되자 생산직 근로자들부터 수입 급감에 직면했기 때문이다. 취약계층을 집중 지원해야 분배가 개선된다는 건 어찌보면 상식이다. 세금으로 선심성 '전 국민 용돈 뿌리기'에 골몰했으니 분배가 악화하지 않을 도리가 없다. 진보경제학이 밀어붙인 최저임금 대폭 인상, 저소득층 현금지원 확대 같은 '분배 패키지'도 불평등 심화의 요인이다.

지난 60여 년의 데이터는 부자만 살판나게 하는 '반서민 정권'은 보수정부가 아니라, 서민을 입에 달고 사는 진보정부라는 점을 보여준다. 진보정권이 악화시킨 분배를 후임 보수정권이 복원하고, 진보정권이 다시 추락시키는 과정의 반복도 확인할 수 있다. 불평등 해소를 위해서도 진보경제학적 해법이 아니라 시장경제학적 접근이 필수다.

부동산 헛발질에 자산불평등 폭발

진보정권이 초래한 더 심각한 양극화는 자산불평등이다. 소득격차의 변동은 기껏해야 10~20% 정도다. 하지만 자산격차의 변화는 그 10배인 100~200%까지도 단기간에 오르내리는 경우가 허다하다.

'2020년 가계금융·복지조사'를 보면 상위 20%의 순자산은 11억 2481만 원으로 하위 20%(675만 원)의 166.6배다. 문재인 정부 출범 첫해인 2017년 99.7배에서 2018년 106.3배, 2019년 125.6배로 뛰더니 2020년에는 166.6배까지 치솟았다. 이후에도 집값 상승폭이 컸다는 점을 감안하면 지금쯤은 200배 안팎에 달했을 것이다.

'미친 집값'이란 말이 과장이 아닐 정도의 부동산값 폭등에 따른 자연스러운 현상이다. 집값이 수억 원, 많게는 수십억 원까지 급등한 탓에 무주택자는 아무리 노력해도 자산격차를 따라잡기 힘든 상황에 절망할 수밖에 없다.

너무 빠른 자산양극화는 분노와 좌절을 확산시킨다. 하위계층은 투잡·스리잡을 뛰며 밤낮없이 일해 봐도 빛의 속도로 벌어지는 자산격차를 쫓아가는 것조차 버겁다. 양극화 해소를 부르짖고 집권한 문재인 정부가 서민을 '벼락거지'로 만들고 서민과 중산층의 꿈과 성공 사다리마저 걷어차 버린 꼴이다.

부동산도 기본적으로 경제 원리에 따라 움직이는 시장이다. 이런 속성을 무시한 채 징벌적 세금으로 부자를 때려서 약자의 표를 얻는 신물 나는 '부동산 정치'의 예정된 말로다.

집값 안정시킨 시장경제학의 힘

경제정의실천연합(경실련)이 분석한 '서울 25평 아파트' 가격 상승률을 보면 '민주정부 1~3기'로 불리는 김대중·노무현·문재인 정부에서 일제히 급등했다.

노무현 정부 때의 상승률은 무려 94%다. 김대중 정부에서도 아파트 가격은 73% 급등했다. 문재인 정부에서는 코로나 바이러스에 따른 통화팽창의 영향이 없는 3년(2017년 5월~2020년 5월)간 상승률만 53%에 달했다. 진보정부는 언제나 '부동산시장 안정에 자신있다'고 큰소리쳤지만 결과는 매번 폭등이었다.

그렇다면 보수정부에서는 집값이 어떻게 움직였을까. 진보진영은 이명박·박근혜 대통령이 '부동산값을 못 띄워 안달이었다'고 비난하지만 데이터를 보면 반대다. 보수정부 시절 주택가격은 그 어느 때보다 안정적이었다. 이명박 정부 5년 동안 25평 아파트 가격은 13%나 하락했다. 박근혜 정부에서는 오름세로 돌아섰지만 4년 상승률은 27%에 그쳤다. 보수성향 김영삼 정부의 상승률 역시 26%에 그쳤다.

이제 중산층(소득기준 40~60% 해당자)이 서울에서 내집 마련을 하려면 급여를 한 푼도 쓰지 않고 18.5년(2021년 8월 기준)을 모아야 한다. 문재인 정부 출범 때의 10.9년보다 7.6년이나 길어진 결과다. 이명박 정부에서 2.5년 단축됐고, 박근혜 정부에서도 1.5년 길어지는 데 그쳤던 것과 뚜렷이 대비된다.

고단한 하루 일과를 마치고 가족들과 함께 편히 쉴 수 있는 '지상의 내 집 한 칸' 꿈은 이제 거의 '미션 임파서블'이 되고 말았다. 문재인 정부 5년 동안 '부동산 정치'를 앞세운 결과다. 남발한 세금폭탄이 집값에 전가됐고, 거래가 힘들 만큼 겹겹 규제로 옥죄다 보니 매물 부족이 또다시 급등을 부추겼다. 온갖 사회 문제의 근원이기도 한 집값·전셋값 폭등은 진보경제학의 위선과 무능을 분명하게 입증했다.

잠깐 왜 '민주정부'에선 부동산이 오를까

노무현 정부부터 문재인 정부까지 소위 진보정당이 집권하면 부동산이 폭등하는 일이 반복되고 있다. 노태우 대통령 이래 30여 년간 임기 중 아파트값 상승률은 '진보성향 대통령' 시기가 평균 35.4%로 보수성향 대통령(12.9%)의 2.7배다. 김대중·노무현·문재인 등 진보성향 대통령의 경우 임기 3년 차부터 상승률이 급격히 가팔라지는 현상도 공통적으로 나타났다.

자칭 '민주정부'는 왜 부동산 정책에 실패하는 것일까. 정권마다 외부 거시경제 환경이 달랐다는 점을 감안해야 하겠지만, 공통적인 두 가지 정책 오류는 지적할 수 있다.

우선 복지·위기 등을 빌미로 한 무책임한 통화확대 정책을 편 탓이다. '서민을 돕겠다'며 또는 '초유의 위기'라며 무차별 돈풀기를 하다 보면 부동산 시장을 자극할 수밖에 없다. 문재인 후보가 당선됐을 때부터 서둘러 서울 강남아파트에 투자해야 한다는 말이 회자됐다. 앞선 노무현 정부에서 통화팽창과 이에 따른 부동산 급등을 체험했기 때문이다.

다음으로는 규제 집착에 따른 주택 공급량 감소다. '부자가 돈 버는 것을 막는 게 정의'라는 엉뚱한 신념과 정치적 선명성을 앞세워 재산권을 침해해가며 재건축·재개발을 통제한 결과 수급이 꼬이고 말았다.

주택이 온 국민의 관심사이자 필수재이다 보니 작은 수급불균형도 시장의 과민반응으로 이어진다. 기존 주거단지 개발이 막힌 탓에 도심 곳곳에서 숨통을 열어주던 여유 부지들이 일제히 아파트 부지로 징발되는 악순환도 반복된다.

잘못된 정책의 배후에는 주택정책 책임자들에게서 예외 없이 관찰되는 무모한 자신감이 자리한다. 공권력과 세금을 동원해 집값을 인위적으로 누를 수 있다는 단세포적 발상이다. 정교한 시장에는 미적분급의 복합적인 대응이 필수인데도 덧셈 뺄셈 수준의 실력으로 밀어붙이기만 하니 백전백패다.

주택시장에 이념으로 접근하는 점도 이유로 꼽힌다. "한 도시를 완벽하게 파괴하는 가장 확실한 방법은 폭격이 아니라 임대료 통제"라는 말이 있다. 약 100년 전 오스트리아 수도 빈에 도입한 임대료 통제정책이 대실패로 끝난 뒤부터 자주 인용되는 문구다. 당시 '서민 주거복지를 위한다'며 도입한 오스트리아 집권 사회민주당의 임대료 통제정책은 집주인의 관리 외면과 신축주택 감소를 불러 세입자 고통과 도시의 슬럼화를 촉발했다.

자유주의 경제학자 프리드리히 하이에크는 이 사례를 분석해 1931년에 "임대료 통제가 오스트리아 경제의 지옥문을 열었다"는 취지의 논문을 내기도 했다. 무솔리니의 이탈리아, 히틀러의 독일과 함께 3대

전체주의 정권으로도 불렸던 오스트리아 좌파세력의 무지가 부른 참사였다.

문재인 정부도 거대 여당과 함께 2020년 7월 말 '임대차 3법'(전·월세상한제와 계약갱신청구권제, 전월세신고제) 개정을 날치기로 밀어붙였다. 많은 이들의 우려대로 주택시장의 파괴적 변화가 뒤따랐다. '도시의 파괴'까지는 몰라도 '서민 삶 파괴'로 치달은 점은 부인하기 힘들다.

역시나 '성장'에 무능한 진보경제학

역대정부의 성장률을 따져보면 예상대로 소위 진보정부에서 부진하다. 학현학파가 경제정책 장악력을 가졌던 노무현 정부와 문재인 정부는 성장에 무능한 좌파의 민낯을 잘 보여줬다.

노무현 정부는 경제에 관한 한 낙제점이었다. 노 대통령이 퇴임 직후 '봉하마을 귀향식' 연설 당시 주민들 앞에서 "제가 뭐 경제 살리겠다고 했습니까"라고 겸연쩍게 말했을 정도다. 경포대(경제를 포기한 대통령)라는 신조어도 회자됐다. 개발연대의 경제정책을 폄하하다 노무현 정부 전면에 포진해 정책을 주도한 진보경제학의 허상이 확인된 시기였다.

노무현 정부 때는 골디락스라는 용어가 등장했을 정도의 호황기였다. 하지만 5년 집권기의 연평균 경제성장률은 4.5%로 같은 기간 세계 평균(5.1%)보다 0.6%포인트나 낮았다. 집권 내내 단 한 해도 세계 평균성장률을 넘지 못하는 굴욕적인 성적표를 받아들었다. 한국의 성장률이 세계 평균을 밑돈 건 이때가 처음이었다.

한국 경제의 '나 홀로 불황'이었다. 학현학파의 조언대로 분배를 앞세워 시장에 개입하고 경제문제에까지 이념 잣대로 피아를 구분한 데 따른 예정된 부진이었다.

노무현 정부의 부진한 경제성장은 학현그룹이 경제정책 라인에서 사라진 이명박 대통령 시절에 와서야 어렵사리 회복세를 되찾았다. 시장친화적인 경제정책으로 복귀한 이명박 정부의 성장률은 연평균 3.2%로 세계 성장률(연 3.2%)과 간신히 키를 맞췄다.

문재인 정부의 성적표는 노무현 정부 때보다 더 초라하다. 코로나가 덮치기 전 2년간(2018~2019) 경제성장률은 연 평균 2.4%로 같은 기간 세계 평균성장률(3.2%)을 0.8%포인트나 밑돌았다. 경제가 성숙단계로 접어들어 성장부진이 심각한 선진국이 다수인 OECD 평균보다도 0.1%포인트 하회했다. 우리나라 경제성장률이 OECD 회원국에 뒤진 건 당연히 처음 있는 일이다. 이전 정부의 OECD 대비 초과성장률은 김대중 2.1%포인트, 노무현 0.7%포인트, 이명박 2.9%포인트, 박근혜 0.6%포인트다. 순위로 매겨 봐도 문재인 정부 출범 2년의 성장률은 OECD 38개 회원국 중 16위에 그쳤다. 김대중(9위), 노무현(11위), 이명박(6위), 박근혜(10위) 때보다 5~10계단 낮은 역대 최하위다.

자신이 한 일도 모르는 리더들

성장도 분배도 우파 시장주의가 좌파 개입주의보다 우수하다는
게 한국 경제성장 60년사의 교훈이다. 모든 데이터가 그런 메시
지를 전한다.

그런데도 정치판에서나 담론시장에서 우파는 좌파에 판판이
밀린다. 진보경제는 따뜻하고, 시장경제는 냉혹하다는 선입견이
많다. '효율'과 '경쟁'을 말하면 금방 '수구'니 '적폐'니 하는 눈총
과 뒷담화가 날아든다. '작은 정부, 큰 시장'을 설파하다가는 피도
눈물도 없는 '공공의 적' 쯤으로 매도당하기 십상이다.

이념 전선의 최전방에 있는 우파 정치가들도 시장경제 가치와
성과에 무지한 경우가 허다하다. '보수 싱크탱크'격인 국민의힘
여의도연구원장이 "빈부격차가 심화됐는데 보수진영이 모른 척
했다"며 뜬금없는 반성문을 내놓는 지경이다. 그는 우파가 "경제
자유화에 치중하다 보니 공정하지 못한 룰로 부익부 빈익빈 양극
화 현상을 불러왔다"며 소위 '진보매체'와의 인터뷰에서 고개를
조아리기도 했다.

2019년 총선 패배 직후에는 자유한국당 의원들이 국회에서 단
체로 무릎을 꿇고 '우리가 약자들의 아픔을 제대로 헤아리지 못
했다'고 자백하는 촌극도 연출했다. 스스로를 구제불능 기득권으
로 규정하고, 경제발전에 헌신한 선배 세대들을 집단 모욕한 격
이었다.

나라를 번영으로 이끌면서 서민 삶까지 어루만진 기적 같은

성공의 주역이자 후예라는 자각과 자부심은 실종됐다. 장관을 역임하고 건전재정포럼 대표를 맡고 있는 경제관료 출신 인사조차 "보수는 빈부격차 심화를 외면해 왔다"며 진보경제학의 선동에 맞장구친다. "이제 보수도 평등과 복지를 말해야 한다"고도 했다.

"이제라도 방향을 바꿔 진보처럼 빈부격차 해소를 위한 대안을 제시해야 한다"는 엉뚱한 주장도 내놨다. 평등과 서민을 외면한 적 없고, 좌파보다 더 큰 노력으로 성과를 냈다는 객관적 사실에 무지하다.

정작 공격해야 할 진보경제학의 잘못은 지적하지 못하고 죄없는 시장경제학을 반성하며 백기투항하는 모양새다. 기업과 부자편만 든다는 좌파의 선동에 넘어가 스스로를 부정하는 허약한 우파의 지력이 적나라하다. 시장의 창의와 잠재력에 무지한 채 사생결단의 포퓰리즘 경쟁을 일삼는 얼치기 시장주의의 범람이다.

좌파 망상 못지않은 우파의 지적 태만

자신들이 한 일조차 모르는 우파와 반대로 좌파는 남이 한 일도 자기들이 했다고 주장한다. 왜곡이고 위선일지언정 새로운 주장과 논리를 끊임없이 생산해 스스로를 변호하고 대중을 설득한다.

시행착오가 쏟아지지만, 우리의 길이 공정하고 정의롭다며 악다구니를 쓴다.

한국의 분배가 재난상황이라며 떠는 호들갑이 잘 보여준다. 어떤 데이터를 봐도 한국의 분배상황은 재난적 수준은 아니다. 만족스럽지 못하지만 세계 어디에 내놔도 부끄럽지 않을 정도는 된다. 인구 5000만 명 이상의 OECD 국가 중 한국보다 양극화가 덜한 곳은 독일 정도에 불과하다. 프랑스와는 비슷하고, 미국·일본·영국·캐나다·이탈리아·스페인 등은 전부 한국보다 양극화가 심하다.

사실관계가 분명한 사안에서도 시장주의 학자들은 치열하게 반박하지 않는다. '재난적 분배를 개선하겠다'며 용돈을 막 뿌려야 한다는 좌파 주장에 설득돼 '용돈 뿌리기'에 앞장서는 자칭 시장주의자도 많다.

시장경제학자들이 제대로 싸우지 못하다 보니 그럴싸한 진보경제학의 주장이 무방비로 확산한다. 대선판을 거치며 기본소득제 토지공개념 현대통화이론(MMT) 등이 주요 어젠다로 부상한 것도 그런 배경에서다. 하나같이 우리 경제의 근본을 바꿀 핵폭탄급 주장이건만 시장경제 진영의 반박은 질적 양적으로 부족하다. 핫이슈인 기본소득만 해도 진보경제학자들은 꼼꼼한 디테일을 제시한다. 우파의 모든 논리에 대해 일일이 반박하고 나름의 대안도 제시한다.

반면 시장경제학의 반박은 두루뭉실한 개념적 공격에 그칠 때가 많다. '시장자율을 해친다', '현실에서 작동 안 한다' 등 상식적 대응이 대부분이어서 공감을 끌어내기에는 부족하다. 좌파경제학의 망상 못지않은 민폐가 우파경제학의 지적 게으름과 타성이다.

CHAPTER

4

시장을 국가로 대체 '역주행'

'경제의 정치화'로 질주

———•———

나라가 개입해 부자의 돈을 빼앗다시피 빈자에게 나눠주는 식의 '부의 공유'는 '고통의 공유'를 부른다. '나의 빈곤은 사악한 사회제도의 결과'이며 누군가 정당한 내 몫을 가로채고 있다는 분노의 감정만 부추길 뿐이다. 누군가에 대한 적개심을 부추겨 정책 오류의 책임을 떠넘기는 방식은 남유럽과 남미의 약탈적 모델이다. 정부가 간섭을 선의로 포장하고, 부작용을 또 다른 간섭으로 땜질하는 방식은 작동불가능하다.

'다 같이 잘살자'더니 서민은 벼랑 끝

오늘 한국을 지배하는 생각은 '다 같이 잘먹고 잘살기'다. 오랫동안 우리를 질주하게 만들었던 '잘살아 보세'라는 구호는 촌발 날린 지 한참이다.

다 같이 잘먹고 잘사는 나라. 백번 지당한 말이자, 인류의 오랜 로망이다. 문제는 어떻게 그런 나라를 만들 것이냐 하는 방법론이다. 많은 천재적 사상가와 유능한 정치가들이 이 로망에 일생을 걸었다. 안타깝게도 결말은 모두 처참한 실패였다. 가장 유력하고 거대한 도전이었던 사회주의 실험의 결과는 참혹하기까지 했다. 노동자와 청년·학생들을 열광시켰던 전체주의 나치즘도 지난 20세기를 피로 물들이고 말았다.

영국·프랑스·독일 등의 복지국가 실험도 잘못된 설계 탓에 유럽을 '세계의 환자'로 만들고 말았다. "국민이 원하면 준다"며 '부의 재분배'에 올인한 파판드레우 그리스 총리는 찬란한 문명의 나라를 단번에 국가부도 위기로 몰기도 했다. 최저임금 45% 인상, 무상 의료, 공무원 증원 등을 밀어붙이자 20%이던 국가부채비율은 불과 9년 만에 100%를 넘어섰다. 베네수엘라·브라질·아르헨티나 등 남미 좌파국가들의 어설픈 시도들은 논할 가치도 없다.

한국의 진보경제학은 '다 함께 잘먹고 잘살기'에 관해 아무런 능력도 비전도 보여주지 못했다. 지난 세기에 이미 실패로 판명난 해외의 철 지난 모델을 답습하고 있어서다. 지속불가능한 줄

시장을 국가로 대체 '역주행'

알면서도 '부의 공유'를 던지고 보는 식이다. 여의도에는 더 많은 세금을 걷어 국민에게 한 해 수백만 원씩 용돈(기본소득)을 월급처럼 나눠주겠다는 정치인 홍수다.

그 결과 국가부채는 2022년에 1000조 원을 돌파했고, 한국 경제의 지속가능성은 크게 훼손됐다. 규제일변도의 정책이 부동산 폭등을 부르자 진보경제학은 한술 더 떴다. "불평등의 원흉은 땅"이라며 중국식 '토지 공유제'까지 주장했다.

나라가 개입해 부자의 돈을 빼앗다시피 빈자에게 나눠주는 식의 '부의 공유'는 '고통의 공유'를 부른다. '나의 빈곤은 사악한 사회제도의 결과'이며 누군가 정당한 내 몫을 가로채고 있다는 분노의 감정만 부추길 뿐이다. 누군가에 대한 적개심을 부추겨 정책 오류의 책임을 떠넘기는 방식은 남유럽과 남미의 약탈적 모델이다. 정부가 간섭을 선의로 포장하고, 부작용을 또 다른 간섭으로 땜질하는 방식은 작동불가능하다.

'무늬만 포용'에 사회안전망 골병

'포용'을 앞세운 문재인 정부의 정책 키워드는 '사회안전망 강화'였다. 유감스럽게도 5년 동안 사회안전망은 강화가 아닌 '해체'로 치달았다. 5대 사회안전망인 국민연금·건강보험·고용보험·산재보험·장기요양보험은 일제히 쌓여있던 기금이 바닥나 동시고갈 위기다. 포용코스프레 정책으로 사회안전망을 정치로 물들인

문 정부 5년은 '약자들의 최후 보루'마저 위협했다.

건강보험의 추락을 보면 아찔하다. 1977년 제도 도입 이래 우리 사회의 가장 든든한 안전망이 건강보험이다. 초유의 코로나19 사태에서 이 만큼이나마 대처할 수 있는 것도 탄탄한 건강보험 재정이 뒷받침된 덕분이다. 건강보험은 흑자와 적자를 위태롭게 반복하다 2011년부터 어렵사리 흑자 기조로 진입했다. 문재인 정부 출범 직전에 쌓인 흑자 규모가 20조 원을 웃돌았다. 너무 많은 돈이 누적돼 여유자금을 어떻게 운용할지를 두고 열띤 논쟁이 벌어지기도 했다. 이명박·박근혜 정부의 공이었다.

하지만 문재인 케어가 시작된 2018년부터 적자로 돌아섰다. 2019년에는 한 해 적자가 2조 824억 원에 달했다. 보여주기식 '문케어' 탓에 세계의 모범이던 건강보험의 지속성에 경고등이 켜진 것이다. 가파른 고령화의 높은 파고가 조만간 덮치면 수년 내 적립금 고갈이 불가피하다. 문 정부는 대다수 국민에 대한 지원을 확대할 것이라고 약속했다. 하지만 실제로는 상위 10명의 외래진료 이용자가 연 2000회까지 진료를 받는 등 과잉진료가 성행하고 '외국인 무임승차' 등이 넘쳤다. 가격보조가 있으면 과잉소비가 발생한다는 상식을 외면하고 보여주기식으로 치달은 결과다.

이대로라면 2040년 누적 적자가 678조 원에 이를 것이란 분석이다. 박근혜 정부 당시 0.99%였던 연평균 '보험료율 인상률'은 문 정부 5년 평균 2.7%대로 치솟았다. 한국과 비슷한 건강보험제도를 갖춘 일본이 10년, 독일은 7년간 건강보험료율을 동결한 것과 대비된다.

전임 정부에서 축적한 돈을 끌어다 쓰고 가입자들로부터 걷는 돈도 늘렸지만 문재인 케어의 '보장률 70%' 목표는 물거품이 되고 말았다. 수가 조정 같은 시급한 의료구조개혁을 외면했기 때문이다. 건강보험을 정치적 도구로 활용한 결과 국민건강만 심대하게 위협받게 됐다.

50년 축적한 복지, 5년 만에 거덜

'국민노후자금' 국민연금의 부실은 더 심각하다. 2040년 적자 전환한 뒤 2054년께 고갈이 유력하다. 적자전환과 고갈 예상 시기는 점점 빨라지고 있다. 지금 이 시간에도 청년세대의 부담을 한없이 키우고 있는 잠재적 시한폭탄이다. 하루가 급한 연금개편 골든타임을 문재인 정부는 허송했다. 여론 눈치를 살피더니 '보험료 인상'이라는 정치적 부담을 피해 개편작업을 아예 중단하고 말았다.

1995년 도입돼 외환위기 때 수많은 실직 가장들을 살린 고용보험도 어느새 파산지경이다. 실업급여의 재원인 고용보험기금은 몇 년 전까지만 해도 10조 원대의 거금을 적립하고 있었다. 하지만 문재인 정부 '퍼주기 일자리 정책'으로 지출이 수입을 압도한 탓에 2018~2020년 3년간의 누적 결손만 8조 2000억 원을 기록했다. 질병 노인에게 요양서비스를 제공하는 장기요양보험 역시 언제 펑크날지 모르는 살얼음판이다.

역대 정부는 모두 사회안전망 관리에 최선을 다하고 시대가 요구하는 역할을 충실히 수행했다. 박정희 대통령은 한국 첫 복지제도인 산업재해보험(1964)을 도입했고, 1977년에는 의료보험(건강보험제)을 시행했다. 전두환 정부는 국민연금법, 노태우 정부는 고용보험제로 사회안전망을 강화했다. 김영삼 대통령은 '국민기초생활보장제'라는 족적을 남겼고, 김대중·노무현 정부는 장기요양보험을 도입했다. 이명박 정부는 능동적 복지를 선보였고, 박근혜 정부는 기초연금제를 시행했다.

지난 50여 년의 한국 복지정책은 '지속가능성'과 '축적'에 방점을 둬 왔다. 1973년 국민연금법이 제정됐지만 오일쇼크를 피해 1988년에야 시행된 데서도 그런 철학이 엿보인다. 그런데 말끝마다 포용을 앞세운 문재인 정부에서 모든 것이 뒤죽박죽되고 말았다. 지속가능성을 무시하고, 50여 년 축적해온 사회안전망을 단 5년 만에 허물어버리는 포용코스프레 정책만 넘쳤다. 문재인 대통령 재임 중 여러 사회안전망이 동시에 임계점에 도달했지만 정부 대응이라고는 보험료 인상뿐이었다. 정부 곳간이 바닥난 상황에서도 전 국민 고용보험, 상병수당 도입 같은 듣기 좋은 소리만 늘어놨다. 재원대책 없이 덤비며 생색만 내다 핵심 사회안전망의 존립마저 위협받는 총체적 위기를 자초하고 말았다.

국민연금·공무원연금·사학연금·군인연금 등 4대 공적 연금의 부실화는 우려보다 훨씬 가파르다. 기획재정부의 '2021~2025 국가재정운용계획'을 보면 2021년 6조 6763억 원인 3대 직역연금(공무원·사학·군인연금)의 적자는 2025년 11조 2499억 원으로 2배가량 치솟는다. 이유는 간단하다. 하나같이 적게 부담하고 많이 받는 방식으로 잘못 설계됐기 때문이다.

이런 적자를 메우기 위해 투입되는 국민 세금이 2025년에는 11조 원으로 추정된다. 연금 지출은 '자기부담 원칙'에 따라 자체 조달해야 한다. 하지만 너무 큰 적자를 감당하지 못하다 보니 관련법에 따라 공무원연금은 2001년, 군인연금은 1973년부터 세금 지원을 받고 있다. 문재인 정부에서 공무원 숫자가 급증한 점을 고려하면 향후 '세금 땜질' 규모는 눈덩이처럼 불어날 것이다. 흑자를 유지해 온 사학연금마저 2023년 8000억 원대의 대규모 적자를 시작으로 부실이 본격화할 전망이다. 물론 이들 3대 직역연금보다 더 심각한 게 '국민노후자금' 국민연금이다. 아무리 긍정적 시나리오를 돌려봐도 20년 내에 적자전환하고, 30~40년 뒤에는 기금 고갈이 불가피하다. 20~30대들은 돈만 내고 연금은 못 받는 기막힌 사태가 착착 현실화되고 있다는 의미다. 이런 치명적 문제점을 잘 알기에 역대 정부는 인기 없는 일이지만 모두 나름의 연금개혁을 단행했다. YS는 1차 공무원연금개혁, DJ는 1차 국민연금개혁과 2차 공무원연금개혁을 했다. 노무현 대통령도 2차 국민연금개혁을 밀어붙였고 이명박 대통령은 3차 공무원연금개혁을 했다. 박근혜 대통령 역시 '더 내고 덜 받는' 4차 공무원연금개혁안을 관철했다.

오직 문재인 정부만 어떤 연금개혁도 하지 않았다. 2019년 경사노위가 제시한 국민연금개혁안에 대한 국회 논의가 유보된 점을 빌미로 추진 자체를 중단하는 황당한 결정을 내렸다. 제시된 안들이 "국민 눈높이에 맞지 않는다"며 대통령이 보건복지부 장관을 질책한 데 따른 자연스러운 귀결이었다. '개혁은 해야 하지만 국민 부담이 늘어서도 안 된다'는 문 대통령의 속 보이는 이중적 지시를 만족시킬 마법 같은 방안은 애초부터 불가능했다. 연금개혁의 방향은 분명히 나와 있다. 지속가능하려면 보험료는 올리고 지급액은 낮춰야 한다. 공적연금이라는 '밑 빠진 독'을 방치하고는 어떤 복지 논의도 무의미하다.

무주택·유주택자 모두 '부동산 지옥'

노무현 정부와 문재인 정부의 부동산 실패는 마치 쌍둥이 같다. 임기 시작과 동시에 가격이 급등한 점부터 닮았다. 강력한 대책을 내놓을수록 가격은 더 높이 뛰었다. '부동산과의 전쟁'을 선포했지만 무력하게 패퇴하고 만 점도 똑같다.

두 대통령의 '부동산 장담'부터 빼닮았다. 노무현 대통령은 "하늘이 두 쪽 나더라도 부동산만은 확실히 잡겠다. 부동산 정책에 더욱 올인하겠다"고 했다. 2005년 7월 17일. 제헌절 5부 요인 만찬에서의 말이다. 문재인 대통령도 2019년 11월 19일 국민과의 대화에서 "강력한 방안을 계속 강구해서라도 반드시 부동산 가격을 잡겠다"고 큰소리쳤다. 하지만 시장은 '장담'과 정반대로 움직였다.

부동산 정책 실패는 문재인 정부의 경제정책 브랜드 '소득주도 성장'을 희화화시켰다. 주택보유에 따른 재산세가 두 배 넘게 올랐으니 세금 내고 나면 쓸 소득이 남아날 리가 없다. 문 정부의 부동산 참사는 노무현 정부의 실패보다 더 뼈아프다. 노무현의 실패를 보고도 반복했기 때문이다.

두 진보정부가 같은 실패를 반복한 건 똑같이 수요·공급 원리를 무시한 정책에 매몰됐기 때문이다. 두 지도자는 10년 시차를 두고 투기과열지구 지정, 양도소득세 강화, 주택담보대출 규제, 고강도 투기단속, 재건축초과이익 환수와 같은 판박이 정책을 되풀이했다.

정책 주도 인물도 동일하다. 문 정부의 부동산 정책은 김수현 전 청와대 정책실장이 주도했다. 그는 문재인 정부 출범 당시 사회수석이었다. 시민사회와 소통하는 자리였지만 부여받은 임무를 넘어 부동산 정책수립에 광범위하게 관여했다. 노무현 정부도 규제 일변도의 부동산 정책을 26차례나 냈고 이 뼈대를 만든 사람 역시 김수현 교수다. 그가 노무현 정부 시절에도 청와대에서 근무하며 민정수석 및 비서실장을 지낸 문 대통령과 오랜 시간 호흡을 맞춘 점이 영향을 미쳤을 것이다.

'친노·친문' 이광재 더불어민주당 의원은 "노무현·문재인 정부의 부동산 정책 실패의 공통 원인은 김수현을 기용한 것"이라고 비판했다. 하지만 두 번이나 희대의 부동산 정책 실패를 주도한 당사자는 아무 말이 없다.

부동산 지옥도 만든 조지스트

노무현·문재인 정부의 부동산 정책에는 조지스트(미국 진보경제학자 헨리 조지 추종자)들이 깊숙이 관여했다. 조지스트는 미국 진보경제학자 헨리 조지(1839~1897)의 독특한 토지사상을 따르는 학자그룹을 일컫는 말이다.

헨리 조지는 카를 마르크스(1818~1883)와 비슷한 시기를 살았다. 그는 하늘이 준 땅에서 나오는 수익은 불로소득이라며 전액 세금으로 환수해 공동체를 위해 써야 한다고 주장했다. 그의 이론은 오늘의 경제학계에서는 낡은 유물로 취급받는다. 한때 관심을 기울이고 여러 실험을 했던 유럽 사회민주주의 국가들에서도 지금은 헨리 조지 이론을 따르는 나라가 없다. 유독 한국에서만 조지스트는 갈수록 강해지고 있다. 막강한 영향력을 확보한 학현 학자들이 대거 조지스트를 자처하고 나선 덕분이다.

한국 조지스트의 원류로는 대천덕 신부가 꼽힌다. 미국 성공회 선교사로 한국에 온 대천덕 신부는 1960년대 성미카엘신학원(현재의 성공회대)을 재건한 뒤 강원도 산골로 들어가 수도공동체 예수회를 설립한 인물이다. 그는 선교사였던 부친 아처 토레이 2세 슬하로 중국에서 태어나고 자란 까닭에 유년시절부터 마르크스주의에 심취했다. 가난을 극복하는 방법을 찾던 중 헨리 조지의 『진보와 빈곤』을 읽고 금방 매료됐다. 구약성서의 희년을 경제학 용어와 논리로 표현했다고 생각한 대천덕 신부는 이후 헨리 조지 전파에 여생을 바쳤다.

국내 인물로는 김윤상 경북대 교수가 한국 최초의 조지스트로 꼽힌다. 서울대에서 법학을 공부한 그는 전공을 도시계획학으로 바꿔 미국에서 박사학위를 취득한 특이한 경력의 소유자다. 도시계획 관련 연구를 진행하다 대천덕 신부가 쓴 『토지와 경제정의』를 읽고 헨리 조지 사상을 처음 접했다. 토지 불로소득 환수를 주장한 헨리 조지에 빠져 1989년 『진보와 빈곤』을 국내 최초로 번역(축약본)했다.

이후 김윤상 경북대 교수가 있던 대구지역을 중심으로 전강수 대구가톨릭대 교수, 이정우 경북대 교수 등이 조지스트로 합류했다. 김윤상 교수는 1994년 대구에서 이정우·전강수 교수와 함께 헨리 조지 연구회를 결성했다. 두 사람 모두 학현그룹 소속이다. 이 모임에 마르크스주의학자이자 학현학파인 강남훈 한신대 교수와 정치학 박사로 종교적 관점에서 토지정의를 주장하는 남기업 토지자유연구소 소장이 합류했고, 2018년 헨리 조지 포럼으로 확대됐다.

다시 2021년 4월에는 이원영 수원대 교수, 정세은 충남대 교수 등이 가세해 한국토지정책학회가 발족했다. 당시 경기지사였던 이재명 더불어민주당 의원은 학회발족식 축사를 맡았다. 이 의원의 기본소득과 토지보유세 도입 주장은 전적으로 주위에 포진한 조지스트 학자들의 작품이다.

토지단일세 구상이 종부세 신설로

한국 첫 조지스트학자 김윤상 교수가 도시계획학 전공이어서인지 부동산 쪽에도 헨리 조지 추종자들이 수두룩하다. 특히 한국공간환경학회(공환)가 친(親)조지스트 모임으로 주목받는다. 문재인 정부의 김수현 전 청와대 정책실장과 조명래 전 환경부 장관, 변창흠 전 국토건설부 장관 등이 가입해 있는 단체로 사회지리학계의 진보학자들이 다수 참여 중이다. 변창흠 전 장관은 "조지의 저서『진보와 빈곤』을 읽고 사회 불평등을 결정짓는 부동산 문제를 연구하기로 결심했다"고 했다. 강현수 국토연구원장, 최병두 한국도시연구소 이사장, 박배균 서울대 지리교육과 교수, 정현주 서울대 환경대학원 교수, 이영범 경기대 건축학과 교수, 서영표 제주대 사회학과 교수, 김용창 서울대 교수(더불어민주당 미래주거추진단 자문위원), 박신영 한국행정연구원 객원연구위원, 하성규 한국주택관리연구소장(전 중앙대 안성캠퍼스 부총장), 최병두 대구대 교수 등도 공환의 주요 멤버다. 이들은 김수현 사단으로도 불린다.

한국공간환경학회의 전신은 1988년 7월 창립한 한국공간환경연구회다. 이 연구회가 1994년 도시빈민연구소와 한국도시연구소를 만들었고, 1995년 11월 이 세 연구기관이 합쳐 '공환'으로 활동하기 시작했다. 서울대 환경대 동문들이 많이 참가하면서 외연이 확대됐다. 변창흠은 김수현과 서울대 환경대 동문으로 한국도시연구소에서 빈민가의 주거환경 개선 등을 연구했다. 또 김수현이 서울연구원장으로 재직할 때 SH사장이던 변창흠과 함께 서울형 도시재생 사업을 주도하기도 했다. 조지스트가 국가정책을 결정하는 양지로 본격 진출한 것은 노무현 정부 때다. 이정우 경북대 교수가 초대 정책실장을 맡으면서 한국 부동산 정책은 조지스트에 휘둘리기 시작했다. 그는 헨리 조지의 토지단일세에서 착안해 종합부동산세를 신설했다. 당시 휘하에 있던 김수현 비서관이 그의 수족으로 종부세 도입 실무를 총괄했다. 조지스트들은 헨리 조지가 주장한 토지가치 환수제 또는 단일세가 토지의 사유재산제를 파괴하지 않고 토지가치를 전 인류가 공유하는 방법이라고 믿는다. 하지만 토지가치 100% 환수는 사실상 토지사유재산제의 포기나 진배없고, 이는 토지가 지닌 막대한 잠재력의 파괴로 이어진다. 인간의 육체와 재능을 당사자의 사유재산으로 삼지 않았던 노예제하에서 인간의 잠재력이 파괴됐던 것과 마찬가지다.

'소주성 역주행'에 멍든 경제

문재인 정부의 대표 브랜드였던 '소득주도성장'은 임금인상으로 가계소득이 늘어나면 소비가 증가해 경제가 성장하는 선순환을 이룬다는 이론이다. 소주성은 '임금주도성장'이란 이름으로 처음 등장했다. 임금주도성장론은 케인스와 동시대 인물인 폴란드 경제학자 미하우 칼레츠키가 주창했다. 대공황 해법으로 케인스는 기업투자를 강조한 반면 칼레츠키는 소비를 강조했다.

임금주도성장론은 폐쇄경제모형 아래에서 전개된 탓에 실증되지 않은 이론이었다. 개방경제를 탐구하는 정통경제학에 수용되지 못한 이유다. 칼레츠키의 이단적 이론을 한국식으로 바꾼 것이 소득주도성장론이다. 자영업자가 4명 중 1명을 웃도는 국내 현실에서 임금주도성장이라는 용어의 부적절성을 의식해 각색한 새 이름이 소득주도성장이다. 임금주도성장을 소득주도성장 전략으로 빚어내는 과정은 홍장표 부경대 교수(현 KDI 원장) 등 학현그룹이 이끌었다.

소득주도성장론은 문 대통령이 첫 번째 대선 도전에 실패하고 2013년 12월 발간한 『1219, 끝이 시작이다』에 반영되면서 진보진영의 경제공약으로 부상했다. 또 문 대통령은 2015년 4월 새정치연합 대표 시절 국회 교섭단체 대표연설에서 소득주도성장론을 제안했다. "지금의 경제구조로는 대한민국의 미래가 없다"며 '새 경제'의 필요성을 역설하고 그 실현방법으로 '소득주도성장론'을 제시했다.

그에 앞서 홍장표 교수는 2013년 무렵 칼레츠키의 이론을 한국적 실정에 맞는 모델로 변용한 고용주도성장과 소득주도성장론을 소개했다. 2014년에는 '한국의 기능적 소득분배와 경제성장' 논문에서 "실질임금 증가율과 경제성장률은 상관관계가 있다"는 분석을 내놓으며 소주성의 이론적 뼈대를 거의 완성했다. 소주성의 정책으로는 최저임금제 강화, 비정규직 차별해소와 정규직 전환, 생산성 임금제 도입 등을 제안했다. 소주성은 성장과 분배의 선순환을 노린다. '임금 인상→가계소득 증가→소비 증가→생산 증대→일자리 창출'의 사이클이 가능하다고 주장한다. 2017년 6470원이었던 최저임금을 2018년(16.4%)과 2019년(10.9%)에 급격히 올린 배경이다. 그렇게 문재인 정부 5년 동안 밀어붙였지만 기대한 선순환은 목격되지 않았다. 자영업자 몰락, 일자리 감소, 중소 상공인 폐업, 그리고 경제 후퇴만 뚜렷했다.

소주성 핵심전략인 급격한 최저임금 인상은 고용의 양과 질 모두를 후퇴시켰다. 최저임금이 16.4% 치솟은 2018년에 16만 개, 10.9% 인상된 2019년엔 27만 개 일자리가 사라졌다. '주 15시간 미만' 초단시간 근로자 수도 역대 최대로 치솟았다. 빈 강의실 불끄기 같은 단기알바를 늘리며 통계분식에 몰두한 땜질처방의 예정된 결과다.

'비정규직 제로' 외쳤지만 정반대 결과

소주성 핵심정책인 '비정규직 제로' 정책도 '비정규직 사상 최대'라는 역설을 불렀다. 2021년 8월 말엔 비정규직 근로자가 806만 6000명으로 사상 처음 800만 명을 넘어섰다. 전체 임금근로자 (2099만 2000명)에서 비정규직이 차지하는 비중도 외려 급등했다.

문 대통령이 취임 직후 헬기를 타고 인천국제공항공사를 깜짝 방문해 '임기 내 공공기관 비정규직 제로'를 약속할 즈음의 비정규직 비율은 32.9%(2017년 8월)였다. 그렇게 '대통령 1호 지시'로 밀어붙였지만 비정규직은 2019년 36.4%, 2021년 38.4%로 급속히 불어났다. 5년 동안 370개 공공기관에서 10만여 명을 정규직 전환하는 등 요란을 떨었지만 소용없었다.

총력전을 펼친 문 정부는 당혹스러웠겠지만 예정된 실패다. 노골적인 친(親)노조 정책으로 고용시장 최강자인 정규직 근로자의 철밥통을 정부가 지켜주는데 좋은 일자리가 생길 리 만무하다. 노인·청년 '관제 알바'에 천문학적인 돈을 쏟아붓는 나라에서 비정규직이 늘어나는 건 필연이다. 10대 공기업에서만 4만 9000여 명을 정규직으로 전환하고, 민간기업도 거세게 압박했지만 대증요법은 한줌의 '로또 취업자'만 만들어 냈을 뿐이다.

공공부문 비정규직 제로화 정책은 양질의 일자리인 공기업 신규채용을 반 토막 내고 말았다. 2021년에 비정규직 8259명을 정규직으로 전환한 한국전력의 경우 이후 정규직 채용이 35%나 줄었다. 2018~2020년 3년 평균 1700명이던 신규채용이 2021년에는 1100명으로 쪼그라들었다. 한국공항공사, 국민건강보험공단, 한국철도공사, 인천국제공항공사 등 취업 준비생들의 선호도가 높은 공기업들은 신규채용을 절반 가까이 감축했다. 생산성을 높여 고용을 늘리는 게 아니라, 고용을 늘리면 생산성이 높아지고 경제가 활성화될 것이란 청개구리 해법이 부른 참사다. 같은 시

시장을 국가로 대체 '역주행'

기 미국·프랑스·독일·일본에서 규제개혁, 노동개혁, 감세 같은 시장친화 정책의 결과로 구인난이 심화된 것과 대비된다.

1985년 서울 미국문화원 점거사태를 주도했던 '한때의 열혈 진보' 함운경 씨의 소주성 비판은 신랄하다. 군산에서 5년째 횟집을 운영 중인 그는 "장사해 보니 소득주도성장을 말하는 사람은 다 사기꾼"이라고 했다. "국가가 임금을 많이 주라고 하면 오히려 고용을 줄일 수밖에 없다"고 개탄했다.

잠깐 소주성 원조는 중국·브라질

소득주도성장이라는 개념이 한국 정치권에 등장한 건 10년 전이다. 2012년 6월 문재인 민주통합당 고문이 17대 대통령 선거 출마를 공식 선언하는 기자회견에서 '임금주도적 성장'이라는 이름으로 처음 언급했다. 학계에서 홍태희 조선대 교수 등이 포스트케인지언 거시경제학의 한 분야인 칼레츠키적 성장분배이론의 국내 적용문제를 연구하던 즈음이다.

문재인 후보의 당시 발언은 중국 성장전략에 영향받은 정황이 뚜렷하다. 중국은 12차 5개년 계획(2011~2015)에서 가계소득과 노동소득의 GDP 비중상향을 목표로 하는 '임금주도 성장전략'을 채택했다. '중국식 사회주의'는 국민이 공산당 집권을 용인하고, 공산당은 경제적 성장을 보장하는 방식이다. 중국 공산당은 12차 5개년 경제개발계획에서 수출주도형 경제를 내수중심 경제로 바꾸는 결정을 내렸다. 경제성장에 동반하는 자유화 욕구를 무마하고 체제를 지키려면 성장속도 유지가 필수적이었기 때문이다. 수출 및 투자에 의존했던 경제성장정책의 한계를 극복하기 위해 임금인상을 통한 소비 확대를 모색했다. 이런 흐름이 한국 진보경제학계에 포착되고, 때마침 차별화된 진보경제정책을 갈구하던 진보정치로 파고들었다.

브라질 룰라 대통령으로부터도 영향을 받았다. 문재인 대통령은 대통령후보 시절인 2012년 "브라질 룰라 대통령의 경제성과는 최저임금 인상과 복지프로그램인 보우사파밀리아 덕분"이라고 강조한 바 있다. "노동자들의 임금을 올리고, 분배를 개선해야 경제성장을 촉진할 수 있다"는 주장이었다. 하지만 그 무렵은 이미 룰라의 허상이 벗겨지던 시기였다는 점에서 중대한 판단착오였다.

2016년 9월 탄핵된 호세프 전 대통령의 실정이 자주 거론되지만 브라질의 복지 포퓰리즘은 룰라 대통령 시절 본격화돼 14년간 이어졌다. 5000만 명에 달하는 저소득층의 기본소득을 지원하는 '보우사파밀리아'를 재정에 대한 고려 없이 도입한 주인공이 룰라다. 석유 팔아 번 돈으로 산업을 키우기보다 나라 예산의 75%를 복지에 투입하며 흥청망청 파티를 벌였다. 퇴직 후 받는 연금이 현역 시절 연봉보다 많은 화끈한 연금제도는 경제를 질식시켰다. 브라질의 현실을 깊이 연구하지 않고 드러난 단면만 본 소주성은 출발부터 실패를 잉태하고 있었다.

소주성, 전제부터 분석까지 모두 허술

진보경제학계와 진보정치는 소득주도성장을 해법으로 제시하면서 기존 성장문법은 더 이상 유효하지 않다고 강조했다. 하지만 주장의 근거는 취약하기 짝이 없다.

문재인 대통령은 새 경제패러다임의 필요성을 제기하며 "김대중·노무현 정부의 경제성장이 김영삼·이명박·박근혜 정부보다 월등히 좋았다는 게 객관적으로 증명됐다"고 했다. 명백한 오류다. 경제성장률은 김영삼 정부가 김대중 정부를 압도했다. 또 노무현 정부에서 세계 평균 이하로 추락한 뒤 이명박 대통령 때 평균수준으로 회복됐다.

소득주도성장 전략 자체가 '잘못된 분석에 기초하고 있다'는 경제학계 분석도 나와 있다. 소주성은 문재인 정부에서 청와대 재정기획관과 금융연구원장을 역임한 학현학파 박종규 박사의 '임금 없는 성장과 기업저축의 역설'(2013)이란 논문에서 논리적 정당성을 빌렸다. '경제는 성장하는데 근로자 실질임금이 정체돼 기업은 점점 더 부자가 되고, 가계는 가난해지고 있다'는 게 논문의 결론이었다. 장하성, 홍장표 교수 등은 이 결론에 기초해 소주성 담론을 전개했다.

하지만 박정수 서강대 교수는 '경제가 성장한 만큼 임금이 안 오른 탓에 가계가 가난해졌다'는 박종규 논문의 오류를 2020년 5월 밝혀냈다. 성격이 다른 물가지표를 잘못 사용하는 바람에 실질임금상승률이 과소평가되는 '착시'가 유발됐다는 게 박정수 교수의 설명이다. 박종규 박사는 실질경제성장률을 산출하면서 물가 변수로 'GDP 디플레이터'를 쓰고, 실질임금인상률 산출은 '소비자물가지수'를 활용했다.

GDP 디플레이터는 소비재뿐 아니라 생산재, 자본재까지 포함하는 광의의 개념이라 소비자물가와 큰 차이가 날 수밖에 없다. 박정수 교수는 물가변수 대신 2000년 이후 명목경제성장률(연평균 4.6%)과 명목임금상승률(연평균 4.5%)을 비교해 보면 경제가 성장한 만큼 근로자들의 임금도 올랐다는 점을 밝혀냈다.

소주성 실패 땜질 위해 국고 '탈탈'

진보경제학은 검증되지 않은 모험적인 정책을 들이밀며 세상을 바꿀 새로운 경제학이라고 선전한다. 재정확대정책으로의 아찔한 질주가 대표적이다. 소주성 여파로 성장과 고용이 추락하고, 부동산이 폭등하고, 양극화가 심화되자 최후 보루인 재정까지 탈탈 털었다.

학현학파 이제민 연세대 교수는 문재인 정부 당시 소주성의 경제성장률이 부진하게 나오자 '왜 재정을 더 쏟아붓지 않았느냐'며 관료들을 직격했다. '재정 건전성'이라는 고정관념에 사로잡혀 정부 지출을 방어적·소극적으로 집행하는 바람에 성장률을 깎아먹었다고 질책했다. 그렇게 재정을 쏟아붓고는, 더 풀었다면 플러스 성장도 가능했는데 왜 더 안 풀었느냐는 식이었다.

　학현학자로 문재인 대통령 직속 소주성특별위원회에서 활동한 나원준 경북대 교수도 재정 무한확대를 대안으로 제시한다. 나 교수는 소주성 예찬론자이자 현대통화이론(MMT: Modern Monetary Theory) 지지자다. 그는 "MMT는 재정에 대한 인식을 근본적으로 전환하게 만드는 인사이트를 준다"고 했다. "정부의 재정활동에는 기본적으로 어떤 금융적 제약도 없다", "정부 지출과 조세는 완전히 분리된 것" 등의 낯선 주장도 펼친다.

　검증되지 않은 학설을 고집하다 보니 자기모순도 만만찮다. 그는 "코로나 시국에는 발권에 의한 지출을 얼마든지 할 수 있다"며 MMT를 옹호했다. 동시에 "MMT 이론은 인플레 우려 등 아직 해결하지 못한 보완점이 많다"는 단서도 달했다. 상반된 주장을 동시에 하니 MMT를 하자는 것인지 말자는 것인지조차 모호하다.

　요즘 '진보경제학 전사'로 급부상한 최배근 건국대 교수도 재정만능주의자다. 최 교수는 '균형 재정 독트린'에 매몰돼 양극화와, 기술변화가 낳은 일자리 감소 등에 소극적으로 대처해서는 안 된다고 강조한다.

　이재명 더불어민주당 대선캠프에서 정책조정단장으로 일했던 그는 경기부양을 위해 중앙은행 발권력을 동원해야 한다는 이단적인 주장도 펼쳤다. '한국은행이 물가안정보다 서민구제에 나서야 한다'는 그의 주장은 뒤통수를 내려치는 듯하다. "한은은 물가

안정만 신경 쓰지 말고 돈없는 사람이 돈을 확보하게 해야 한다"
는 주장이다. "돈을 마구 찍어 물가가 100배 상승하면 100억 자
산가가 보유한 돈의 실질가치가 1억 원으로 줄지만, 돈이 없는 사
람은 피해가 없다"는 기발한 논리도 선보였다.

　최 교수는 중앙은행 발권력으로 국가채무를 떠안는 '부채의 화
폐화(monetization)'를 제안한다. "연 54조 원을 확보해 국민 한 사람
당 100만 원씩 나눠주자"는 파격 아이디어다. "재원은 정부가 0%
금리로 30~50년 만기 원화표시 국채를 발행하고 한은이 이를 인
수해 마련하자"고 했다. 학계에서는 "중앙은행에 대한 관점이 충
격적"이라며 "경제학자가 맞느냐"는 반응이 나왔다.

　온갖 논리로 한·미 FTA를 반대한 것처럼 재정만능주의자들도
갖가지 미사여구로 재정확대를 합리화한다. 문재인 정부에서는
학현의 이런 주장이 먹혀 거침없는 팽창재정으로 치달았다. 통화
팽창에 따른 인플레 우려에 대해 '아마도 괜찮을 것', '그건 그때
가서 보자'는 식의 정서가 넘쳤다. 무책임한 '베팅 경제학'이 아닐
수 없다.

　돈을 퍼부어도 경제문제가 해결되지 않는다는 건 사실상 '헬리
콥터 머니'를 살포 중인 일본 경제의 퇴락이 잘 보여준다. 기축통
화국에서도 먹히지 않을 무한재정확대 정책을 세계금융시장의
변방국에서 실험해 보자는 건 자신감이 아니라 자만이다.

'재정 만능주의'도 FTA 반대파 작품

MMT가 세상을 바꿀 새로운 경제학이라는 주장 역시 한·미 FTA 반대파가 주도하고 있다. 이정우 경북대 교수, 이우진 고려대 교수, 정세은 충남대 교수, 이강국 리쓰메이칸대 교수, 최배근 건국대 교수 등이 주인공이다. 정세은, 이강국 등 학현그룹 내 뉴페이스들이 대거 출전 중인 대목에서 진보경제학계의 세대교체가 감지된다.

재정운용에 대한 정세은 교수의 주장은 재정학 원론과 꽤나 거리가 멀다. 윤석열 정부가 저출산 고령화와 장기재정 건전화 차원에서 준비 중인 '재정준칙' 도입도 대놓고 반대한다. 적극적 재정대응이 필요한 시기에 지출 억제와 축소를 강제해 경제 활력을 훼손하는 부작용이 심하다는 이유에서다. 가령 이런 주장이다. "경기침체로 세수가 떨어지고, 이로 인한 재정악화로 정부지출을 줄인 여파로 경기가 더욱 악화되는 '악순환'에 대비해야 한다. 경제가 일단 악순환에 빠지게 되면 벗어나기가 매우 어려우므로 정부지출을 대대적으로 확장하는 결단이 필요할 수도 있다. 국가채무 급증은 다음 문제다. 이런 측면에서 기획재정부가 법률적 차원에서 정부지출 증가를 차단하기 위해 추진 중인 재정건전화법은 저지해야 한다."

재정준칙은 전 세계 주요 92개국이 도입할 만큼 일반적인 재정관리 수단이다. OECD 회원국 중에선 한국과 터키만 미도입국이다. 재정 건전성을 최소한으로 지켜가기 위한 준칙 도입을 스스로 족쇄를 차는 어리석음으로 해석하는 논법이 기발하다. 정세은 교수는 음모론까지 제기한다. "기획재정부가 감세와 작은 정부, 복지 억제 및 축소를 제도화·영속화하려고 정부지출을 줄이려는 의도를 가진 것으로 의심된다"고 했다. 나랏빚을 관리 가능한 수준으로 유지하려는 공복들의 노력을 '복지 축소' 목표 아래 진행되는 그랜드 플랜이라고 공격하는 건 지극히 비학문적 접근이다.

'일본통' 이강국 리쓰메이칸대 교수도 정세은 교수에 버금가는 과격파다. 그는 획기적인 재정확대정책인 '소득주도성장 2.0'이 필요하다고 주장한다. 재정건전성에 대한 집착은 현 세대의 어려움을 높여 결국 미래의 성장에 악영향을 미친다는 논리다. "가계의 살림살이가 당장 어려운데 정부가 곳간을 불려서야 되겠는가"라고 되묻는다. 정부의 곳간마저 무너지면 가계뿐만 아니라 나라경제가 초토화되는 쓰나미가 불어닥칠 것이란 점은 고려하지 않고 있다는 비판이 불가피하다. 부도기업을 은행이나 국가가 나서서 자금을 지원해 전부 살리면 나라경제가 잘 돌아갈 것이라는 주장과 흡사해 보인다.

중견학자로는 이우진 고려대 교수가 재정만능주의적 시각을 견지하고 있다. 이 교수도 한·미 FTA 반대 성명에 이름을 올린 학자다. 상당 기간 국채이자율이 낮게 유지될 것으로 전망되므로 국채발행에 큰 부담을 가질 필요가 없다는 게 그의 주장이다. "국채는 빚이지만 과도한 인플레이션을 초래할 정도라든지 국가신용도가 크게 하락해 자본의 해외유출이 심각할 정도가 아니라면 국가채무를 지나치게 걱정할 필요는 없다. 국가는 언제든지 화폐를 찍어서 빚을 상환하고 이자를 지급하면 된다. 예금은 따지고 보면 장부상(혹은 컴퓨터상)의 기록에 불과하다"고 했다. 또 "역사적으로 증세는 재난의 시기에 이뤄졌다"면서 지금 과감한 증세를 해야 한다고 주장한다. '증세가 경기를 위축시킬 것'이라는 우려는 '감세가 경기를 활성화시킬 것'이라는 신자유주의적 미신과 크게 다르지 않다고 강조한다. 경제원론과 거리가 먼 발상이다.

원로급 학현학자 이정우 경북대 교수도 재정팽창 적극 지지자다. 그는 "향후 복지증세 문제를 최우선으로 두고 나라를 제대로 이끌어야 한다"며 대대적인 증세를 제안한다. "소득세, 부가가치세, 법인세가 전체 세수의 70% 정도 되는데 셋 다 늘릴 필요가 있다"고 강조한다. 세금을 걷어 가면 민간의 활력이 떨어지는 악영향을 외면한 채 복지에 돈이 들어가니 세금 더 걷자는 단순논법은 동의하기 어렵다.

이들에게서는 재정을 화수분처럼 생각하는 경향이 공통적으로 관찰된다. 다행히 FTA 반대 성명을 낸 교수들을 제외하고 나면 재정 무한팽창을 주장하는 학자는 거의 없다. 한국 진보경제학이 '그들만의 위험한 질주'를 하고 있다는 방증이다.

눈덩이 국가부채 '1000조 돌파'

진보경제학자들의 모험적 주장과 진보정치인들의 필요가 만나며 국가부채는 말 그대로 눈덩이가 된다. 문재인 정부 출범 직전인 2017년 660조 2000억 원이던 국가부채는 2022년 말 1067조 7000억 원으로 급증했다. 2022년 4월 나랏빚은 1001조 원으로 1000조 원을 넘어섰다.

한번 늘기 시작한 국가부채는 관성을 붙이며 폭증세로 치닫기 마련이다. 국회예산정책처는 2029년에 국가부채 2000조 원 돌파를 예상했다. 1000조를 돌파한 지 불과 7년 만에 또 1000조가 늘어날 것이란 충격적 진단이다.

국내총생산(GDP)에서 차지하는 국가채무비율은 20%대가 7년(2004~2010), 30%대는 9년(201~2019) 유지됐다. 하지만 2020년에 40%(43.8%)대로 올라섰고, 불과 2년 만인 2022년 49.6%로 50% 돌파가 코앞이다. 문재인 정부 출범 첫해인 2017년의 36.0%와 비교하면 14%포인트나 수직상승한 것이다. 이명박 정부(5.8%포인트), 박근혜 정부(3.4%포인트)의 3~4배에 달하는 압도적 증가율이다.

앞으로가 더 문제다. 한번 탄력을 받은 만큼 어떤 정권이 들어와도 당분간 브레이크 없는 상승이 불가피하다. 국제통화기금(IMF)은 2024년 한국의 국가채무 비율이 61.5%로 60%를 넘어설 것으로 본다. '60%'는 대부분의 경제학자가 한 나라 국가채무비율의 마지노선으로 꼽는 수준이다.

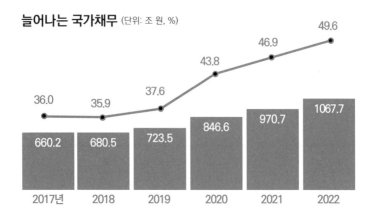

늘어나는 국가채무 (단위: 조 원, %)

2017년	2018	2019	2020	2021	2022
36.0	35.9	37.6	43.8	46.9	49.6
660.2	680.5	723.5	846.6	970.7	1067.7

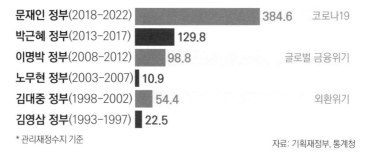

역대 정부의 재정수지 적자 (단위: 조 원)

문재인 정부(2018-2022)	384.6	코로나19
박근혜 정부(2013-2017)	129.8	
이명박 정부(2008-2012)	98.8	글로벌 금융위기
노무현 정부(2003-2007)	10.9	
김대중 정부(1998-2002)	54.4	외환위기
김영삼 정부(1993-1997)	22.5	

* 관리재정수지 기준

자료: 기획재정부, 통계청

3년 내리 '연100조대 재정적자' 오명

한국은 세계에서 가장 빠른 저출산·고령화를 겪고 있다. 이에 따른 복지 지출이 급증하는 상황이라 자칫 국가채무 증가는 통제 불능으로 치달을 개연성이 높다. 국내외에서도 우려가 쏟아진다. 피치·무디스 같은 국제신용평가회는 국가부채의 빠른 증가가 신용등급에 부정적인 영향을 미칠 수 있다는 메시지를 지속적으로 발신 중이다. 국제통화기금(IMF)은 재정준칙 도입 지연 시 한국의 신뢰가 약화될 것이라며 고령화 등에 대비해 체계적인 재정 안정성 관리가 필요하다고 경고했다.

역대정부는 모두 나랏빚 감축의지만큼은 동일했다. 노무현·이명박·박근혜 정부는 국가채무 비율을 줄이거나 최소한 일정선에서 유지하는 정책을 내놨다. 노무현 정부는 GDP 대비 국가채무를 2007년 33.4%에서 2011년 31.0%로 관리하는 국가재정 운용 계획을 만들고 실천했다. 이명박 정부도 2012년 34%에서 2016년 28.3%로, 박근혜 정부 역시 2016년에 39.3%에서 2020년 40.7%로 유지하는 목표를 발표했다.

하지만 문재인 정부는 청개구리식이었다. 2021년 47.3%인 국가채무비율을 2025년 58.8%로 대폭 늘리는 정반대의 '깜짝 구상'을 발표하고 밀어붙였다. 문재인 대통령은 퇴임하는 해(2022년)에 국가부채 1000조 원과 1인당 국가채무 2000만 원 돌파라는 두 개의 오명을 쓰고 말았다. 2022년 재정수지적자는 117조 원으로 사상 최대였다. 사실상 취임 첫해인 2018년의 10조 6000억 원에서 4년 만에 10배 이상 급증한 규모다.

이에 따라 문재인 정부 5년간 관리재정수지 누적 적자는 384조 6000억 원이 쌓였다. 박근혜 정부(129조 8000억 원), 이명박 정부(98조 8000억 원)의 서너 배다. 2018년부터 적자가 급증했기 때문에 2020년에 시작된 코로나19 대응 과정의 특수성 때문이라고 변명할 수도 없다. 2021년만 해도 G7 국가들은 전부 부채비율이 낮아진 반면 한국만 '나 홀로 상승'했다. G7 국가인 미국·영국·일본 등 기축·준기축통화국은 물론이고, OECD 38개 회원국 평균 부채비율도 2021년 한 해 동안 5.5%포인트 낮아졌다.

대규모 적자는 어떤 노력을 하더라도 향후 몇 년간 지속될 수밖에 없다. 건전성 복구에 전력해도 재정의 불가역성 탓에 단기간에 의무지출 비율을 낮추기 어려워서다. 나라살림 상태를 보여주는 재정적자가 3년(2020~2022) 연속 100조 원을 넘었다. 2025년 국가채무는 1415조 9000억 원으로 GDP의 58.5%까지 늘어난다는 추산이 나와 있다. 미국 같은 경제대국도 채무비율 50% 돌파 후 불과 10여 년 만에 100%에 도달한 점을 고려하면 나라살림에 말 그대로 비상벨이 울렸다.

혈세로 갚아야 할 적자국채 폭증

나랏빚 중에서 제일 무서운 게 적자국채다. 국가채무는 금융성 채무와 적자성 채무로 나뉜다. 금융성 채무는 융자금(국민주택기금)이나 외화자산(외국환평형기금) 등의 대응 자산이 있어서 별도의 재원 조성 없이도 자체상환이 가능하다. 나라가 채무에 상응하는 자산을 보유하고 있다는 의미다. 그렇지만 적자성 채무는 대응 자산이 없는 탓에 갚으려면 국민이 낸 세금을 써야 한다. 원금상환일이 오기 전까지의 이자도 꼬박꼬박 세금으로 내야 한다.

이런 위험한 적자국채 발행이 문재인 정부에서 폭증했다. 매년 10조~30조 원대에 그쳤던 적자국채는 문 정부 출범 후 수직상승 했다. 2018년 10조 8000억 원에 불과했지만 2019년 34조 3000억 원, 2020년 102조 8000억 원, 2021년 88조 2000억 원, 2022년 86조 2000억 원으로 치솟았다. 문재인 정부 5년(2018~2022)간 적자국채 발행액은 322조 3000억 원이다. 이전 5년(2013~2017) 144조 8000억 원의 2.3배에 달하는 거대한 액수다.

앞으로가 더 문제다. 증가속도에 관성이 붙어 이제 한 해 수백억 원씩 말 그대로 눈덩이처럼 불어나는 구조다. 국회예산정책처는 적자성 국가채무가 2016년 359조 9000억 원(전체 국가채무의 57.4%)에서 2025년에 953조 3000억 원(67.7%)으로 늘 것으로 추산했다. 연평균 11.4%씩 급증해 4년 뒤에 1000조 원에 육박한다는 아찔한 분석이다.

적자국채가 전체 국가채무에서 차지하는 비중도 2022년 63.6%로 고공비행 중이다. 적자국채는 국민 혈세로 이자를 물어야 해 특히 미래세대에 큰 짐이다. 향후 4년(2023~2026)간 이자비용만 100조 원에 육박한다. 한국은행이 2022년 7월 금융통화위원회에서 사상 처음으로 빅스텝(한 번에 0.5%포인트 인상)을 밟으며 기준금리 인상 기조를 이어가고 있어 적자국채 이자 부담도 시간이 지날수록 커질 수밖에 없다.

'묻지마 퍼주기'에 국가신용 위태위태

나라를 망가뜨리려면 어떻게 하면 될까. 재정을 거덜 내면 된다. 동서고금을 막론하고 곳간은 텅 비고 빚만 잔뜩 진 나라에는 파국과 지옥이 기다린다. 이런 상식을 외면하고 문재인 정부는 '국고 빼 쓰기'로 직진했다. 반세기 가까이 유지해온 '국가채무비율 40%' 원칙도 종잇장처럼 찢어버렸다. 국회 예산정책처 분석을 보면 잿빛 미래에 두려움마저 든다. 미래 국가채무비율을 2030년 75.5%, 2040년 103.9%, 2050년131.1%, 2060년 158.7%, 2070년 185.7%로 추정했다. 10~20년 내로 나랏빚이 통제할 수 없는 수준으로 불어난다는 경고다.

기축통화국이 아니고 '달러 우산'의 보호도 받지 못하는데 재정마저 거덜 나면 작은 충격도 큰 위기로 번지게 된다. 문재인 정부는 국가부채비율 절대수치가 낮아서 문제없다고 강변했다. OECD 평균은 110% 선인데 우리는 여전히 50% 선이라 더 과감하게 써도 된다는 것이다. 하지만 우리처럼 비기축통화국만 떼내서 지표를 비교해보면 전혀 다른 결과가 나온다. 국제통화기금(IMF)의 '세계 경제전망 데이터베이스'(2021년 4월호)에 따르면 한국의 GDP 대비 채무비율(중앙정부+지방정부+비영리 공공기관 채무를 합산한 D2 기준)은 2026년 69.7%로 추정된다. 2019년 42.2%에서 7년 새 27.5%포인트나 높아진다.

이는 OECD 38개 회원국 중 중간 정도인 18번째지만, 15개 비기축통화국만 놓고 보면 아이슬란드(77.5%)와 코스타리카(71.9%)

에 이어 세 번째다. 헝가리(68.9%)와 멕시코(60.8%), 콜롬비아(57.2%)보다 높다. 헝가리는 신용등급(무디스 기준)이 'Baa3'로 한국(Aa2)보다 7계단이나 낮은 나라다. 멕시코도 우리보다 5단계 낮은 'Baa1'국이다. 이대로라면 한국도 신용등급 추락이 현실화될 수 있다는 의미다.

채무증가 속도가 너무 가팔라 더 불안하다. 2026년 채무비율은 2019년에 비해 27.5%포인트 상승한다. OECD 비기축통화국 중 가장 빠른 속도다. 비기축통화국의 국채수요는 제한적이어서 기축통화국보다 채무비율이 낮아도 가산금리가 상승하는 등 리스크가 커질 수 있다는 점에서 큰 위협요인이다. 한국은 국제결제통화국(기축통화국)이 아닌 만큼 선진국보다 좀 더 보수적으로 접근하는 게 당연하다. 국가채무비율 적정 수준은 기축통화국은 97.8~114%, 비기축통화국은 37.9~38.7%라는 게 한국경제연구원의 분석이다.

실제로도 달러·엔화·유로화 등 기축통화를 사용하지 않는 OECD 14개국의 평균 부채비율은 41.8%(2019년 기준)다. 한국은 30%대이던 국가부채비율이 문재인 정권 들어서 50%대를 돌파하고 불과 몇 년 뒤 60%에 오른다. 위기 때를 대비해 여러 정부가 이심전심으로 악착같이 축적해온 여유재정을 한 정권이 전부 소진해 버리는 건 어떤 이유로도 정당화하기 힘든 행태다.

잠깐 국가채무와 신용등급의 톱니바퀴

진보경제학계를 중심으로 국가채무는 국가신용과 밀접한 상관관계가 없다는 주장이 나오지만 오판이다. 지속적인 채무 증가는 예외없이 신용등급에 부정적인 영향을 끼쳤다. 국가채무 급증 후 신용등급이 뚝뚝 떨어진 스페인과 아일랜드 사례가 잘 보여준다. 스페인의 신용등급 추락은 한국에 반면교사다. 스페인은 2008년 글로벌 금융위기 당시 성장률을 끌어올리기 위해 대규모 재정을 투입하는 부양책을 폈다. 그러자 2008년 39.4%이던 국내총생산(GDP) 대비 채무비율이 2012년엔 85.7%로 급등했다. 4년 만에 부채비율이 2.2배로 뛰는 동안 S&P는 국가신용등급을 최고등급 'AAA'에서 'BBB-'로 9계단이나 수직 강등시켰다. 아일랜드도 비슷하다. 2007년 GDP 대비 채무비율이 23.9%에 불과했던 아일랜드는 2008년 들어 부실 금융기관 구제를 위해 막대한 공적자금을 투입하면서 재정건전성이 급속히 악화됐다. 2011년엔 채무비율이 111.1%까지 치솟아 4년간 4.6배 상승했다. 그러자 2007년 'AAA'였던 신용등급은 2011년 'BBB+'로 7계단 하락했다.

경제위기 시 일시적으로 재정건전성이 악화돼도 엄격하게 관리하는 나라들은 신용등급을 유지했다. 독일은 2007년 64.0%였던 채무비율이 2010년 82.3%까지 악화됐지만 이내 강화된 재정준칙을 도입하는 등 관리에 나섰다. 그 결과 2015년엔 72.0%로 채무비율이 떨어졌고 신용등급도 'AAA'를 계속 유지했다. 한국은 경제가 안정적이라 빚을 좀 져도 문제가 없다는 주장은 희망사항일 뿐이다.

스페인·아일랜드의 국가신용등급 급락 추이

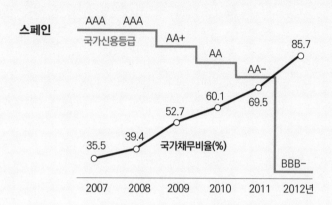

스페인

국가신용등급
AAA AAA AA+ AA AA− BBB−

국가채무비율(%)
35.5 39.4 52.7 60.1 69.5 85.7

2007 2008 2009 2010 2011 2012년

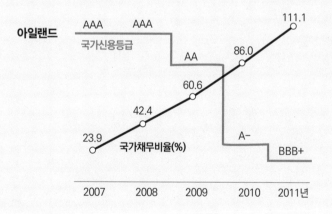

아일랜드

국가신용등급
AAA AAA AA A− BBB+

국가채무비율(%)
23.9 42.4 60.6 86.0 111.1

2007 2008 2009 2010 2011년

시장을 국가로 대체 '역주행'

모험주의로의 궤도 이탈

진보경제학자들은 우리 부채는 불가피한 것으로 생산과 소비의 마중물
이라고 강조한다. 그러면서 더 많은 부채를 갖는 것이 이 시점의 정의인
것처럼 호도한다. 하지만 세상에 착한 부채는 없다. 쌓아도 부담 없는
가벼운 부채도 없다. 이 정도로 코로나 위기를 버텨낸 힘도 앞선 정부들
이 필사적으로 지켜온 탄탄한 재정 덕분이다. 지금처럼 재정중독에 빠
진다면 다음 위기가 올 때 더 이상 동원할 수 있는 카드가 사라지고 만
다. 당대의 편의를 위해 미래 세대의 안위를 위협하는 꼴이다.

"MMT도 해보자"는 아찔한 베팅

아찔한 재정팽창정책을 이론적으로 뒷받침해온 진보경제학자들은 현대통화이론(MMT)에 대한 지지를 확대하고 있다. MMT는 '나랏빚은 족쇄'라는 전통적인 인식을 거부하는 꽤나 신박한 경제이론이다. 제로금리 양적완화 같은 비전통적 정책에 의존 중인 미국이 기축통화인 달러의 힘을 활용해 조심스레 가능성을 타진해보고 있는 경제실험의 하나다.

MMT 이론에 따르면 돈을 풀어도 인플레가 없는 상황에서는 국가부채에 신경 쓰지 않아도 된다. 코로나 침체국면에서 경제와 소비를 활성화시키는 데 100조 원이 필요하다면 중앙은행이 그냥 돈을 찍어서 풀면 그만이다. 실업도 별문제가 아니다. 무제한으로 재정을 풀어 공공사업을 하고, 두둑한 실업 수당을 쥐여주면 된다고 주장한다.

'빚은 부담'이라는 전통적인 명제를 거부하는 MMT의 논리 전개는 이렇다. 민간은행은 국채를 통해 안정적 수익을 얻고, 이를 담보로 각종 금융상품을 사고팔며 신용을 창출한다. 따라서 은행은 정부가 빚을 갚는 것을 원하지 않는다. 전용복 경성대 교수는 "정부 부채는 미래세대의 부담이 아니라 '연대의 매개'"라며 "정부는 돈이 필요하면 찍어서 쓰면 되고 재정건전성은 걱정할 이유가 없다"고 했다. 돈이 필요하면 100조 원이든 1000조 원이든 국채를 찍어 마련하면 된다는 것이다.

또 외채가 아니라 자국 화폐로 진 빚이기에 정부가 부도날 일이 없기 때문에 계속 돈을 찍어내 돌려막으면 된다고 강조한다. 중앙은행 역시 제로(0)금리와 국채·회사채의 무제한 매입 정책으로 계속 돈을 풀면 그만이다. 이런 과정의 반복은 정부는 물론 민간의 부채 부담을 줄여준다. 빚의 원금은 계속 불어날지 몰라도, 높은 이자의 빚을 계속 낮은 이자의 빚으로 갈아치울 수 있어 빚 상환 부담이 오히려 낮아진다는 것이다. 문재인 정부가 수십조 원의 적자국채를 무서워하지 않았던 데는 이런 이론적 자락이 깔려 있었다.

하지만 돈이 무한정 풀리면 화폐가치가 떨어지고, 인플레이션 위험이 커질 수밖에 없다. MMT는 이에 대해 "세금 징수나 국채 발행 등으로 시중에 풀린 돈을 흡수해 해결하면 된다"고 주장한다. 전통 금융이론을 완전히 뒤집는 파격적인 주장이 아닐 수 없다. 래리 서머스 미국 하버드대 교수는 MMT를 '재앙의 레시피', '무당 경제학(voodoo economics)'이라고 비판했다. 제롬 파월 미국 중앙은행(Fed) 의장은 "그냥 틀린 이야기"라며 일축했다.

물론 일말의 성공 가능성까지 배제할 필요는 없다. 정교하게 설계하면 나름의 작동 가능성을 발견할 수 있을지 모른다. 하지만 그 가능성 역시 달러·유로·엔 같은 기축통화국에서나 따져볼 수 있다. 기축국은 위기 시 통화 발행을 통해서 급한 불을 끌 수 있는 차별화된 장점을 갖는다. 작은 위기에도 환율이 춤추며 흔들리는 한국 원화의 대외취약성은 글로벌 금융위기나 외환위기 때 여실히 드러났다. 미국이 기침만 해도 난리가 나는 동북아 변방의 원화로 MMT가 가능하다는 주장은 어불성설이다.

돈을 찍어내도 인플레이션이 일어나지 않기 때문에 문제가 없을 것이라는 MMT 이론의 정당성은 전혀 입증된 바 없다. '뇌피셜'에 의존해 한 나라의 미래를 베팅하는 극단의 모험주의적 행태일 뿐이다. 설사 연구자로서 상당한 심증이 있다 해도 한 번도 가보지 않은 길인 만큼 현실에서의 적용은 유보적이고 신중해야 한다. 통화·재정 정책 환경이 급변하고 있다지만 경제학에서 변치 않는 몇몇 절대명제 중 하나가 바로 통화량과 인플레이션의 상관관계다. 초유의 금융위기와 코로나 위기라는 특수 상황하에서 일시적으로 억제되고 있을 뿐 화폐수량설이 함의하는 인플레이션 기제는 그대로다.

2021년 봄부터 본격화돼 2022년 봄을 기점으로 세계 경제를 강타한 40년 만의 글로벌 인플레이션 도래가 잘 말해준다. 물가와 통화량의 상관관계는 단기로는 일치하지 않을 수 있지만 장기에는 반드시 수렴하기 마련이다. "인플레이션은 언제 어디서나 화폐적 현상"이라던 밀턴 프리드먼의 명제는 여전히 유효하다. 시장 참가자들의 생각이 흔들릴 때 인플레이션은 성큼 눈앞의 현실이 되고 만다. 경제학에서는 이런 심리를 '자기실현적(self-fulfilling)'이라고 표현한다.

정부와 한은의 부채가 늘어나 장기적으로 정책 역량에 제한이 생기면 경제 펀더멘털이 의심받을 수밖에 없다. 국제신용평가사들의 평가를 의식해야 하는 처지를 감안하면 국가채무비율이 50%를 넘어서면 시장심리가 크게 위축될 것이란 게 다수 학자들의 경고다. '균형재정을 무너뜨려도 된다'는 학설은 터무니없이 입증이 부족한 이단 경제학이다. MMT는 미국을 비롯해 화폐 주권이 강한 몇몇 극소수 국가에서나 실험적으로 고민해볼 수 있는 가설일 뿐이다. 해외에서 거론되는 '신상 이론'이라며 국내에 단순 적용하려는 건 무책임한 태도다.

내로남불의 끝판 "우리 빚은 착한 빚"

진보경제학의 위험 중 으뜸은 한국 경제를 결과를 알 수 없는 실험으로 몰아가는 무책임성이다. MMT가 논의해볼 만한 이론임을 인정하더라도 검증되지 않은 학설을 정책으로 채택하는 건 비상식적이다.

소주성으로 망가져 코너에 몰린 진보경제학이 구원투수로 등판시킨 게 MMT에서 동력을 얻은 재정팽창정책이다. 돈을 마구 풀어서라도 경제지표를 마사지하고 그럴듯한 성과를 만들어야 한다는 절박함에서 나온 승부수다. 분배는 물론 성장과 혁신도 걱정말라며 큰소리쳤는데 모든 지표가 정반대로 나오니 실험적 이론에 의존해서라도 반전을 만들고 싶을 것이다. 하지만 다른 나라 빚은 치명적이지만 우리 빚은 경제에 도움을 주는 착한 빚이라는 말과 다름없는 내로남불에 불과하다. 주류경제학에 대항하는 이론이 죄다 좌절되면서 진보경제학의 자리가 사라지고 있다는 초조함이 읽힌다.

문재인 정부는 나랏빚이 OECD 회원국 평균보다 훨씬 양호하다며 재정을 더 풀어도 걱정할 것 없다고 강변했다. 덜 푸는 것은 오히려 정부가 할 일을 하지 않는 직무유기라고도 했다. 하지만 OECD 회원국이라도 경제 '체급'이 제각각이다. 단순히 채무비율 평균을 비교해 '우리는 괜찮다'고 단정하는 시각은 위험천만하다. 미국·일본·EU 등은 기축통화국인 데다 경제규모도 커서 한국보다 당연히 맷집이 셀 수밖에 없다. 헤비급 선수가 견딜 수 있는 펀치가 경량급 선수에게는 치명적인 것과 마찬가지다.

진보경제학자들은 우리 부채는 불가피한 것으로 생산과 소비의 마중물이라고 강조한다. 그러면서 더 많은 부채를 갖는 것이 이 시점의 정의인 것처럼 호도한다. 하지만 세상에 착한 부채는 없다. 쌓아도 부담없는 가벼운 부채도 없다. 이 정도로 코로나 위기를 버텨낸 힘도 앞선 정부들이 필사적으로 지켜온 탄탄한 재정 덕분이다. 지금처럼 재정중독에 빠진다면 다음 위기가 올 때 더 이상 동원할 수 있는 카드가 사라지고 만다. 당대의 편의를 위해 미래 세대의 안위를 위협하는 꼴이다.

더구나 한국은 출산율이 세계에서 가장 낮고 고령화는 최고 수준으로 진행 중인 나라다. 사망자 수가 출생아 수를 앞질러 사상 처음 인구가 자연 감소하는 '데드크로스'도 이미 2020년(-3만

3000명)에 발생했다. 성장률이 떨어지고 재정 지출이 늘면서 부채가 경제를 압박하는 악순환의 늪으로 빠져들 개연성이 높다. 지금이야말로 재정을 최후의 보루로 지켜나가야 할 시점이다. 남미나 남유럽 국가들이 지는 빚은 '나쁜 빚'이지만 우리가 내는 빚은 '좋은 빚'이라는 사고는 가장 무책임하고 위험한 내로남불이다.

소주성 실패하자 기본소득제로 환승

소주성으로 좌절을 맛본 학현그룹이 요즘 미는 정책은 기본소득이다. 기본소득제는 실패한 소주성을 부활시키기 위한 '올인 베팅'의 성격을 갖는다. 아무리 해도 가계소득이 늘지 않으니 나라에서 돈을 직접 국민들 주머니에 꽂아주겠다는 발상이다.

기본소득제 도입을 주도하는 이들은 소주성을 밀어붙였던 학현그룹 학자들이다. 강남훈 한신대 교수가 대표적이다. 기본소득 국민운동본부라는 단체의 상임대표인 그는 이재명 대선캠프에서 기본소득제를 설계한 장본인이다. 이 후보가 성남시장 시절 도입한 '청년배당'이 기본소득제의 예고편이었는데, 이 역시 그의 작품이다. 강남훈 교수는 문재인 정부가 소득주도성장을 구상하고 밀어붙일 때 한국사회경제학회장으로 활동하며 일정한 역할을 한 소득주도 성장론자이기도 하다. 2017년에는 원내대표, 정책위 의장, 김경수 의원 등 더불어민주당의 실세들이 참여한 가운데 국회에서 소주성 세미나도 열었다. 강남훈 교수 외에도 최배근 건국대 교수, 정세은 충남대 교수 등 소주성에 앞장섰던 학자들이 기본소득제 이론 정립에서부터 정책 적용 방법까지 일체의 활동을 주도하고 있다.

기본소득은 모든 국민의 최소한의 삶을 보장하기 위해 매달 일정 금액을 조건 없이 지급하는 정책이다. 강남훈 교수는 2009년에 참석한 독일의 한 학회에서 기본소득제를 처음 접했다. '저부담→저복지→저신뢰'의 악순환을 끊어낼 수 있는 방안이라는 확신이 들었다고 한다.

그러나 기본소득은 스위스·핀란드·캐나다 등에서 2009년 무렵부터 여러 논의와 실험을 거치는 동안 한 번도 성공적 결과를 보여주지 못한 실험적인 정책이다. 설계방식에서부터 이견이 분분하다. 즉 기본소득과 복지혜택을 병행할 것인지, 다른 복지는 모두 없애고 기본소득만 지급할 것인지부터 정해야 한다. 기존 복지와 기본소득을 부분적으로 병행하는 방식이라면 어떤 복지를 폐지할지도 분명히 정해야 한다. 이런 것이 불확실하다면 기본소득에 대한 사회적 합의 도출은 사실상 불가능하다.

전 세계에서 시도되고 있는 기본소득 도입 논의는 대부분 기존 복지 축소나 대체를 전제로 한다. 여러 형태로 복잡하게 설계된 기존 복지체계를 기본소득제로 통일시키는 방식이다. 2016년 스위스의 기본소득 도입 국민투표가 이런 관점에서 설계됐다. 매달 2500스위스 프랑을 기본소득으로 지급해 GDP 19.4% 수준이던 복지지출을 33%로 확대하는 안을 짰다. 하지만 투표자의 75%가 반대해 실험자체가 무산됐다. 핀란드의 실험도 기본소득을 받으면 기존의 실업급여를 주지 않았다. 캐나다 온타리오주의 기본소득 실험 역시 고용보험과 공적연금 수혜자의 경우 그 금액을 뺀 나머지만 기본소득으로 지급했다.

한국의 진보경제학이 진보정치권과 손잡고 제기한 기본소득 논의는 기존 복지체계 정비는 뒷전이다. 기존 복지체계는 그대로 둔 채 기본소득이란 이름 아래 추가로 현금복지를 지급하는 데 초점을 맞춘다. 이럴 때는 재원 확보의 중요성이 더욱 커진다. 1인당 연간 100만 원(월 8만 3000원)을 전 국민에게 지급하려면 5000만 명 기준으로 50조 원이 필요하다. 2022년 한국 국방예산(55조 원)과 맞먹는 규모다. 월 8만 원의 보편적 기본소득을 지급하려면 국방예산 정도의 막대한 재원이 있어야 한다는 의미다.

한국의 기본소득론자들은 대체로 생계유지에 필요한 최소 금액인 60만 원을 매달 지급하는 것을 목표로 삼는다. 국내총생산의 20%에 이르는 360조 원의 예산이 매년 필요한 구상이다. 현재 조세부담률이 20% 선임을 고려하면 국세와 지방세를 합한 모든 세금을 기본소득에 충당해야 가능하다. 만약 증세로 360조 원을 충당하려면 세금을 두 배로 올려야 한다. 경제의 근간을 뿌리부터 뒤흔들고 감당 못 할 후폭풍을 불러올 수밖에 없다.

세계 최초 기본소득 지급 '가시권'

논쟁이 분분하지만 기본소득제 도입은 급물살을 타고 있다. 경기도는 2022년 농촌기본소득 시범실시에 돌입했다. 대상지역 전 주민에게 소득·자산·노동 유무와 상관없이 월 15만 원(연 180만 원)의 기본소득을 지역화폐로 지급 중이다.

거대 야당의 실력자 이재명 대표는 "세계 최초로 기본소득을 지급하는 나라를 만들겠다"고 수차례 약속했다. 지난 대선 선거운동 때는 2023년까지 전 국민에게 1인당 연 25만 원, 2024년 이후에는 1인당 연 100만 원의 기본소득 지급을 공약했다. 19~29세 청년(약 700만 명)에게는 연 100만 원의 청년기본소득이 추가 지급된다. 재원 마련 방안으로 국토보유세·탄소세 신설, 비과세·감면제도 구조 조정 등을 제안했다. 환경세, 데이터세, 로봇세 같은 신설 세목(稅目) 후보도 줄줄이 제시했다.

이런 방안이 시행되면 한국은 세계 최초의 기본소득제 도입 국가가 된다. 지금까지는 세계 각국에서 몇 차례 실험이 있었을 뿐이다. 그 실험마저도 대부분 저소득층 대상이었다. 핀란드 기본소득은 실업부조 수급자가 대상이고, 캐나다 온타리오주의 기본소득 대상도 기초생활보장 생계급여 수급자였다. 브라질·스페인·이탈리아 등의 사례 역시 하위계층 대상 생활지원금이다. 미국 알래스카주의 주민배당이 모든 주민에게 동일액을 제공하는 유일한 사례다. 하지만 석유자원기금의 수익 배분이어서 전형적인 기본소득 정책과는 성격이 꽤 다르다.

기본소득제 도입이 이슈가 되면서 경제학계의 관심도 높아지고 있다. 석학들은 대체로 부정적이다. 2021년 노벨경제학상 공동수상자 휘도 임번스 미국 스탠퍼드대 교수도 회의적이다. 수상 직후 열린 기자간담회에서 기본소득제가 경제에 미치는 영향을 묻자 "근로 요건과 무관한 소득을 보장한다는 점에서 일자리를 찾는 동기를 약화시킬 수 있다"고 답했다. 2019년에 최연소로 노벨경제학상을 받은 에스테르 뒤플로 MIT 교수도 비슷한 생각이다. 빈곤·격차 문제 연구로 유명한 그는 "보편적 기본소득의 단점은 돈이 많이 든다는 것"이라며 "한국 같은 나라들은 보편적 기본소득보다 선별적 복지를 선택하는 게 낫다"고 했다.

국내 석학들의 일반적인 생각도 비슷하다. 2021년 다산경제학상 수상자 장용성 서울대 교수는 기본소득제 반대 입장을 분명히 했다. "기본소득 재원을 마련하려다 보면 가난한 사람들이 받는 복지예산을 없앨 수 있다"며 "가난한 사람들의 살림을 더 악화시킬 것"이라고 했다. 세금을 더 걷거나 복지예산을 상당 폭 깎아야 하는 만큼 자원배분이 왜곡되고 소득불평등은 심화될 것이라는 지적이다.

하지만 기본소득을 주장하는 학현 중심의 진보경제학자들은 국내외 석학들의 이런 우려를 흘려듣는 모습이다. 세계 최초의 실험을 하겠다면서 얼기설기 만든 구상이지만 '일단 작동시켜 보자'는 식이다. 기본소득제에 찬성하는 일부 해외학자나 운동가들의 주장만 앵무새처럼 되풀이하는 행태를 반복 중이다. 국내외 석학들의 진지한 우려와 물음에 걸맞은 정교한 설명을 내놓아야 할 것이다.

잠깐 기본소득제보다 '안심소득제'

기본소득 지급은 보수진영에서도 토론이 활발한 의제다. 노벨경제학상을 수상한 밀턴 프리드먼이 '음의 소득세(Negative Income Tax)'를 제안한 게 대표적이다. 프리드먼은 기존 복지제도를 없애는 대신에 일정 소득 이상 고소득자는 소득세를 내고, 나머지 계층은 고소득자와의 소득차액에 대한 일정 비율을 현금으로 받는 방안을 제안했다. 전 국민에 일정액의 기본소득을 주는 보편적 복지와 대비되는 '우파 기본소득'이다.

국민의힘이 2020년 9월 증세 없이 기존 현금복지제도만 개편해서 하위계층부터 최저소득을 보장하자고 제안한 게 음의 소득세의 변용이다. 당시 국민의힘은 저소득 가구에 대해 중위소득 50%까지 소득을 보장하자고 했다. 기초생활보장 생계급여, 기초연금, 근로장려금, 자녀장려금 등 기존 현금지원제도를 통폐합하고 상대빈곤기준선인 중위소득(전체 가구의 한가운데 소득) 50%를 저소득층의 기본소득으로 보장하는 방식이다. 기존 현금지원복지제도의 중복을 없애고 그 재원을 활용하면 증세 없이도 소득 양극화를 해결할 수 있다는 구상이다. 소득지원이 필요한 계층을 광범위하게 선별해 지원하는 방식으로, 모든 국민에게 생활비를 보장하는 기본소득제와는 완전히 다른 접근이다. 굳이 표현하자면 소득보장제나 소득보완제쯤으로 부를 수 있을 듯싶다.

오세훈 서울시장이 제안한 안심소득은 이런 소득보장제를 더 구체적으로 구현해 2022년 7월 시범실시에 들어갔다. 중위소득의 85%에 못 미치는 가구에, 못 미치는 소득분의 50%를 지원하는 방식이다. 서울시의 실험 소식은 세계적인 복지학자들이 시범실시에 참여할 만큼 새로운 복지 실험으로 주목받고 있다.

음소득제는 불평등 완화에 효과적이라는 분석이 일반적이다. 밀턴 프리드먼과 제임스 토빈이 제안한 음소득제는 소득불평등(지니계수)을 각각 3.8%, 0.9% 완화한다는 분석이 나와있다. 반면 기본소득은 불평등을 심화시킨다는 게 대체적 분석이다

기본소득과 토지공개념의 잘못된 만남

더불어민주당은 기본소득론을 발전시켜 '기본사회'를 주창하고 있다. 2023년 2월 기본사회위원회를 공식출범시키고 이재명 대표가 위원장을 맡았다. 기본사회는 기본소득 외에 기본주거, 기본금융 등의 그럴싸한 구호를 한꺼번에 모은 개념이다.

기본소득 및 기본사회 구상은 토지공개념과 불가분의 관계여서 더욱 휘발성 큰 주제다. 기본을 위한 재원이 바로 토지세로 충당하는 개념이기 때문이다. 기본소득과 유사한 생각은 1516년 토머스 무어가 『유토피아』에서 처음 언급했다. 이후 토머스

페인이 '공유부(common wealth)' 개념을 제시했다. 토지나 천연자원은 인류 공동자산이기 때문에 법적 소유자라도 수익을 독차지해서는 안 된다는 게 공유부의 발상이다. 수익의 일부라도 공유부로 간주해 전체 사회구성원에게로 귀속시켜야 한다는 주장이다.

2004년 기본소득 지구네트워크 발족을 계기로 기본소득과 토지공개념의 밀착이 시작됐다. 공유부라는 기본적 권리에 따라 사회구성원들이 수익을 배당받는 방식으로 기본소득을 자리매김시킨 것이다. 부의 공유는 헌법상 사유재산권 보장과 정면 배치된다. 공유부 배당권의 일환으로 기본소득에 접근하는 방식 역시 재산권 침해라는 본질적 문제와 맞닥뜨린다. 사유재산권 보호야말로 군주의 신민이 아닌 독립적 개인을 탄생시켜 인류의 번영을 부른 핵심원리다. 그런 점에서 토지공개념과 기본소득의 연계는 시계를 과거로 되돌리는 잘못된 만남이다.

강남훈 교수는 기본소득제가 부동산을 잡고 복지도 해결하는 만능열쇠가 될 수 있다고 강조한다. "토지보유세 탓에 부동산 가격이 하락할 수밖에 없고 다주택자일수록 토지보유세 부담이 커지므로 부동산 매물을 불러 가격을 안정시킬 수 있다"는 것이다. 그런 논리라면 종부세를 때리면 주택가격이 하락해야 한다. 하지만 2005년 종부세 도입 이후 한국의 부동산은 외려 폭등하는 경향을 보여 왔다. 이런 문제 제기에 대해 진보경제학은 설명하지 못하고 있다.

기본소득론자들은 재원조달 방안으로 재정구조 개혁, 탄소세 신설 등과 함께 '국토보유세 신설'을 핵심으로 제시한다. 부동산 불로소득 차단을 위해 1%의 국토보유세를 부과하면 지금이라도 50조 원의 재원을 걷을 수 있다는 것이다. 징수세액을 전 국민에 균등지급하면 80~90%에 달하는 국민은 내는 세금보다 받는 기본소득이 많아진다고 주장한다. 이런 접근으로 조세저항을 돌파하고 양극화를 완화할 수 있다는 게 진보경제학자들의 설명이다.

그럴듯해 보이지만 국토보유세의 미래는 결과적으로 '중국·북한식 토지국유제로의 이행'일 뿐이다. 더불어민주당의 추미애 대선 경선 후보가 2018년 여당 대표 시절 국회 연단에 서서 "토지세를 높여 매물로 유도한 뒤 국가가 사들이자"고 용감하게 부르짖은 그대로다. 당시 추미애는 "사용권은 인민이, 소유권은 국가가 갖는 중국식"을 모범적인 토지제도로 거론했다.

국토보유세를 설계 중인 진보경제학자들의 최종 목표도 '토지초과수익 제로(0)화'다. 은행 이자를 웃도는 토지 수익을 모두 국토보유세로 환수해 기본소득으로 뿌린다는 구상이다. 이러면 땅을 소유할 이유가 사라져 자연스레 국가 귀속 수순을 밟게 된다. 토지에서 얻는 이익은 '불로소득'이니 전액 환수하겠다는 것이다.

'토지 불로소득론'은 오래전 오류로 판명 난 노동가치설의 변종에 불과하다. 토지소유권 없이 사용권만 있는 상하이와 베이징의 고급 아파트 가격은 3.3m^2(평)당 2억~3억 원으로 서울 강남을 비웃는 수준이다. 집값은 토지소유권의 행방으로 결정되는 것이 아니라는 방증이다. 정부가 토지 공급으로 막대한 세수를 챙기고 그 돈으로 민간경제까지 휘어잡는 중국식 '빅브러더' 체제는 해답이 될 수 없다.

국민을 투기꾼 몰며 토지공개념 폭주

토지공개념에 기초한 토지세 부과는 토지사회주의의 개척자 헨리 조지(1839~1897)의 아이디어다. 헨리 조지는 생산이 늘어나면 땅 투기로 인해 지대(地代)가 임금보다 더 빨리 상승하고, 격차가 갈수록 커져 빈곤을 심화시킨다고 봤다. 이를 타파하려면 하늘이 주신 땅에서 나오는 불로소득을 전액 세금으로 환수해 공동체를 위해 써야 한다고 주장했다. 이 세금이 토지단일세이고, 그 철학적 배경이 토지공개념이다. 모든 토지의 잠재적 지대를 평가해 100% 조세로 흡수함으로써 사실상 토지공유화를 달성할 수 있다고 본 것이다.

헨리 조지가 예언한 자본주의의 여러 비참한 상황들은 실현되지 않았다. 토지사유제도하에서는 지주의 노동착취로 노동자가 노예상태에 빠지고, 경제적 진보 속에서 빈곤은 더 심해질 것이라던 그의 예상은 완전히 빗나갔다. 토지사유제도 때문에 반복적이고 발작적인 불황이 일어났다는 증거도 없다. 토지사유

를 인정하고 있는 자유주의 시장경제 국가들은 그렇지 않은 국
가보다 월등한 경제성장과, 그 경제성장에 따른 빈부격차의 완
화를 경험했다.

토지단일세는 논의해 볼 만한 신선한 발상이다. 자유주의 경제
학의 거장 밀턴 프리드먼도 "조지의 토지단일세는 가장 덜 나쁜
세금 제도"라고 호평했다. 이런 평가는 중요한 전제가 앞선다. 헨
리 조지는 '토지세로 모든 재정지출을 충당할 수 있다'며 토지세
를 제외한 소득세·관세·상속세 등 모든 세금을 없애자고 했다.
토지를 제외하고 '가치를 창출하는 경제활동에는 세금을 매기지
말자'는 것이다. 그의 주장이 토지단일세로 불리는 이유다. 이는
한국 진보경제학자들이 주장하는 것처럼 징벌적 토지세를 추가
로 부과하는 것과는 전혀 다른 접근이다. "국내에서 헨리 조지를
소환하는 사람들은 부동산 세금 만능론자"(윤희숙 전 국민의힘 의원)일
뿐이라는 비판이 나오는 이유다.

헨리 조지 사상의 핵심은 경제가 번영해도 과실의 대부분을
토지소유자가 차지하기 때문에 노동과 자본은 빈곤할 수밖에 없
다는 것이다. 경제가 발전할수록 지주는 부자가 되는 반면, 자본
과 노동은 가난해진다며 토지의 사적 소유와 지대 인정은 정의롭
지 못한 것이라고 주장한다. 그러면서 토지세는 '자연이 공짜로
준 기회의 독점'을 없애 부와 권력의 부자연스러운 불평등을 해
소하고 고질적 빈곤을 퇴치하는 가장 정의로운 조세라고 했다.

솔깃하게 들리지만 토지에 대한 편견과 단견에 불과하다. 토

지의 부가가치 창출과정은 기계적이지 않다. 토지의 용도와 관리방법은 인간의 선견지명을 통해 발견되고 창조된다. 헨리 조지는 창조적 발견을 통해 토지가치를 제고하는 기업가 정신을 간과했다. 주인 없는 토지를 먼저 습득하는 것은 다른 사람에 앞서 그 토지의 용도를 발견하고 창안했기 때문이다. 토지를 빌려주고 임대료를 받는 것이 정당한 이유도 멋진 용도를 발견한 덕분이다.

지주가 번영의 결실 대부분을 차지하고 노동자의 처지는 갈수록 비참해진다는 헨리 조지의 주장도 오류다. 그가 목격하고 그의 영향력이 미친 1850~1910년 60년을 봐도 미국의 총생산 대비 노동소득 비율은 꾸준히 높아졌다. 반면 토지소득의 비중은 거의 변동이 없었다. 이론의 출발점이 된 전제부터 잘못된 것이다. 토지에서 나온 이익이 불로소득이라며 토지세로 모두 회수하고 나면 토지소유의 장점이 사라져 사실상 토지국유화의 길을 걷게 된다.

조지스트의 근원적 오류는 사유재산의 존재이유를 창조에서 찾았다는 점이다. 물론 창조는 중요한 행위지만, 이미 만들어져 있는 걸 적재적소에 사용하는 일도 중요하다. 어쩌면 창조보다 더 중요한 일이다. 토지를 적재적소에 배치하는 행위는 가치를 창조하는 행위다. 대구의 사과를 서울로 옮겨 돈을 번 것은 불로소득이 아니라 시장이 요구하는 새로운 가치를 창출한 데 대한 보상이다.

물론 토지에서 발생하는 이득이 과도하게 지주에게 집중되는 정의롭지 못한 현상도 있다. 하지만 그런 문제를 찾아내고 해결하는 엄격한 민·형사법 체계와 사법절차가 마련돼 있다. 내집 마련 수요자들을 투기꾼으로 몰며, 토지사유제를 사실상 공유제로 바꿔서 해결하자는 조지스트들의 주장은 빈대 잡으려고 초가삼간 태우는 격이다.

잠깐 헨리 조지

헨리 조지는 19세기 후반에 활동한 미국 경제학자다. 주저 『진보와 빈곤』은 1879년에 출간됐다. 그는 정규교육을 거의 못 받았지만, 선원 광부 공무원 언론인으로 다양한 경력을 쌓았다. 마르크스와 동시대 사람으로 교유도 있었던 것으로 전해진다. 그는 기본적으로 자유무역을 옹호하고 경쟁적인 시장경제체제를 신봉했다. 하지만 토지에 대해서는 매우 독특한 견해를 펼쳤다. 그리고 그 점 때문에 열렬한 추종자들을 양산했다. 토지는 인간 모두에 주어진 자연의 선물이라는 게 그의 시각이다. 공유돼야 하는 자원이며 사적 소유는 불의하다고 주장했다. 토지 사유제도 때문에 경제적 진보에도 불구하고 빈곤이 더 확대되고, 주기적인 경제불황도 사유제도에 따른 투기의 결과로 봤다.

이런 문제의 해결방안으로 헨리 조지는 토지공유제를 제안했다. 또 토지공유를 실천할 수 있는 가장 현실적인 대안은 토지 임대료를 100% 토지세로 거둬들이는 것이라고 봤다. 이 조세는 효율적이고 공평할 뿐만 아니라 충분한 세수를 발생시킬 것이라고 했다. 따라서 다른 모든 조세를 없앨 수 있고 그 결과로 경제는 더욱 진보할 수 있다는 게 헨리 조지의 주장이다.

헨리 조지의 사상은 극작가 조지 버나드 쇼, 시드니·베아트리체 웹 부부 같은 영국 페이비언 사회주의자들에게 큰 영향을 줬다.

'중국식 토지국유제'로의 질주

지난 대선 때 더불어민주당 경선주자들은 저마다 부동산 급등에는 '토지공개념이 유일 해법'이라고 입을 모았다. 국토보유세, 토지배당금, 지공(地公)주의 같은 무시무시한 대책을 거론했다. 이념 과잉으로 국민에게 '부동산 지옥'을 안기고도 반성은커녕 '이참에 좌파 실험의 끝장을 보자'고 우겼다. 국민 삶과 나라의 미래를 판돈으로 건 무책임한 '올인 베팅'이다.

토지공개념 논의는 진보경제학의 부동산정책 실패에 셀프면 죄부를 주고, 소유권 없는 중국식 부동산제도라는 모험주의적 정책에 활로를 열었다. 그럴싸한 말로 포장하고 있지만 그들이 제안하는 토지공개념 도입을 한마디로 말하면 '중국·북한식 토지국유제로의 이행'이다. '토지 불로소득론'은 오래전 오류로 판명난 노동가치설의 하위 변종에 불과하다. 이른바 '진보'의 지적 정체와 무모함은 이리도 완고하다.

진보경제학자들이 그리는 최종적인 그림은 '토지 초과수익 제로(0)화'다. 이러면 굳이 땅을 소유할 이유가 사라져 자연스레 국가 귀속 수순을 밟게 된다. 이낙연 전 국무총리가 대선후보 경선 때 제시한 '토지공개념 3법' 공약도 '연성(軟性) 국유화'였다.

이런 궤도 이탈은 한국의 성취가 토지사유화 확대에 기원을 두고 있다는 경제개발 역사에 대한 무지의 소치다. 건국대통령 이승만은 온갖 방해를 뚫고 지주의 땅을 '유상몰수'해 농민에게 '유상분배'하는 농지개혁을 결행했다. 북한 김일성의 '무상몰수 무상분배'와 반대였다. 무상몰수 무상분배는 말로는 그럴듯해 보이지만 본질은 국유화다. 결국 경작권만 농민에게 주어졌을 뿐이고, 몇 년 뒤엔 그 경작권마저 국영 협동농장이 뺏어갔다. 북한 경제는 그렇게 자멸했다.

이승만의 농지개혁은 혁명적 변화를 불렀다. 연간 소출의 150%(5년 분납)만 내면 소유권 이전이 가능해 전체 농지의 92.4%가 자작농지로 바뀌었다. 결과적으로 농민을 국가소작농으로 만들어버린 북한과 달리 인구의 40%에 달하던 소작농을 어엿한 자작농으로 우뚝 세웠다. 토지 소유권 유무가 빚은 두 나라 경제의 극과 극의 결과는 재론할 필요조차 없다.

진보정치권에서 봇물 터진 '국토보유세'와 '토지공개념'은 무능을 지탄받는 진보경제학이 탈출구로 준비한 회심의 카드다. 소주성 예찬에 앞장섰던 유시민 작가, 이정우 교수 등이 '지공주의

원조' 헨리 조지를 떠받드는 것도 그런 맥락이 깔려있다.

헨리 조지는 진지한 학자들로부터 대접받진 못하지만 다른 모든 세금을 없애고 토지단일세만 걷어서 세수를 해결하자는 발상자체의 참신성은 평가받는다. 그래도 부작용이 우려돼 본격 임상시험에 들어가지도 못한 약을 만병통치약이라며 권할 수는 없지 않을까.

토지공개념 도입 선봉에도 '학현'

기본소득과 토지공개념은 급진개혁의 끝판왕 격인 정책들이다. 검증되지 않은 개념이 급부상해 정책으로까지 구체화된 것은 학현학파와 조지스트들의 작품이다. 학현그룹 원로학자 이정우 경북대 교수의 행보를 보자. 그는 집값을 잡으려면 대통령이 토지공개념을 선언해야 한다고 강조한다. "토지로 인한 불로소득은 전부 사회적으로 환수해 집 없는 사람을 위해 쓰겠다"고 선언하라는 것이다. 그러자면 종합부동산세와 재산세를 강화하고 토지보유세를 도입해야 한다고 주장한다.

이재명 의원의 기본소득제 대선공약을 설계하고 총괄한 강남훈 기본소득한국네트워크 이사장도 학현학파다. 마르크스주의 경제학을 전공한 한국의 대표적 좌파학자인 그도 기본소득과 토지공개념 깃발을 높이 들어올렸다. 불과 10여 년 전 논문에서 마르크스의 '이윤율 저하경향의 법칙'을 옹호하던 좌파학자의 꽤나

시장을 국가로 대체 '역주행'

화려한 변신이다.

남기업 토지자유연구소 소장도 토지세를 통한 기본소득 실현을 이론적으로 뒷받침하는 학자로 법학현그룹이다. 남 소장은 헨리 조지를 주제로 박사논문을 쓴 한국의 대표적 조지스트다. 그는 '희년함께'의 후신인 '성경적 토지정의를 위한 모임' 공동대표로 종교적 관점에서 토지세 강화를 주장한다.

학현학파는 토지공개념 지원사격 활동에 한 몸처럼 움직이고 있다. 2021년 5월 토지공개념 실현을 위한 토지초과 이득세 도입 촉구 시민사회 공동선언이 있었는데 이때 참석한 학계 43명 중 8명이 학현학자다. 김태동(성균관대), 박진도(충남대), 안현효(대구대), 오종석(경북대), 이병천(강원대), 이우진(고려대), 정세은(충남대), 조복현(한밭대) 교수가 그 주인공들이다.

대선캠프를 학현학파로 채운 이재명 의원은 물론이고 학현그룹과의 유대가 돋보이는 추미애 전 법무부 장관 등 토지공개념을 만병통치약으로 생각하는 진보정치인들도 힘을 보태고 있다. 추미애 전 장관은 대선 경선 출마 당시 부동산 불로소득 환수가 공약 1호였다. 종부세를 국토보유세로 전환해 모든 토지 소유자에게 부과하고 세수 증가분을 '사회적 배당금'으로 전 국민에 똑같이 배분하자고 주장했다. 학현과 진보정치의 결합이 한국 경제를 미래가 아닌 미지로 몰고 가는 양상이다.

⭐잠깐 BTS 아미들의 질문 "저 화려한 건물은 어디?"

이영훈 전 서울대 교수는 대학생 시절 운동권이었다. 대학 1학년 때인 1970년 11월 전태일이 분신하자 정부의 노동착취에 항의시위를 벌였다. 이후 1971년 구로공단에 위장취업했다가 5년간 제적되기도 했다.

하지만 경제학을 공부하면서 자연스레 전향했다. 1988년 함께 지리산을 등반하고 돌아오면서 올림픽대로쯤을 차를 타고 지나다 이영훈은 서울상대 17년 선배이자 좌파경제학의 대부 격인 박현채에게 물었다. "저 도시의 불빛을 보십시오. 저게 어떻게 신식민지입니까?" 이영훈의 도발적인 발언에 박현채는 불같이 화를 냈다.

이영훈 교수가 본 그때 서울의 불빛보다 10배는 더 화려한 야경이 해외 네티즌들을 사로잡은 일이 있었다. 2021년 3월 그래미 어워드에서 방탄소년단(BTS)이 화려한 야경의 마천루 꼭대기에서 공연하자 ARMY들의 댓글이 쇄도했다. "저기가 도대체 어디죠?"

아미들이 궁금증을 유발한 화려한 건물은 10여 년간 흉물로 방치돼 있다가 최근 '여의도 명물'로 탈바꿈한 파크원 타워다. 단군 이래 최대 상업용 부동산 개발을 통해 서울의 '핫 플레이스'로 부상한 건물이다. 이영훈이 도시의 불빛에서 한국 경제의 비상을 확인한 것처럼 BTS팬들은 화려한 마천루 야경을 보며 선진 한국을 감각했다.

파크원 타워는 선진 부동산금융이 없었다면 불가능했다. 토지 소유주인 통일교 재단과 시행사의 지상권 소송으로 10년이나 중단됐던 공사를 되살린 건 프로젝트 파이낸싱이었다. NH투자증권 주축으로 리스크를 나

시장을 국가로 대체 '역주행'

뉘 지며 부동산 금융으로 조달한 2조 6000억 원이 사업비로 투입됐다. 파크원 타워의 현재 가치는 5조 원이 넘는 것으로 평가받는다. 진보경제 학계가 주장하는 토지보유세를 매겨 부지개발을 묶었다면 전 세계 아미의 탄성을 자아낸 파크원은 탄생하지 못했을 것이다.

그런데도 추미애 전 법무부 장관은 '금부 분리'를 제안했다. 금융과 부동산을 분리해 투기를 차단하자는 기상천외의 발상이다. 추 전 장관은 토지보유세 도입도 주장한다. 정치지도자의 엉뚱한 발언들은 한국을 '식민지 경제'로 규정한 진보경제학의 이분법적 사고가 우리 사회를 얼마나 짓누르고 있는지 절감하게 만든다.

박현채 교수는 미국을 식민지배국으로 인식하고 '민중의 적'이라고 비난했다. 이제 그의 후예들이 토지 소유자를 '국민의 적'으로 몰아세우는 모양새다. K진보경제학은 누군가를 악마화해 그 증오로 연명하는 부정의 학문으로 치닫는 모습이다.

권력의 음모 '토지 불로소득론'

헨리 조지는 토지로부터의 소득을 불로소득이라고 단정했다. 토지소득을 개인이 취하는 것을 도둑질로 본 것이다. 당연히 토지에서 얻는 이익은 국가나 사회가 환수해야 한다는 결론이 도출된다.

토지소득을 사회가 공유해야 한다는 이 주장은 현대경제학에 의해 오류로 판명났다. 우선 타인의 행위로 우연한 이득을 얻는 것은 토지에서 발생하는 개발이익에만 국한되지 않는다. 사람의 재능 자체도 창조주의 선물이다. 그런데 유독 토지에만 완전한 공유를 주장하고 노동능력은 절대적인 사유를 주장하는 것은 이율배반적이다.

토지 아닌 다른 자산을 가졌든, 특별한 기술을 가졌든 간에 자신의 노력과 관계없이 우연적 소득과 손실이 발생하는 것은 생활의 일상적 단면이기도 하다. 토지를 특별히 취급해야 할 이유는 없다. 소유자의 노력과 무관하게 토지가격이 뛴 것과 마찬가지로 경제발전 과정에서 임금도 엄청나게 상승했다. 그리고 그 임금상승분은 근로자 개개인의 노력과는 무관하다. 토지가격 상승분을 환수해야 한다면 임금상승분도 환수하는 것이 사리에 맞을 것이다.

개발이익환수론은 노동가치설에 그 뿌리를 두고 있다. 하지만 가치는 노동가치의 합이 아니라, 수요와 공급에 의해 결정된다는 설명이 등장한 후 노동가치설은 논리적 정합성을 잃었다. 노동가치설이라는 새 옷을 입고 꽃단장했지만 개발이익환수론은 시효가 끝난 낡은 이론체계에 불과하다. 그런데도 개발이익환수론이 지지를 얻는 이유는 뭘까. 영국 경제학자 하비는 '정치적 다수가 소수를 착취하고 싶어 하기 때문'이라고 진단했다. 토지로부터 개발이익을 노리는 사람의 숫자가 그렇지 않은 사람들보다 작기 때문에 다수에 의해 착취당하게 된다는 설명이다.

토지를 사유재산으로 삼아야 하는 이유는 귀하기 때문이다. 사유재산제를 부인하면 십중팔구 공유화나 국유화로 나갈 수밖에 없다. 이는 토지가 가진 막대한 잠재력의 파괴로 나타난다. 인간의 육체와 재능이 사유재산이 아니었던 노예제하에서 인간의 잠재력이 파괴됐던 것과 마찬가지다.

물론 불법적 투기로 얻은 부정한 소득도 많다. 하지만 그걸 없애려고 토지국유화와 토지배급제로 가는 것은 진짜 지옥으로 가는 길이다. 투기 폐해를 줄이기 위한 정책적 노력의 필요성은 누구도 부인하지 않는다. 그렇지만 토지사유제도하에서 나타나는 문제가 토지공유제도를 택해야 할 만큼 심각하다고 보기는 힘들다.

근세 이후의 역사는 토지로부터 권력이 분리돼 온 기록으로 봐도 무방하다. 현대로 가까워올수록 권력기반으로서 토지의 역할이 줄어든다. 유럽의 봉건주의 해체가 그랬고, 고대 한국에서 왕토사상의 약화가 그랬다. 토지공개념과 그에 기초한 개발이익환수론은 토지에 대한 공적 통제를 의미한다. 공공이란 말로 포장했지만, 본질은 공공을 대변하는 정치인과 관료들이 토지자원을 멋대로 사용할 수 있는 권리를 확대하는 것이다. 권력을 다시 토지와 결합시키려는 진보경제학의 시도는 역사의 퇴행에 가깝다.

CHAPTER

5

'경제 천동설'과 손절하기

확산하는 진보경제학 미신

———•———

진보는 언제나 신자유주의 타령을 한다. 성장이 안 되는 이유는 재벌만
위하는 신자유주의 탓이고, 분배가 안 되는 것도 서민과 중산층은 관심
밖인 신자유주의 탓이라고 공격한다. 자본주의적 세계 질서를 부정하는
이들이 앞세우는 이런 비판은 상투적인 레퍼토리 이상의 의미는 없다.
사실관계가 하나도 맞지 않기 때문이다.

'낙수효과는 없다'는 억지

진보경제학은 사실을 경시하고 왜곡한다. 대표적인 게 낙수효과 부정이다. 낙수효과 실종은 재벌과 대기업 과잉규제의 핵심 근거이기도 하다. 학현그룹 홍장표 부경대 교수(문재인 정부 KDI 원장)는 "재벌대기업과 수출기업의 성장이 중소기업과 내수기업의 성장을 유발한다는 낙수효과에 기대 규제 완화를 추진했지만, 낙수효과는 나타나지 않았다"고 강조한다. 한국은 "삼성동물원, LG동물원에 중소기업들이 갇혀 있는 생태계 탓에 기업 간 양극화가 극심하다"는 주장이다. 패러다임을 전환하지 않으면 한국 경제의 미래도 없다며 소득주도성장의 필요성을 역설하고 밀어붙였다.

그는 또 "박정희 정부 때부터 쭉 우리는 소위 낙수효과를 바라고 주로 수출·대기업 중심의 성장모델로 갔다"며 "수출이 잘 돼서 우리 가계가 좋아졌느냐는 질문에 대답하기 어려운 시절이었다"고 했다. 수출중심·대기업 선도 전략으로 유례없는 성과를 내고 1인당 소득(구매력 기준)에서 일본을 앞지를 만큼 풍요를 누리고 있다는 기초적인 사실조차 부정하는 행태다. 학현학파 참모에 둘러싸였던 문재인 대통령도 '낙수효과 부정'을 경제정책의 출발점으로 삼았다. 2019년 신년기자회견에서는 "오래전에 낙수효과는 끝났다"고 단언했다. "이명박 정부는 낙수 가설, 즉 부자가 먼저 더 부자가 되면 나중에는 서민도 소득이 증가한다는 가설을 근간으로 경제정책을 운용했으나, 이는 가상적 이론일 뿐 어느 나라에서도 타당성이 입증된 적이 없다"고 강조했다.

편견과 왜곡에 기반한 비합리적 시각이다. 대기업의 투자효과
가 중소기업을 살찌우고 고용을 불러 경제성장을 견인하는 낙수
효과는 엄연히 실재한다. 신문만 펼쳐 봐도 대기업과 중소기업의
윈윈 스토리가 차고 넘치는 것을 쉽게 확인할 수 있다.

'대기업과 거래가 많을수록 실적 개선 폭이 크다'는 낙수효과
입증 연구도 부지기수다. 한국경제연구원이 자동차·트레일러업
종을 분석해 보니 관련 대기업 매출은 2010년 107조 1000억 원
에서 2018년에는 141조 6000억 원으로 늘어났다. 반면 같은 업
종 중견·중소기업 매출은 49조 1000억 원에서 70조 6000억 원으
로 증가했다. 증가율을 계산하면 대기업은 32%, 중견·중소기업
은 44%다. 중견·중소기업의 실적개선 효과가 뚜렷한 점은 강력
한 낙수효과의 실재를 입증한다.

조동근·빈기범 명지대 교수팀은 8113개 기업을 조사해 낙수
효과가 명백하게 존재한다는 연구결과를 한국경제학회 학술대
회에서 발표하기도 했다. 중소협력업체가 대기업에 납품을 많이
할수록 매출, 고정자산, 고용 등 모든 면에서 우수하다는 분석이
었다. 대기업의 존재가 거래업체와 국민경제에 큰 낙수효과를 불
렀다는 의미다.

또 조준모 성균관대 교수에 따르면 현대·기아차 1차 협력사
250개사의 평균 매출은 지난 10년간 3배 가까이 늘었고, 직원 1인
당 평균 매출 역시 2.4배 증가했다. 대기업이 성장하면서 중견·중

소기업이 동반 급성장한 것이 낙수효과가 아니면 무엇인가.

사실 굳이 복잡한 검증도 필요 없다. 직관적으로 생각해도 낙수효과를 부정하기는 어렵다. 어떤 기업이든 투자와 생산을 늘리면 다른 기업과의 거래도 늘기 마련이다. 어찌 보면 기업과 경제의 성장 자체가 연쇄적인 낙수효과의 결과다. 진보경제학은 이런 상식적인 관점을 애써 부정한다.

사실 진보좌파진영도 낙수효과의 존재를 잘 인식하고 있다. 문재인 대통령은 2020년 신년사에서 "올해 총 100조 원의 대규모 투자프로젝트를 가동하고, 인센티브를 강화해 기업 투자환경을 개선하겠다"고 강조했다. 대기업의 투자확대를 유도해 경제전반에 활력을 불어넣겠다는 취지다. 낙수효과를 부정한다면 취하기 어려운 정책이다. 심지어 '낙수효과는 없다'며 소주성을 주창한 홍장표 교수는 낙수효과를 입증하는 논문까지 썼다. 그는 학현 동료 장지상 경북대 교수(문재인 정부 산업연구원장)와 함께 2015년 발표한 '대기업 성장의 국민경제 파급효과'라는 논문에서 "대기업이 정상적으로 운영되는 한 협력기업에 낙수효과가 일정하게 발생한다"고 적었다. "낙수효과를 둘러싼 쟁점은 낙수효과의 존재 자체가 아니라 낙수효과의 크기"라고 명시했다. 낙수효과 부정이 정치적 레토릭에 불과함을 보여주기에 충분한 정황이다.

'감세는 재벌·부자 위한 것'이란 이분법

진보경제학이 시장주의 개혁을 비난할 때 조자룡 헌 칼 쓰듯 남발하는 키워드가 부자감세다. 2022년 6월 윤석열 정부가 법인세율 인하(25%→22%) 구상을 담은 '경제정책방향'을 발표하자 거대 야당의 반응 역시 한 치도 다르지 않았다. 있는 자만 위하는 '부자감세', '삼성감세' 노력이 눈물겹다는 식의 비아냥을 쏟아냈다. 하지만 법인세, 포괄적으로 감세가 반서민적이라는 인식이야말로 억지요 '뇌피셜'이다. 낙수효과가 명백하기에 감세정책도 정당하다. 감세가 투자와 GDP 증가를 부른다는 것은 최근 프랑스가 재차 입증했다. 프랑스는 마크롱 대통령 집권 5년 동안 법인세율을 33.3%에서 25%로 끌어내렸다. 그 결과 5년(2017~2022) 성장률이 유럽 주요 5개국 중 최고가 돼 '유럽연합(EU)의 경제모범생'으로 대접받는다.

미국도 대대적 감세(35%→21%)를 단행한 도널드 트럼프 대통령 시절 만만찮은 호황을 누렸다. 미국의 감세는 트럼프 이전 오바마 대통령 때부터 시작됐다. 감세정책의 효과는 한국에서도 광범위하게 확인된다. 한국경제연구원이 30년의 방대한 데이터를 돌려 보니 최고세율 1%포인트 인하 시 설비투자 증가율은 3.6%에 달했다.

그래봐야 부자들만 좋은 '반서민 정책'이라는 비난도 선동에 불과하다. 김대중·노무현 정부 내내 악화하던 양극화 저지에 성공한 것은 감세에 적극적이던 이명박 정부다. 반면 부자 증세와

'퍼주기'로 치달은 문재인 정부 때는 불평등이 다시 극심해졌다. 양극화 지표가 너무 악화하자 애먼 통계청장을 전격 경질하고 "좋은 통계로 보답하겠다"는 새 청장을 앉히기까지 하지 않았나. 세율을 내리면 세수가 쪼그라든다는 주장도 사실이 아니다. 이명박 정부의 법인세율 인하(25%→22%) 첫해인 2008년 39조 원이던 법인세수는 2018년 71조 원으로 불어났다. 세율 인하 10년 만에 세수가 거의 2배가 된 것이다. 반면 문재인 정부 세율 인상(22%→25%) 2년 뒤인 2020년 세수는 23% 급락했다. 높은 법인세율은 근로자에게 전가돼 임금도 낮춘다. 법인세율이 10% 오르면 임금은 평균 2.5% 감소한다는 분석도 나와 있다.

진보진영이 감세 무용론의 근거로 제시하는 주요 팩트는 딱 하나다. 이명박 정부 당시 법인세율을 낮췄지만 투자가 줄었다는 주장을 무한반복 중이다.

당시 글로벌 금융위기에 따른 불확실성 증대로 아주 잠깐 투자가 위축됐지만 금방 회복됐다는 게 '진짜 팩트'다.

자칭 진보 매체와 학자들까지 가세해 새 정부 경제정책을 '실패한 MB 시즌2'로 거칠게 몰아붙이고 있다. '실패한 MB'라는 수식어부터 악의적 프레임이다. 이명박 정부의 성장률(OECD 대비 초과 성장률)은 외환위기 이후 정권 중 압도적 1위다. MB 정책과 정반대로 '증세 후 퍼주기'에 집중한 문재인 정부야말로 '초과 성장률 꼴찌'의 굴욕을 당했다.

한국은 이미 대표적 '부자 과세' 국가다. 법인세만 보더라도 상위 1%가 84%, 10%가 97%를 부담한다. 반면 두 곳 중 한 곳은 법인세액이 제로(0)다. 이익 규모를 4단계로 나눠 고율의 누진세를 때리는 나라도 한국 말고는 별로 없다. OECD 회원국 절반 이상은 단일세율 체계다. 기형적 '부자 과세' 손질로 성장률을 높이고 임금까지 올릴 수 있다면 감세를 주저할 이유가 없다.

한국은 '대기업 천국'이라는 비난

진보경제학은 대기업을 한국 경제의 공적이라고 공격한다. 빈곤은 이익을 독식하는 재벌 때문이고, 실업도 직원을 안 뽑는 대기업 탓이고, 투자가 안 되는 것 역시 기업이 금고에 돈을 쌓아두고 안 풀기 때문이라는 주장이다. 학현학파 이정우 경북대 교수는 "한국만큼 대기업 갑질이 심한 나라가 없다. 대기업이 기술을 탈취하고 가격을 후려치기 하면서 중소기업은 겨우 목숨만 부지하고 있다"고도 했다.

대기업이 잘나가는 탓에 중소기업이 취약해진다는 이상한 논변도 넘친다. 몇몇 대기업이 무너지면 한국 경제도 버티기 힘들다며 리스크 관리를 위해서도 재벌을 해체해야 한다는 주장까지 나온다. '삼성이 망해야 한국 경제가 산다'는 식이다. 여의도 국회에서는 대기업 즉 재벌체제는 한국만의 잘못된 구조라며 적극적인 규제로 '대기업 천국'에서 탈피하자는 논의가 넘친다.

번지수를 한참 잘못 짚은 것이며, 악의적 프레임에 불과하다. 한국이 '대기업 천국'이라는 기본 전제부터 틀렸다. 한국 100대 기업의 매출집중도(전체 기업매출에서 차지하는 비중)는 45.6%로 OECD 주요 19개국 중 15위에 불과하다. 캐나다가 79.1%로 고공비행 중이고 미국·독일·프랑스도 전부 50%가 넘는다. 30대 기업의 매출집중도 순위도 19개국 중 14위로 낮다.

매출집중도 절대치도 지속적으로 감소하고 있다. 100대 기업의 매출집중도는 2011년 58.1%에서 2020년 45.6%로, 10년 새 10%포인트 이상 낮아졌다. 같은 기간 30대 기업 집중도도 42.1%에서 31.1%로, 10대 기업 집중도는 26.1%에서 19.6%로 급락세다.

자산집중도(전체 기업 자산에서 차지하는 비중)로 비교해도 마찬가지다. OECD 19개국 중에서 100대 기업과 30대 기업의 자산집중도는 공히 15위에 머문다. 10대 기업도 13위로 하위권이다. 자산집중도 역시 최근 10년 새(2011~2020) 100대 기업은 59.1%에서 50.6%로 크게 낮아졌다. 100대 기업의 자산증가율은 연평균 2.7%로 100대 미만 기업(6.7%)을 훨씬 밑돌았다. 같은 기간 30대 기업 자산집중률은 42.1%에서 36.3%, 10대 기업 역시 27.9%에서 24.2%로 줄었다.

인구 1만 명당 대기업(500인 이상 제조업) 수도 0.07개로 주요국 중 최저다. 독일은 0.21개로 우리의 세 배다. 일본(0.14개), 미국(0.13개), 영국(0.11개)도 한국보다 많다.

대기업의 '단가 후려치기'도 필요 이상의 비판은 금물이다. 조선업을 들여다보면 협력사의 영업이익률(2001~2010)이 연 7.3%로, 조선 대기업(7.0%)보다 높다. 설사 대기업의 후려치기가 있었다 하더라도 통상적인 갑을(계약) 관계에서 용인되는 범위 이내라는 의미로 해석할 수 있는 결과다. 사회사업이 아닌 비즈니스 세계에서 대기업이 중소기업에 자비를 베풀지 않았다고 후려치기라고 비난한다면 코미디일 뿐이다.

대기업 위주의 성장은 분배를 왜곡하기 때문에 안 하느니만 못한 '나쁜 성장'이라는 주장은 자해적이다. 해외에서 벌어서 안을 살찌우는 게 한국의 대기업들이다. 한국 100대 기업은 해외 매출 비중이 55%, 10대 기업은 65%, 5대 기업은 75% 수준이다.

삼성전자·SK하이닉스·LG디스플레이·셀트리온헬스케어 같은 일류 기업들은 이 비중이 80~100%다. 해외에서 벌어서 탄탄한 중산층 형성에 기여하고 있다고 보는 게 합리적인 판단이다.

대기업은 '성공한 중소기업'의 다른 이름일 뿐이다. 세계무대에서 경쟁하며 수익을 내고 고용을 창출하며 경제를 살찌우는 대기업이 지금보다 더 많이 등장해야 한다. 대기업을 한국 경제의 적폐로 모는 공격은 '나쁜 정치'에 의한 부당한 관여다.

'오너 경영·순환출자는 후진적'이라는 단견

한국의 경쟁력이 일본을 따라잡았다. 국가경쟁력·신용도 등에서 한국이 일본을 제친 것이다. 20~30년 전만 해도 일본은 미국과 경쟁하는 초일류국가로 '노는 물'이 달랐다. 요즘 말로 하면 넘사벽이었다. 일본에서 배워서 한참 뒤늦게 산업화에 착수한 역사까지 감안하면 감개무량한 사건이다.

모두의 공이겠지만 굳이 따져보자면 대기업의 기여를 빼놓을 수 없다. 세계 일류로 성장한 대기업 덕분에 국가경쟁력, 제조업 경쟁력, 1인당 GDP(구매력 기준)에서 일본을 앞지른 게 분명한 사실이다. S&P, 무디스, 피치 등 3대 국제신용평가기관의 국가신용등급은 한국이 일본보다 2단계 높다. S&P의 경우 1990년에는 한국의 신용이 'A+'로 일본(AAA)보다 4단계 낮았지만, 이제 'AA'로 일본(A+)보다 2단계 높다.

물가와 환율수준을 반영해 국민의 구매력을 측정하는 1인당 경상 GDP 역시 PPP(구매력평가) 기준으로 이미 2018년에 한국(4만 3001달러)이 일본(4만 2725달러)을 따라잡았다. 제조업 경쟁력도 추월했다. 유엔산업개발기구(UNIDO)의 세계제조업경쟁력지수(CIP)를 보면 1990년 한국과 일본은 각각 17위, 2위였다. 하지만 2018년에는 한국이 3위, 일본은 5위로 역전됐다.

진보경제학은 이런 성과의 의미를 축소하고 기업을 폄하하기 바쁘다. 재벌이 족벌경영 하면서 이익을 독식 중인데 경제성장이 대수냐며 재벌개혁 불가피론을 설파한다. 하지만 이들이 재벌 개혁의 근거로 제시하는 이론과 팩트의 대부분은 천동설처럼 시효가 지난 낡은 세계관이다. 오너 경영과 순환출자를 범죄시하는 것부터 그렇다. 작은 지분으로 경영권을 휘두르는 오너 체제나 순환출자를 기형적 지배구조라 생각하는 건 과도한 이분법이다. 소위 '피라미드형 오너 경영체제'는 전 세계 기업들의 가장 보편적 지배구조. 오히려 전문경영인 체제가 미국과 영국의 주요 대기업들에서만 목격되는 예외적 모델이다.

한때 전문경영인 체제가 '글로벌 스탠더드'로 간주된 적도 있었다. 하지만 해외 기업에 대한 정보가 부족하던 지난 세기에 누군가의 과장과 악의가 보태져 생긴 오해였음이 확인됐다. 전문경영인 체제가 많다는 미국에서도 161만 개(2013년 기준)의 법인 중 전문경영기업은 전체 법인의 0.2%에 불과하다.

전문경영인 체제가 우월하고 오너 경영은 열등하다는 증거도 없다. 세계 경제를 앞장서서 이끌고 있는 미국 테슬라, 아마존, 페이스북의 일론 머스크, 제프 베이조스, 마크 저커버그만 봐도 오너 경영의 보편성과 장점이 만만찮음을 직감할 수 있다. OECD 회원국의 3분의 2는 대주주가 보유한 주식에 보통주보다 더 많은 의결권을 부여하기까지 한다. 저커버그의 페이스북을 비롯해 워런 버핏의 버크셔 해서웨이, 구글 모회사 알파벳 등이 그런 회사들이다.

맨손으로 출발해 세계 일류로 부상한 한국 기업들의 성공도 오너 체제의 장점을 보여주는 사례로 부족함이 없다. 전문경영인 체제도 장점이 있지만 단기성과에 매달릴 수밖에 없다는 단점 역시 분명하다.

지금은 대부분 해소된 순환출자 역시 한국 대기업만의 후진적 지배구조가 아니다. 순환출자는 도요타, 도이체방크, LVMH 등 업종불문하고 무수히 많은 글로벌 기업들이 애용하는 수법이다. 오히려 한국은 순환출자를 법으로 금지하고 있는 세계 유일 국가다. '대기업이 자원배분을 왜곡하고 집중을 심화시킨다'는 기업패권가설이 구미에서 한때 유행하기도 했다. 하지만 어떤 분석으로도 가설이 입증되지 않아 지금은 효력을 상실했다. 경쟁의 범위가 전 세계로 확산된 마당에 자원배분 왜곡 주장은 국내시장만을 염두에 둔 좁은 시각이다.

물론 재벌에는 고칠 점이 많다. 글로벌 위상에 걸맞은 책임을 껴안아야 한다. 지배구조를 더 투명하게 하고 책임경영을 강화하며 사회적 역할을 적극적으로 수행해야 한다. 하지만 그런 변화도 기본적으로 대기업 스스로의 몫이다. 정부가 기업을 잠재적 범죄자나 피의자로 여기고 특정 방향을 강제하겠다는 생각은 월권이자 나쁜 간섭이다. 정부는 모든 것을 알고 있는 전지자가 아니다. 정부를 대리하는 공무원이야말로 업무 전반의 공정과 효율보다 자신의 이익을 우선시해 의사결정하는 경향이 뚜렷하다는 게 현대경제학이 내린 반전 결론이다. 어떤 공직자가 자신의 능력과 도덕성을 과신한다면 그 자체로 자만이거나 위선일 개연성이 높다.

'재벌은 특혜 덩어리'라는 오해

'무조건 항복' 당시 한반도의 일본인은 70만 명이었다. 이들은 해방 무렵 국내 주요 산업시설의 94%를 소유했다. 갑작스러운 해방에 일본인들은 허겁지겁 귀국길에 오르며 재산을 국내에 남겼다. 그렇게 두고 간 일제와 일본인 소유의 재산은 몰수 조치돼 적산으로 불렸다.

광복 당시 조선인이 경영하는 소위 민족기업은 극히 소수였다. '호남의 지주' 김연수가 1919년 경성방직을 설립해 만주까지 진출하고 '조선의 유통왕' 박흥식이 인쇄업과 종이장사로 시작해 1931년 화신백화점을 차려 주목받은 정도였다. 이런 상황에서 일본이 남기고 간 적산은 경제건설의 중요한 자원이었다.

북한은 소련 고문단의 코치 아래 일찌감치 적산을 국유화했다. 하지만 미 군정청은 민간이 중심이 돼야 한다는 생각에 시간을 끌다 1948년 건국된 대한민국 정부로 소유권을 인계했다. 적산을 넘겨받은 이승만 정부는 1949년 '귀속재산처리법'을 제정하고 미 군정청이 1947년부터 시행한 방식을 토대로 신속한 민간 불하를 실시했다. 그렇게 미 군정기와 이승만 정부 시기 불하된 적산기업은 2700여 개에 달했다.

이 '적산'의 특혜 불하가 '재벌 탄생의 기원'이라며 맹렬히 공격하는 이들이 적지 않다. "우리나라 재벌들은 미군정과 이승만 정부 아래에서 일본이 남기고 간 귀속재산을 헐값에 불하받아 태동했다"(박용진 더불어민주당 의원)는 주장이다. 출발부터 특혜를 입었으니 재벌은 국민기업이라는 식의 비약도 나온다.

결론적으로 말하면 현재 한국 주요기업 대부분은 적산 불하와 무관하다. 공정거래위원회가 2021년 5월 지정한 한국의 71개 대기업집단(재벌) 가운데 적산 불하가 기업집단 형성의 계기가 된 사례는 SK, 한화, 두산, 애경 등 4곳에 그친다. 71곳 중 4곳이니 비율로는 6%다. 나머지 94%(67개)는 적산 직접 불하와 무관하다.

1949년 말에 시작해 1963년 5월에 종료된 적산 불하 과정에서 특혜가 수반된 것은 사실이다. 불하가격이 시가보다 훨씬 낮게 책정됐고, 최장 15년 연부상환도 허용됐다. 당시 높은 물가상승률을 고려하면 장기 연부상환 자체가 특혜였다. 법과 관행도 제대로 정비되지 않아 정경유착과 부패도 많았다.

당시 적산기업 중 지금까지 명맥을 유지하는 곳은 2%도 안 된다. 적산 불하로 출발한 기업일지라도 두 세대가 넘도록 살아남았다면 끊임없는 노력을 인정해야 마땅하다. 끊임없이 경제적 사회적 가치를 창출한 덕분에 소비자들로부터 선택받았다고 보는 게 합리적 시각일 것이다. 바늘구멍 같은 생존경쟁에서 살아남았다는 사실만으로도 해당 기업들은 '불굴의 승리자'로 존중받을 자격이 있다.

'경제개발사는 정경유착사'라는 편견

1962년부터 본격화된 한국의 경제개발사 역시 특혜로 얼룩졌다는 비판도 적지 않다. 경제개발이라는 미명 아래 특정기업에 사회적 자원을 몰아줬다는 주장이지만, 이 역시 과도한 지적이다.

기적 같은 성공을 가능케 한 한국형 '불균형 성장 전략'에 대한 이해 부족이다. 일방적 특혜가 아니라 국가적 요구에 적합한 기업을 전략적 관점에서 선발하고 사회적 자원을 집중하는 방식은 어느 시대에나 있었다. 문재인 정부도 5G나 반도체산업의 전략적 가치를 인식하고 관련 기업에 집중 지원했지만 아무도 이를 특혜라 말하지 않는다.

1960~1970년대 경제개발 현장을 지킨 황병태 전 의원의 증언은 음미할 대목이 많다. 그는 수출입국의 임무를 떠맡은 상공부의 사무관으로 시작해 경제기획원 차관보까지 지낸 정통관료 출신이다. "외자업체를 선정할 때 오직 관심은 그 기업이 어떻게 성공을 거두고 얼마나 국가에 기여할 수 있겠느냐 하는 전략적 고려뿐이었다. 금호그룹 창업자인 박인천 회장이 석유화학사업에 처음 참여하던 과정이나 유찬우 회장의 풍산금속을 방위산업체로 선정하는 과정에서도 또렷이 확인된다. 두 업체 모두 한국 대표 재벌기업으로 성장했지만 당시 전략사업으로 선정되고 육성되는 과정은 너무도 간단했다. 사업적 판단 외에는 고려사항이 없었다. 그때 광주에서 운수업을 하던 박인천 회장이 기획원으로 실무과장 사무실을 방문해 석유화학사업 참여 의사를 밝혔고, 그에 따라 장기영 부총리를 거쳐 청와대의 의견을 물었으며 박정희 대통령은 '실무과장이 검토해서 문제가 없다면 승인해주면 되지 않느냐'는 한마디로 간단히 결론을 내렸다. 박 회장이 사업승인을 받기까지 행정관청과 접촉한 것은 적어도 내가 아는 한에서는

사업 참여 상담 차 기획원을 방문한 것과, 서류를 제출하려고 상공부를 방문한 것 등 두 번이 전부였다.

　방산과 중화학공업에 박차를 가하기 시작하던 초창기에 풍산금속을 신동공장 사업주로 선정하는 과정에서도 오히려 박정희 대통령이 호소를 해가면서 유찬우 회장을 설득했다. 과장도 부총리도 설득 못 하자 직접 나섰다. 이권에 초연했던 박정희 대통령의 처신과 행동은 역사적인 평가를 받고도 남을 일이다. 30년이 흘렀지만 개인적으로 재산과 이권에 연관됐다는 어떤 추문도 들어본 적이 없다. 박통 본인은 물론 주변 측근에 대해서도 철저히 지켜진 원칙이었다.”

　황병태 전 의원의 기억에 다소의 미화가 있을 수 있을 것이다. 또 정경유착이라 부를 만한 일도 실제 많았다. 시대를 짓누른 일상적 부패의 관행도 깊었다. 그렇지만 맨땅에 헤딩하듯 원시적 자본축적에 집중하는 속도전 과정에서 일정한 잡음은 나오기 마련이다. 부정적 측면만 부각해 경제개발 과정 전부를 특혜로 모는 것은 균형 잡힌 시각이 아니다.

　부실기업에 세금이 투입되는 것도 특혜라기보다, 어느 나라에서나 구조조정 과정에서 일어나는 일이다. 해당 기업이 예뻐서도, 봐주는 것도 아니다. 국가 경쟁력, 고용 유지, 경제시스템 붕괴를 막기 위한 공동체의 판단으로 이해하는 게 바람직하다. 반대로 외환위기 때는 30대 재벌 중 대우, 쌍용, 해태, 진로 등 무려 17곳이 무더기 파산했다. ‘자금지원 중단’이 공동체의 이익에 부합한다는 공감대가 있었기 때문이다.

김화진 서울대 교수는 시장참여자를 '적당히 나쁜 사람들(moderately bad person)'로 규정한다. 경제활동의 목적이 이윤창출이고 생존경쟁을 수반하는 만큼 적당히 나쁜 사람이 될 수밖에 없다는 관점이다. 적당히 나쁜 사람들의 탐욕은 시장을 긴장시키고 경제 전반의 생산성을 제고한다. 시장의 룰을 훼손하지 않는 한 '적당히 나쁜 사람들'은 경제적 측면에선 유능한 시장참여자들이다.

비즈니스뿐만 아니라 일상생활에서도 누구나 타인에게 크게 피해가 가지 않는 선에서 적당히 나쁜 행동을 한다. 때로 빨간불에 교차로를 건넌다든지, 같이 누군가의 흉을 본다든지 하는 것들이다. 하지만 상당수 사람들은 나쁜 일보다 선한 일을 더 많이 행하면서 살 만한 공동체를 유지하는 데 기여한다. 정글 같은 경제현장에서 누군가에게 '왜 당신은 천사가 아닌가'라며 도덕적 잣대를 들이미는 건 번지수 틀린 패자의 한탄에 불과하다.

'주류경제학은 부자만 위한다'는 매도

주류경제학은 부자와 강자의 경제학이라는 매도가 만만찮다. 이런 선동은 한·미 FTA 반대운동에서 절정을 이뤘다. 당시 진보경제학자들은 무역 확대는 부자나라와 가난한 나라 간 격차를 확대할 뿐이라고 주장했다. 거대 자본을 앞세운 선진국이 개도국의

부를 끊임없이 빼내간다며 '자유무역은 선진국의 실업수출 대책'
이라고 비난했다.

　이 같은 단순논법은 진보경제학이 거의 모든 경제적 문제를
재단하는 핵심프레임이다. 규제 완화에 반대할 때도 '부자를 더
욱 부유하게 만들 뿐'이라고 목소리를 높인다. 규제 완화는 누구
나 자유롭게 기업을 할 수 있도록 만드는데, 이는 결과적으로 자
본이 없는 사회적 약자들은 자신의 권리를 뺏기는 격이라는 기적
의 논리를 펼친다. 인간을 시장에 맞출 것이 아니라 시장을 인간
에게 맞춰야 한다는 감성적 주장까지 끝이 없다.

　재벌을 위한 정책을 펴야 한다고 주장하는 경제학자는 없다.
경제학자의 핵심 관심은 국부 증진이다. 만약 어떤 학자가 재벌
과 부자에 유리한 정책을 제안한다면 그것이 사회 전체 후생과
효율을 극대화하는 방향이어서지, 남다른 부자 편향 때문은 아니
다. 서민과 중소기업을 앞세우는 진보경제학이야말로 경제 전반
의 활력을 떨어뜨리고, 약자를 희생자로 만드는 일이 비일비재하
다. '착한 경제학'이라는 미망과 '착한 경제학자'라는 감정과잉에
서 비롯된 감성적 정책의 후폭풍은 언제나 부자보다 빈자에게 치
명적이다.

　문재인 정부는 '착한 정책'을 가장 많이 내놓은 정부로 역사에
기록될지 모른다. 저소득 근로자를 위한다며 최저임금을 벼락같
이 인상시켰고, 비정규직의 '묻지마 정규직화'를 밀어붙였다. 세
입자를 보호하겠다며 전월세상한제, 계약갱신청구권, 전월세 신

고제를 담은 '임대차3법'도 통과시켰다. 결과는 기대와 달리 파괴적이었다. 최하위 계층은 아예 고용시장 바깥으로 쫓겨났고, 상위 귀족 근로자층 급여만 올랐다. 이는 지금 우리 경제가 겪고 있는 심각한 물가상승의 주요 요인이기도 하다.

'로또 정규직' 자리를 두고 노노 간 갈등이 폭발했고, 노동시장 선진입자들이 정규직을 싹쓸이한 탓에 청년 채용이 바닥으로 추락했다. 전셋값이 5년 전 취임 때의 매맷값보다 높아지는 기막힌 현상에 '벼락거지'가 속출했다. 내 집 마련은 먼 달나라 일이 되고 말았다. 진보경제학이야말로 부자를 더 부자로 만드는 선순환과 삶을 힘겹게 버텨온 빈자들의 희망사다리를 걷어차 버린 '배신의 경제학'이 아닐까.

'나랏돈 풀면 경제 좋아진다'는 맹목

나폴레옹(1769~1821)은 사법·군사·행정 등 다방면에 탁월했지만, 경제에는 무지했다. 그는 노동자들을 불러모아 도랑을 파고, 그 도랑에 다시 흙을 메우는 의미 없는 일을 반복시켰다. 공공사업이 실업자를 구제하고 경제에 활력을 준다고 믿었던 것이다. 이런 공공사업에 대한 대중의 호응이 커지자 프랑스는 나폴레옹 사후에 '국립 작업장'이라는 거대한 공공사업기관까지 설립했다.

정부가 앞장서서 돈을 풀면 경제가 활기를 찾을 것이라는 그럴싸한 이 '나폴레옹 경제학'의 허상을 깨뜨린 이가 '천재적 사상가' 프레데리크 바스티아(1801~1850)다. 그는 눈앞의 즉각적 효과로 공공사업을 판단해선 안 된다고 지적했다. 납세자의 경제 활동 위축 등 일련의 연속적 효과를 함께 봐야 한다고 했다. 지금은 상식이 됐지만, 당시엔 경제학자들도 몰랐던 '기회비용' 개념을 제시하며 '보이는 것'과 '보이지 않는 것'의 구분을 강조한 것이다. 나폴레옹이 불을 댕긴 프랑스의 '국가주의적' 일자리 해법은 재정을 잠식했고 '6월 폭동'이라는 유혈극으로 끝났다. 문재인 정부 시절 한국에서 벌어진 많은 일들도 나폴레옹의 '도랑 파고 묻기'와 별반 차이가 없었다. 바스티아 이후 현대경제학은 '민간부문 구축효과'를 들어 '세금일자리' 정책에 회의적이다. 하지만 문 정부 5년 동안 오로지 세금일자리 창출에 올인했다. "공공일자리 1개가 생기면, 시장일자리 1.5개가 사라진다"(OECD)는 복잡한 연쇄효과는 외면했다. 오직 '세금 알바' 일자리 숫자만 자화자찬했다. 부작용이 속출해도 요지부동이었다. "우리에겐 아직 많은 세금이 남아 있고, 정 안 되면 한국은행에서 찍어서라도 돈을 뿌리겠다"며 재정을 만병통치약처럼 배급했다.

정부가 재정을 투입하면 국가 총수요가 증가하고 국내총생산(GDP)이 늘어나는 것은 맞다. 하지만 재정승수(재정 투입액 대비 증가 GDP)가 매우 낮은 탓에 재정 지출이 국민소득 증가에 미치는 영향은 미미하다. 한국은행은 정부 이전지출의 재정승수가 0.2에 불과하다는 분석을 내놓기도 했다. 재난지원금처럼 민간에 현금성 지원으로 1조 원을 뿌려봐야 GDP 증가는 2000억 원에 그친다는 뜻이다. 특히 지출재정을 적자국채로 조달할 경우 한국의 재정 승수는 마이너스로까지 추락하는 것으로 분석되고 있다.

과도한 확장재정은 민간 경제의 역동성도 저해한다. 경제가 회복되는 시기에는 정부가 시장에 돈을 풀수록 민간 투자가 위축되는 '구축효과'가 더 뚜렷해진다. 인플레이션이 심해지고, 물가 및 시중 이자율이 상승해 민간 기업의 투자 감소를 부르게 된다. 불황기에는 재정승수가 3~4배로 커진다는 연구가 있긴 하다. 미국 버클리대학 앨런 아우어바흐, 세인트루이스 워싱턴대학 스티븐 파자리, 영국 킹스컬리지 엥겔베르트 슈톡해머 등의 분석이다. 또 중앙은행의 기준금리가 0% 근처에서 고정될 때는 재정승수가 커진다는 점도 고려 대상이다. 그렇더라도 과도한 재정운영이 국가채무 비율을 높이고 외국인자금 이탈을 초래하는 심각한 작용을 수반한다는 점은 변함이 없다.

재정지출 폭증은 국가의 실패로 치달을 개연성이 높다. 심각한 불황기라면 모를까, 보통의 경기 상황에서 재정투자의 유용성 과신은 금물이다. 무차별 재정 투입에도 '잃어버린 20년'의 늪에서 허우적댄 일본이 반면교사다. 남미의 몰락도 포퓰리즘적 현금 살포를 위한 무분별한 재정 급팽창의 위험성을 잘 입증했다. 원화는 기축통화가 아니기 때문에 보수적인 재정운용은 선택이 아니라 필수다.

잠깐 글로벌 인플레의 배후 '싸구려 경제학'

글로벌 인플레이션이 40년 동안의 긴 잠에서 깨어났다. 걸핏하면 'I(인플레이션)가 온다'며 호들갑을 떨지만 근 100년 사이 진짜 인플레이션은 세 차례에 불과했다. 제1차 세계대전, 제2차 세계대전, 그리고 오일쇼크 때다. 물론 '구조적인 장기 물가상승'이라는 정통적 기준으로 그렇다는 말이다.

얼마 전 미국과 유로존 물가상승률은 8~9%대까지 치솟았다. 미국은 40년 만에, 유로존은 통계 집계(1997) 이후 최고치다. 이 추세가 고착화한다면 우리는 네 번째 인플레와 마주하게 된다. 역사적으로 인플레는 세상 질서를 바꾼 트리거였다. '나치즘은 인플레이션의 사생아'라는 주장이 정설이고, 재스민 혁명으로 유명한 10여 년 전 '아랍의 봄'도 식량가격 급등에서 촉발됐다.

사실 현대경제학은 인플레를 통제 가능한 '마이너 변수'로 봐왔다. 미국 중앙은행(Fed)의 전설 폴 볼커 전 의장이 '무자비한 금리 인상'이라는 특효약을 발견했기 때문이다. 제롬 파월 의장과 재닛 옐런 재무장관이 2022년 초까지만 해도 "인플레는 일시적이며, 우리는 대응수단을 갖고 있다"고 자신했던 것도 그래서였다.

그렇게 '손쉬운 상대'인데 어쩌다가 통제 불능을 걱정하게 됐을까. 글로벌 공급망 훼손과 우크라이나 전쟁을 많이 꼽지만 더 본질적인 이유는 '싸구려(schlock) 경제학'의 범람이다. 싸구려 경제학은 노벨경제학상 수상자 로버트 루카스 교수가 오바마 정부의 재정 퍼붓기를 신랄하게 비판하면서 꺼내든 용어다. 글로벌 금융위기 직후 취임한 버락 오바마 대통령은 당선인 시절부터 8500억 달러의 사상 최대 부양책을 내놓는 등 임기 내내 '돈 풀기'로 내달렸다.

후임인 도널드 트럼프 전 대통령과 조 바이든 대통령도 오바마의 길로 갔다. 특히 바이든은 '중도 좌파 케인지언' 옐런 재무장관을 앞세워 취임과 동시에 1조 9000억 달러의 대규모 부양책을 투하했다. 이후에도 바이든 정부는 옐런 장관 주도로 '고압경제(high-pressure economy)'라는 이름의 돈 풀기 정책으로 치달았다. 고압경제란 '수요의 압력이 높아진 상태'를 가리킨다. 완전 고용에 준하는 상태로 소비와 투자를 촉발해 경기를 활성화하는 정책이다. 쉽게 말해 만성적인 저성장을 벗어나기 위해 강한 부양책을 집중적으로 쏟아내는 접근방식을 의미한다.

Fed의 잘못도 크다. 파월 의장은 자산가치를 떠받쳐 온 전통의 'Fed 풋'에 대한 강박 때문인지 통화긴축에 실기하고 말았다. 그 결과 2008년 35.2%에 그쳤던 국가채무비율은 2022년 말 104.4%로 3배가 됐다. 과격한 재정 투입과 느슨한 통화관리가 초래한 누적 부실이 깊이 잠들었던 인플레이션이라는 괴물을 깨운 일등공신이 됐다.

파월과 옐런은 오판을 인정하는 굴욕을 감내하면서 이제 인플레 때려잡기에 올인 중이다. 절체절명의 승부다. 인플레가 통제 불능으로 전개되면 달러 위상과 미국의 'G1 지위'마저 위협받을 개연성이 높다.

'복지를 하면 성장이 따라온다'는 망상

진보경제학자들은 분배가 잘 되면 성장과 선순환하며 경제가 역

동적으로 움직인다고 설파한다. 장하준 케임브리지대 교수 같은
이들의 주장이다. 그는 장기적으로는 복지제도를 통해 최저생활
을 보장하고, 실업보험·재교육 등을 확대하면 노동자가 더 진취
적이 돼 성장이 촉진된다고 강조한다. 노동자들은 목숨 걸고 구
조조정에 저항하지 않기 때문에 신산업 창출이 쉬워지고 구조조
정이 신속해진다는 설명이다. 학현학파 이정우 경북대 교수는 대
선을 앞두고 "차기 정부 대통령은 복지 없이는 성장이 없다는 것
을 선언해야 한다"고 강조했다. 문재인 대통령은 진보경제학자
들의 이런 견해를 그대로 수용했다. 문 대통령은 "분배가 경기를
살리고 성장률을 높인다"며 "분배전략이 곧 성장전략"이라고 말
했다. 소득주도성장은 이런 인식에서 출발했다.

　하지만 '복지가 성장을 견인한다"는 건 인정받지 못하는 학설
이다. 오히려 '복지는 성장을 저해한다'는 정반대 주장이 정설로
대접받는다. 영국·스웨덴·독일 등 19개 복지선진국의 사례를 분
석해 봐도 분명하다. 1970~2001년을 들여다보면 이들 국가의 성
장률은 복지 혜택을 확대한 시기에 하락하고, 축소한 시기에는
상승했다(Tatiana Fic & Chetan Ghate, 〈복지국가와 경제성장〉, 2004). 복지가
성장을 부르는 게 아니라, 성장이 분배와 복지를 부른다는 의미
다. 분배를 잘하면 성장이 오고 시장이 활성화된다는 건 '마차가
말을 밀면 빨리 달릴 수 있다'는 주장과 유사한 논리의 전도다.

　퍼주기 복지가 성장을 저해한다는 분석은 넘친다. 복지국가의
경제적 성과가 신자유주의 국가들보다 뒤처지는 게 일반적이다.

복지제도가 우수한 서유럽 30개국의 1980~2008년 약 30년의 경제 성장률은 연 2.1%(앵거스 매디슨 분석)에 그쳤다. 반면 비슷한 선진국이면서 복지보다 신자유주의적 시장개혁을 더 중시한 서유럽 파생국(미국·캐나다·호주·뉴질랜드)은 같은 기간 더 높은 2.8%의 성장률을 기록했다. 유로화 출범(1999) 이후 2020년까지 유로존 전체 GDP는 28% 성장하는 데 그쳤다. 물가상승률을 감안하면 성장세가 거의 중단된 셈이다. 반면 같은 기간 세계 경제는 185% 성장했다.

유럽 복지국가들은 한때 '복지 천국'으로 불리며 세계인의 부러움을 샀지만 그 영광은 한 세대도 지속하지 못했다. 이제 그들은 대거 빚더미 나라살림에 시달리며 유럽을 '복지 병동'과 '저성장 경제블록'으로 전락시키고 말았다. 유럽 복지모델의 한계는 뒤처진 혁신경제 순위에서도 잘 드러난다. 사회적 자본이 복지로 쏠리면서 유럽은 벤처캐피털 부족이 심각하다. 혁신에 불리한 경제구조가 될 수밖에 없다. 유엔 산하 세계지식재산기구(WIPO)의 2021 글로벌 혁신지수를 보면 유럽 5대 대국의 부진이 뚜렷하다. 영국(4위)을 제외한 다른 나라들은 한국(5위)보다 순위가 훨씬 낮다. 독일(10위), 프랑스(11위)는 10위권에 머물렀고, 이탈리아와 스페인은 20위권에도 이름이 안 보인다. '과학 클러스터 톱10' 순위에서도 유럽의 부진이 두드러진다. 1~5위는 도쿄·요코하마, 선전·홍콩·광저우, 베이징, 서울, 새너제이·샌프란시스코로 아시아와 미국에 있다. 유럽권에는 '파리 클러스터'가 10위로 톱10에 겨우 진입했다. 런던(15위), 암스테르담(19위), 쾰른(20위) 등은 하위권으로 처졌다. 과잉복지에 집착하는 사이에 유럽은 세계 경제 선도자에서 탈락해 미국과 아시아의 혁신을 부러워하는 신세로 전락했다. 복지가 성장과 미래를 열어준다는 증거는 어디에도 없다.

잠깐 '유럽복지 3인방'의 실패 스토리

'유럽복지 3인방'이 복지환자가 된 스토리는 많은 시사점을 준다. 스웨덴· 독일·영국은 유럽에서도 독자적인 모델을 실험한 '복지 3인방'이다. 한때 성장과 복지를 다 잡았다는 평가를 받았다. 하지만 영광은 오래 가지 않았다. 예외없이 분수에 넘치는 과잉복지가 성장의 발목을 잡고, 그런 과정에서 기존 복지마저 허물어지는 자기 파괴의 길을 걸었다.

결국 성장을 강화하는 대대적인 시장친화적 개혁조치를 통해 가까스로 복지모델의 숨통을 잇는 데 성공했다. 이 같은 '3인방 스토리'는 복지가 성장을 견인한다는 주장의 허구와, 성장이 없으면 복지도 없다는 진실을 잘 보여준다. 복지는 결코 도깨비 방망이가 아니라는 것이다. 나아가 신자유주의적 시장접근을 통한 성장성 제고야말로 지속가능한 좋은 복지의 선결요건임을 웅변한다. 복지도 시장과 동행해야 성공한다.

• 스웨덴

스웨덴은 1870년대부터 1950년대까지 뚜렷한 자본주의적 발전을 이뤘다. 덕분에 19세기까지 유럽의 맨 뒤꽁무니에 있다가 1950년대에는 가장 잘사는 나라로 탈바꿈했다. 하지만 1946년 집권한 사회민주당이 무리한 복지정책을 잇따라 도입하면서 스웨덴의 추락이 시작됐다. 높은 세금으로 인한 자본 이탈, 기업가 정신의 퇴조, 유럽 최고 실업률이라는 심각한 부작용에 직면했다. 유명 스포츠선수나 뮤지션, 또 이케아 같은 스웨덴의 거대기업들이 세금을 피해 줄줄이 해외로 탈출했다. 결국 사회민주당은 1976년 정권에서 쫓겨났다. 1970년 4위이던 1인당 GDP는1990년 9위, 1998년 18위로 추락했다. '스웨덴 복지모델의 종언', '스웨덴의 실험은 실패로 끝났다'는 말이 회자됐다.

스웨덴의 쇠락을 부른 과도한 복지모델이 본격 도입된 건 1950~1975년이다. 1977년부터는 네덜란드를 제치고 공공사회지출 비중 세계 1위가 됐다. 공무원과 세금이 급증했고 국민부담률이 1960년 32.1%에서 1975년 50.9%로 높아졌다. 반면 1970~1993년 성장률은 평균 1.5%로 OECD 평균(2.8%)에 크게 미달했다. 실업률이 치솟았고 규제와 공공부문의 비대화 여파로 창업부진이 심각했다.

1970~1980년대 '잃어버린 20년'을 겪은 스웨덴은 1991년 대대적인 세제개편에 착수했다. 시장과 복지제도 전반을 시장친화적 체제로 개편했다. 평균 60%이던 소득세를 30%로 낮췄고, 간접세를 늘리고 복지지출을 축소했다. 이는 상속세와 부유세를 완전히 없애는 '2007년 개혁'으로 이어졌다. 사회민주당을 대신해 2006년부터 집권한 우파연합의 지속적 소득세 인하와 친기업정책도 경제를 부활시켰다. '국방을 제외한 모든 분야에서 정부 영향력 줄이기'를 모토로 개혁이 가속화됐다. '무임승차하는 복지모델'에서 '일하는 복지'로 바꾸기 위해 전 국민 대상 기초연금을

폐지하는 등 연금개혁에 나서고 의료보장 수준도 크게 낮췄다. 감세정책
도 밀어붙였다. 자유무역과 시장규제 완화로 성장을 이끌어내 고세금과
고복지를 감당하는 구조로 탈바꿈했다. 그 결과 스웨덴 경제는 다시 일
정한 성장궤도로 복귀했다.

• 독일

독일은 제2차 세계대전 패전 후 1950년대에 '라인강의 기적'을 성취
하고 경제대국이 됐다. 아데나워 총리와 에르하르트 경제장관의 친기업
적 자유시장 경제정책의 결과였다. 하지만 독일도 1970년대부터 본격화
된 과도한 복지의 후유증으로 30여 년의 긴 경제부진에 시달렸다. 1967
년 집권한 사민당 정부는 경기조절, 고용확대, 물가안정을 위해 시장에
적극 개입하는 방향으로 선회했다. 동시에 고도성장의 과실에 대한 분배
요구가 높아지자 의료 연금보험 등 사회보장제도를 대폭 확대했다. 브란
트의 사민당 정부는 1970년대에 복지예산을 매년 10% 이상 늘려갔다.
1970년 28.5%이던 GDP 대비 정부지출 비중이 불과 5년 뒤인 1975
년에 50.3%로 급등했다. 재정적자와 정부부채가 확대되고 이는 세금
인상으로 이어져 민간소비와 투자를 위축시켰다. 의료, 연금 등 사회보
장제도를 운영하는 데 예산의 60% 정도가 지출됐다. 그 결과 독일은
1970~2005년 35년 동안 선진국 중 가장 낮은 경제성장률로 추락했다.

1983년에 집권한 콜 기민당 정부가 시장중시 경제정책으로 전환하
면서 변화가 시작됐다. 경쟁 강화, 재정적자 삭감, 규제 완화, 통화 안정,
사회보장제도 축소 등을 추진했다. 1998년에 집권한 사민당 슈뢰더 총

리도 순차적인 구조개혁을 단행했다. 핵심은 노동시장 유연화, 복지제도 축소, 세제개혁이었다. 신자유주의적 방향으로 전환해 기존의 사회적 시장경제 체제를 세계화 흐름에 맞게 조정해 나갔다. 투자 활성화를 위해 2005년에는 법인세율을 25%에서 19%로 대폭 인하했다. 2005년 11월 출범한 앙겔라 메르켈 총리가 슈뢰더의 정책을 이어받아 강력한 개혁을 추진하자 독일은 장기부진을 탈피해 2006년 무렵부터 성장세를 회복했다. 최대 난제였던 실업률도 하락하기 시작해 EU의 중심국가로 재부상했다.

• 영국

한때 '해가 지지 않는' 제국을 건설했던 영국은 1976년 IMF 관리체제로 들어가는 쇼크를 맞았다. 석유파동의 여파로 1973~1977년 5년 연속 경상수지 적자를 냈고, 재정적자 심화로 파운드화는 폭락했다. 결국 1976년 12월 IMF에 구제금융을 신청했다.

제2차 세계대전 후 과도한 사회복지정책이 시행되고 평등주의가 득세하면서 촉발된 영국병이 위기의 주범이었다. 전후 집권한 노동당 정권은 사회보장제도 확대, 완전고용정책 유지, 기간산업 국유화를 통해 복지국가의 토대를 다졌다. 국가주도형 복지체계는 재정적자를 급증시키며 정부의 정책대응 능력을 고갈시키는 악순환을 불렀다. 또 사회민주주의적 정책은 민간부문 활력과 경제역동성 저하라는 치명적인 폐해를 낳았다.

1979년 집권한 보수당 정부는 마거릿 대처 총리 주도로 영국병 치유에 나섰다. 노동시장 유연화, 공공부문 축소, 금융 빅뱅, 규제개혁 및 감세 등 광범위한 시장중시형 신자유주의적 개혁이 단행됐다. 과도한 사회복지정책에 대대적인 메스가 가해졌다. 분배 중심에서 성장 중심으로 정책 노선을 바꿨다. 분배 위주의 정책이 오히려 복지수준을 후퇴시켰다는 자성 아래 결과의 평등이 아니라 기회의 평등을 추구했다.

복지 원칙도 보편주의에서 선택주의로 바꿨다. 국가가 보편적 복지 혜택을 모든 국민에게 제공하는 게 아니라, 가족이나 시장이 복지 해결의 주된 기능을 맡고 실패했을 때만 개입하는 방식이다. 보수당 대처의 복지개혁은 1997년 집권한 노동당 블레어 정부에서도 지속됐다. 블레어는 '일을 위한 복지'를 앞세워 고용을 최우선 정책으로 삼았다. 개혁이 지속됨에 따라 심각했던 영국병을 딛고 경제는 견실한 성장세로 돌아섰다. 2000년대 들어선 빈부격차도 OECD국가 중 가장 뚜렷하게 개선됐다.

'유럽 복지시스템이 최고'라는 오판

'긴 휴가, 조기은퇴 후 넉넉한 연금, 높은 실업수당, 잘 갖춰진 의료보험…'

유럽식 복지국가 모델에 대한 환상이 많다. 하지만 유럽은 자신들의 복지모델을 지속가능성이 없는 나쁜 모델로 판정한 지가 벌써 반세기다. 1970년대 오일쇼크를 거치며 거의 모든 유럽국가가 '성장 없는 복지'에 빠져 큰 홍역을 치르고 있다. 국민 경제에 큰 부담을 끼친 잘못 설계된 복지모델을 뜯어고치기 위해 지금도 악전고투 중이다.

스웨덴으로 대표되는 '유럽식 복지모델'은 한때 지구상의 이상향으로 간주됐다. 하지만 유럽모델의 한계에 대한 깊은 회의가 제기된 지 벌써 30여 년이다. 유럽을 '복지 천국'이라고 하지만 실상은 '복지 환자'에 가깝다는 것이다. 유럽 복지국가 모델이 본격 등장한 건 2차 세계대전 이후다. 당시 유럽을 휩쓸던 사회주의적 이상향에 대한 자본주의적 접근이었다. 영국 노동당 정부가 1942년 출간한 베버리지 보고서에 나오는 '요람에서 무덤까지'라는 말이 모토가 됐다. 제2차 대전에 대한 반성과 위로 무드에 힘입어 잇따라 등장한 사회당 정부들이 연금과 의료보험 보장률을 높이고 '덜 일하고 더 받는' 시스템을 만들었다.

하지만 과도한 복지는 경제를 부진에 빠뜨려 결국 복지 기반을 잠식했다. 무임승차자를 양산하는 등 부작용이 속출했다. 그 악순환은 때마침 나타난 급속한 고령화와 맞물리며 유럽식 복지제도를 막장으로 이끌었다. 이제 유럽은 복지천국이 아니라 복지 때문에 한 몸 건사도 어려워 미국에 밀리고 아시아에 치이는 '복지 환자'로 취급받는다. 유럽 각국은 과잉 복지의 늪에서 탈출하는 데 안간힘을 쓰고 있지만 한국에서는 여전히 유럽식 복지국가가 천국처럼 묘사된다. 진보경제학자들이 복지국가의 대표모델로 꼽는 나라도 예나 지금이나 스웨덴이다.

복지가 잘 돼서 안정적인 성장을 하고 있다는 주장이 넘치지만 사실과 다르다. 스웨덴은 과도한 복지가 성장 부진을 부른다는 점을 증명한 사례일 뿐이다. 복지병에 걸려 국부 증진이 정체

되자 이를 고치려고 시장자유주의 개혁에 집중한 나라가 바로 스웨덴이다. 뒤늦게나마 시장중심의 경제로 되돌아간 덕분에 이제 스웨덴은 기존보다 크게 축소된 복지를 굴릴 수 있을 정도의 최소 성장률을 회복한 상태다.

네덜란드도 1980년대에 과잉복지 '네덜란드 병'을 앓았다. 스웨덴에 버금가는 복지 혜택 탓에 노동기피 현상이 팽배해 있었다. 방만한 사회보장제도의 운영과 이로 인한 재정적자는 국가 경쟁력을 갉아먹어 1980년부터 3년 연속 경제가 마이너스성장도 했다. 결국 재정적자를 축소하고 공무원 임금·최저임금·사회보장수당을 삭감했다. '많이 벌수록 세금은 적게 낸다'는 원칙 아래 일정 수준 이상의 이익을 내는 기업에는 오히려 법인세를 낮춰줬다.

분배와 형평에 대한 정치적 논의에 얽매이지 않고 성장을 최우선 과제로 삼아 시장기능을 지속적으로 확대했다. '작은 정부'를 위해 우편·통신사업, 공무원연금공단을 시작으로 1980년대 말부터 대대적인 공기업 민영화도 진행했다. 대규모 시장 개혁프로그램 덕분에 네덜란드 사회·경제 시스템은 느리지만 다시 작동하기 시작했다.

스웨덴 모델이니 유럽식 복지모델이니 하며 칭찬하는 것은 사실을 외면하고 시대 흐름을 거스르는 일이다. 스웨덴이나 다른 어떤 유럽 복지국가들의 보편적, 선심성 복지는 우리가 따라갈 수도, 따라가서도 안 된다. 이미 관 속에 들어간 모델이어서다. 인기영합적인 복지 포퓰리즘에 휘둘리다가는 아르헨티나나 남유럽 국가처럼 경제가 망가지고 국민이 빈곤상태로 추락할 가능성이 커진다. 포퓰리즘과 퍼주기 복지경쟁이 한창인 바로 지금이 지속가능한 복지, 진짜 복지에 대한 깊은 성찰이 필요한 시기다.

유럽 복지병 국가들의 집단적 고민의 결실로 나온 게 '사회투자국가론'이다. 앤서니 기든스가 『제3의 길』에서 주창한 담론으로 기존의 복지국가와 달리 시장과 국가가 결합해 복지를 제공하는 새로운 접근방식이다. '포용'이라는 슬로건을 앞세워 퍼주기 하는 진보경제학적 방법론이 아니라 시장경제학이 추구하는 지속가능한 복지와 일맥상통한다. 소비적 복지지출을 억제하면서, 복지와 성장을 동시에 도모하는 업그레이드된 복지정책 설계가 유럽 국가들의 새로운 선택이다.

잠깐 선별 복지냐 보편 복지냐

복지를 하지 말자는 사람은 없다. 특히 한국은 선진국에 비해 꽤 뒤져 있기 때문에 복지체계 확립이 시급한 과제다. 문제는 어떻게 '좋은 복지제도'를 구축할 것인가 하는 방법론이다. 한번 지원하고 마는 소모적인 구호성 복지가 아니라 지속가능한 복지설계가 핵심이다. 복지가 포퓰리즘으로 흐르면 돈을 펑펑 쓴 뒤 청구서는 후대로 떠넘기는 '외상복지'가 판치게 된다.

한국의 빛나는 성취를 한 방에 무너뜨릴 수 있는 게 바로 복지이슈다. 분에 넘치는 복지를 즐기다 국가부도 위기를 맞은 그리스 등 남유럽은 타산지석이다. 삶의 질 향상과 지속적인 성장을 동시에 만족시키는 윈윈 해법 찾기에 집중해야 한다. 복지국가의 길을 먼저 걸은 나라들의 성공과 실패를 객관적으로 분석하고 현실에 맞는 방안을 설계해야 한다. 복지는 한번 시작하면 되돌리기 힘든 '불가역성'이 특징이다. 당장 먹기 좋다고 복지를 곶감 빼먹듯 하다가는 유럽의 시행착오를 반복하고 거대한 후폭풍을 감당해야 한다.

능력 이상의 복지지출은 당대에서 쓰고 자녀 세대에 청구되는 외상이나 마찬가지다. 떡고물 나눠주듯 시혜적 전면복지를 해야 한다는 주장은 포퓰리즘의 전형이다. 외상이나 빚을 덜 지고 감당할 수 있는 범위 내에서 최대의 복지를 누려야 한다는 게 상식적인 답이다.

복지 확충방식은 크게 보편적 복지와 선택적 복지로 나뉜다. 선택적 복지는 취약계층에 복지예산을 집중하는 것으로, 잔여적 복지라고도 한다. 보편적 복지는 복지예산의 지원대상과 범위를 대폭 넓혀 국민을 비차별적으로 지원하자는 입장이다. 스웨덴 네덜란드 등 '요람에서 무덤까지' 나라가 책임진다는 북유럽 복지모델은 보편적 복지개념에 기초한다. 차별 없는 복지로 국민에게 기본적인 생활을 제공한다는 발상이다.

보편적 복지는 인기가 높다. 모든 국민에게 평등하고 넓은 복지를 보장한다는 구호부터 그럴싸하다. 하지만 보편적 복지는 각자가 세금을 더 많이 내고 더 많은 혜택을 받는 '고부담 고복지'의 개념이다. 보편적 복지는 조세 저항을 줄이는 방법이기도 하다. 많은 사람에게 공평하게 복

지를 하기 위해 세금을 걷는다고 하면 저항심리가 완화된다. 보건복지
연구 전문가들 사이에서도 보편적 복지에 대한 선호가 존재한다. 이론적
으로 볼 때 복지의 최종목표를 누구나 필요한 만큼의 복지를 받는 보편
적 복지로 설정하는 것이 타당하기 때문이다. 복지가 확장돼야 복지전문
가인 자신들의 활동영역이 넓어진다는 개인적인 이해관계도 작동할 개
연성이 높다. 국방 전문가들에게 물으면 대부분 국방투자를 더 강화해야
한다고 답하는 것과 비슷한 이치다.

보편 복지냐 선별 복지냐 하는 논쟁은 사실 공허하다. 최종 목표는 보
편적 복지다. 하지만 문제는 재원이다. 당장 보편적 복지를 실행할 능력
이 없다. 그렇다면 지원 순서를 정한 뒤 점차 대상을 확대해 나가는 선택
적 복지가 불가피하다.

보편적 복지 확충의 최대 수혜자는 중산층과 상류층이다. 반면 저소득
계층은 피해자가 된다. 약자층에 돌아가야 할 복지재원을 보편 복지라는
이름 아래 중산층과 상류층이 가로채는 결과다. 따라서 부자와 중산층이
서민층의 복지재원을 잠식하는 보편복지국가는 현 단계에서 악(惡)의 의
미가 크다. 부자와 중산층이 일정한 양보를 통해 취약계층의 인간다운
삶 보장을 지원하는 '약자 복지'가 공정과 정의에 더 부합한다.

'국가가 복지 독점공급자'라는 착각

복지국가 설계의 핵심은 지속가능성이다. 그런 점에서 복지국가
논쟁의 알파요 오메가는 재원조달이다. 재원조달이나 세금부담

에 대한 실천방안이 없는 일체의 복지 논쟁은 포퓰리즘일 뿐이다.

스웨덴은 고복지를 유지하기 위해 국민들이 내는 부담률, 즉 세금이나 각종 사회보장기여금 등이 GDP의 50% 선이다. 한국의 2배가 넘는 수준이다. 따라서 사회적 합의 형성과정이 선행돼야 한다. 독일·영국·스웨덴 등 복지선진국은 오랜 경험과 시행착오 끝에 성장을 해야 분배를 할 수 있다는 사회적 공감대에 도달했다. 친시장적인 경제환경 조성에 매진하는 이유다.

한국의 복지론자들은 대기업과 부자들에게 세금을 더 받는 방식으로 부담을 떠넘기면 된다고 말한다. 섣불리 세금에 손대는 것은 자칫 경제 근간을 흔들 수 있다. 복지도 하고 부자들에게 화풀이도 하는 '일석이조'라는 안일한 생각은 금물이다. 조세와 재정이 갖는 투자 역효과 등을 종합적으로 고려해야 한다.

섣부른 증세는 우리 경제의 저수지를 말려버릴 수도 있다. 세율을 올리면 1, 2년은 세수가 늘지 몰라도 중장기적인 성장둔화와 재정적자로 이어진다. 스웨덴이 2005년에 상속세를 폐지하고, 부동산세와 보유세도 가벼운 시장세로 대체하는 등 친시장 드라이브를 가속화한 이유다.

결국 시장친화적 복지시스템 설계가 핵심이다. 국가가 복지서비스 공급을 독점하는 방식은 재고돼야 한다. 국가가 '요람에서 무덤까지' 책임진다는 복지국가란 말은 솔깃하다. 하지만 국가 독점에서 오는 비효율은 시장 실패보다 훨씬 치명적이다. 국가와 민간이 더 효율적인 방안을 놓고 경쟁하는 것이 생산적인 복지의 핵심이다.

사회적 연대기능을 국가가 독점하는 전통적인 의미의 복지국가론은 시대변화에 맞게 변주돼야 한다. 서유럽 모델은 국가가 복지서비스를 독점하는 형태다. 하지만 복지국가의 전형이라는 스웨덴조차 비효율을 감당하지 못하고 모델을 크게 수정했다.

남유럽의 복지파산 사례에서도 국가의 능력부재는 적나라하다. 투표로 선택받은 정부가 복지를 담당할 최선의 주체라는 주장도 비합리적이다. 관료주의와 부패에 빠지기 쉬운 국가와 표퓰리즘에 약할 수밖에 없는 정치 속성을 감안할 때 나쁜 복지, 외상복지로 빠질 개연성이 상당하다. 국가주도의 유럽식 복지국가모델은 세계화와 신기술 발전이라는 시장변화에 적응하지 못한다는 결정적 한계도 노출했다.

시장친화적이고 재생산되는 복지라야 작동가능하다. 국가주도의 복지 드라이브가 공멸의 길임을 입증한 단적인 사례가 2008년 그리스에서 촉발된 유럽재정위기다. 국가가 독점하기보다 시장의 역할을 강화해 시장과 국가가 복지를 분담하는 방안이 바람직하다. 독점의 비효율을 제거하기 위해 국가가 기업 시민단체 등 민간과 경쟁하며 복지균형점을 찾아가는 방식이다. 인기영합적인 나쁜 복지는 경제 전반에 거품을 부르기 마련이다. 일회성으로 쏟아붓고 증발하는 복지가 아니라 고용이나 성장에 기여하는 복지시스템이어야 한다.

'신자유주의로 한국 경제 망한다'는 선동

진보는 언제나 신자유주의 타령을 한다. 성장이 안 되는 이유는 재벌만 위하는 신자유주의 탓이고, 분배가 안 되는 것도 서민과 중산층은 관심 밖인 신자유주의 탓이라고 공격한다. 자본주의적 세계 질서를 부정하는 이들이 앞세우는 이런 비판은 상투적인 레퍼토리 이상의 의미는 없다. 사실관계가 하나도 맞지 않기 때문이다.

신자유주의는 세계 경제의 성장을 저해한 것이 아니라 앞장서서 이끌었다고 보는 것이 상식적이다. 신자유주의가 심화된 2000년대(2000~2008)에 세계 경제의 GDP는 45.7% 급증했다. 신자유주의 확산이 본격화되기 전인 1990년대(1990~1999)의 35.4%보다 월등히 높다. 세계 자본주의 고도성장의 마지막 시기였던 1970년대의 성장률 49.8%에 거의 육박하는 고성장이다.

신자유주의의 성장우위는 한국에서도 목격된다. 반(反)신자유주의 기치를 들었던 노무현 정부의 5년 평균성장률은 4.5%로 같은 기간 세계 평균성장률(5.1%)보다 0.6%포인트나 낮았다. 반면 신자유주의적 친시장 정책으로 회귀한 이명박 정부 5년의 성장률은 3.2%로 세계평균과 동일한 수준이다. 극도의 반신자유주의로 치달은 문재인 정부에서는 연 2.4%(코로나 이전인 2018~2019년 기준)로 또다시 세계 평균성장률을 0.8%포인트나 하회했다.

신자유주의가 양극화를 악화시킨다는 주장도 근거가 없다. 신자유주의가 크게 확산된 2000년대 첫 10년(2000~2008)의 지니계수 변화를 보면 신자유주의 국가들이 더 양호하다. 유럽의 대표적인 신자유주의 국가인 영국과 아일랜드는 같은 기간 양극화(지니계수)가 5.2%와 3.4% 개선됐다. 반면 유럽 복지국가의 대표주자인 스웨덴과 핀란드의 양극화는 같은 기간 각각 6.9%와 2.1% 악화됐다. 한국의 지니계수도 반(反)신자유주의 정권인 노무현·문재인 정권에서 오히려 크게 악화됐다. 상대적으로 친(親)신자유주의였던 이명박·박근혜 정부에선 개선 추세를 보였다. 캐나다 프레이저연구소는 실증분석 결과 경제적 자유가 많은 나라일수록, 즉 신자유주의에 가까울수록 소득이 높고 실업이 낮다고 결론을 냈다.

사실 한국이 신자유주의로 치닫고 있다는 주장부터 번지수가 틀린 비난이다. 신자유주의는 정의가 모호하지만 일반적으로 기업에 대한 규제를 완화하고 시장자율을 확대하는 경제시스템을 일컫는다. 그런데 한국의 경제자유도 순위는 지속적으로 하락 중이다. 캐나다의 프레이저연구소, 미국의 케이토연구소(CATO) 등 전 세계 89개 연구기관들이 공동 발표한 경제자유지수 순위를 보면 한국은 1990년 30위, 2005년 39위, 2019년 47위로 하향세다. 더구나 문재인 정부 출범 이후 상법 공정거래법 중대재해처벌법에서 세계 최강의 규제와 처벌이 속속 도입됐다. 지금 한국에 넘치는 건 신자유주의가 아니라 반자유주의적 국가의 개입이다.

신자유주의가 대기업과 강자만을 대변하고 서민을 저격한다는 주장도 악의적이다. 신자유주의는 생산자와 소비자 간 최적의 균형과 시장시스템 효율을 추구할 뿐이다. 신자유주의가 완벽하고 천사 같은 시스템이라는 말은 아니다. 세상 어떤 것도 완전하지 않은 것처럼 신자유주의적 자본주의도 단점이 많다. 하지만 장점이 단점을 압도한다. 신자유주의는 최대의 효율과 최고의 공정 사이에서 최적의 결과를 얻기 위해 끊임없이 진화한다. 신자유주의의 대명사로 꼽히는 미국의 무시무시한 독점규제에서도 그런 속성이 분명하다.

미국은 독점적 지위를 남용해 소비자 후생을 저해하고 부당이득을 챙긴다는 이유로 MS, 페이스북, 구글 등의 회사분할을 시도 중이다. '빅테크 저승사자'로 불리는 리나 칸이라는 30대 신진 여성 학자를 한국의 공정거래위원회 격인 연방거래위원회(FTC) 수장에 앉히고 '빅테크 독점'과의 전쟁을 선포했다. 최선의 결과를 위한 이런 끝없는 변신과 두려움 없는 도전이 신자유주의로 매도되는 시장시스템의 유연성이자 본모습이다.

노벨경제학상 수상자인 미국의 더글러스 노스는 과거 제국주의 시절 영국은 번영하고 스페인은 쇠락한 이유를 파헤쳤다. 그가 결론으로 뽑아낸 두 개의 키워드는 '경제적 자유'와 '재산권 보호'였다. 두 가지를 보호한 영국은 번영했고 그렇지 못한 스페인은 쇠락했다는 것이다. 그는 유럽의 성장과 중국의 쇠락도 같은 맥락으로 풀이했다. 중국은 1800년대 초반까지만 해도 세계 GDP의 30% 이상을 생산할 정도로 유럽 경제를 압도했다. 하지만 강력한 중앙집중통제체제가 오랫동안 지속되면서 생산력의 발전을 짓눌렀다. 마르크스가 말한 바 생산력과 생산체제 간 모순이다. 반면 유럽은 여러 왕조로 나뉘는 과정에서 의도하지는 않았지만 중앙집중체제가 완화돼 지방과 기업가의 자유가 커졌다.

이런 차이가 유럽이 단기간에 중국을 따라잡은 주요 요인으로 작용했다. 경제학계에서는 이런 관점을 '제도주의'라고 부른다. 한국이 지향할 제도는 신자유주의적 기초 위에서 약자에게 더 많은 복지와 지원을 집중하는 따뜻한 경제공동체일 것이다.

'주류경제학=시장만능주의'라는 프레임

진보경제학이 가장 애용하는 수법은 프레임 씌우기라는 비학문적 방법론이다. 프레임은 '특정한 언어와 연결돼 연상되는 사고의 체계'(조지 레이코프)다. 한마디로 '인식의 틀'이다. 듣고 말하고 생각할 때 머릿속에는 늘 프레임이 작동한다. '시장=노동자 착취 기제'라는 말을 주문처럼 외우는 것도 악의적인 프레임전의 일환이다.

일단의 비판론자들은 신자유주의로 대표되는 주류경제학을 시장만능주의로 규정한다. 이 역시 악의적 프레임이다. 문재인 정부에서 금융감독원 부원장을 지낸 학현학파 원승연 명지대 교수는 "신자유주의는 모든 것을 시장에 맡기라는 것"이라며 프레임화를 시도한다. 하지만 현실과 동떨어진 악의적 시각이다.

한국의 대표적 조지스트 학자인 전강수 대구가톨릭대 교수는 우파 정부의 부동산정책을 '부동산 시장만능주의'라고 규정한다. 그는 노무현 정부가 투명성 제고, 개발이익 환수, 보유세 강화, 주거복지 등의 장기 정책과제를 일관성 있게 추진했다고 호평했다. 그러면서 "뒤이은 이명박 정부가 시장만능주의에 기초한 냉온탕 정책으로 노무현 정부 정책을 모조리 뒤집고 말았다"고 개탄했다. 잘못된 확신으로 잘못된 정책을 추진하며 노무현 정부가 어렵사리 달성한 정책적 성과들을 모조리 망가뜨리고 있다고 비난했다. 노무현 정부에서 집값이 폭등했고 이명박 정부에서는 하향 안정됐다는 점을 생각하면 공감하기 힘든 일방적 시각이다.

신자유주의뿐만 아니라 세상의 어떤 자본주의도 시장만능주의라는 협애한 모습으로 존재하지 않는다. '시장'에 대한 애정이 철철 넘치는 어떤 나라가 있다 해도 결코 시장만능주의적 입장은 아니다. 시장의 자율적 기능이 더 잘 발휘될 수 있도록 경제 사회 구조를 자유화해 나가는 정도일 뿐이다.

모든 자본주의 국가는 시장 실패 시 정부가 적극 개입한다. 하지만 수백 년 역사에서 경제학이 증명한 것은 거의 대부분 시장을 통한 자원 배분이 더 효율적이란 점이다. 신자유주의를 포함한 주류경제학은 국가와 시장이 경쟁할 때 다른 조건들이 동일하다면 시장에서 수행하는 게 더 바람직한 결과를 가져온다는 입장 정도로 이해하는 게 옳다.

세계 자본주의의 흐름을 견인하는 미국도 마찬가지다. 미국은 독점을 세계 어느 나라보다 강력히 규제한다. 너무 큰 기업은 강제로 분리시킬 수 있는 '기업분할명령제'라는 강력한 장치까지 두고 있다. 독점을 시장 실패의 주요 사유로 보기 때문이다. 특정 기업이 시장을 장악해 독점적 이익을 얻거나 그럴 목적으로 기업을 결합해 생기는 독점의 폐해를 막는 제도다.

독점기업에 대한 미국의 엄정한 대처는 유구한 역사를 갖고 있다. 반독점 정책에 대한 정부의 실행의지가 분명해 1890년 셔먼 반트러스트법을 제정한 이래 실제 분할명령도 심심찮게 내려졌다. MS도 한때 기업분할명령을 받았다. 시장독점으로 소비자에게 피해를 줄 우려가 크다며 워싱턴 연방 지방법원은 2000년 PC운영체제 독점권 남용 관련 소송을 심리하면서 OS(운영체제)와 응용소프트웨어 부문으로의 분할을 요구했다. 당시의 반독점소송은 연방정부와 19개 주정부가 함께 제기했고, MS는 법정투쟁을 통해 분할명령을 겨우 막아냈다. 하지만 항소심에서도 PC 운영시스템의 독점적 지위를 부당하게 이용한 점이 지적돼 불씨는 여전하다.

MS 외에도 무수한 사례가 있다. 1911년 석유시장의 90%를 장악했던 스탠더드 오일은 30개사로 분할할 것을 명령받았다. 이듬해는 담배시장의 95%를 독점한 아메리칸 타바코가 16개사로 분리됐다. AT&T도 정부의 분할명령에 불복해 소송을 벌였지만 결국 1984년 8개사로 나뉘었다. '영원한 블루칩'으로 불리던 IT업계의 거인 IBM 역시 기업분할을 피하려다 MS에 역전의 빌미를 허용했다는 평가가 일반적이다. 영국·일본·아일랜드 등도 기업분할명령제를 도입하고 있다. 이들은 모두 신자유주의 국가로 손꼽히는 나라들이다. 신자유주의가 맹목적 시장예찬론을 펼친다는 주장은 명백한 과장이다.

시장이 전지전능하다고 생각하는 이들도 있다. 완전경쟁이 가능하다면 실제로 시장은 전지전능에 가까울 것이다. 하지만 현실에서는 완전경쟁을 저해하는 여러 요인들이 무수히 존재한다. 따라서 교조적 시장만능주의를 주장하는 학자는 거의 없다. 신자유주의는 정부의 실패를 보완하는 방법으로 시장친화적 방향을 강조할 뿐 결코 시장만능주의는 아니다.

'큰 정부가 더 포용적'이라는 위선

문재인 대통령은 취임하자마자 "작은 정부가 좋다는 맹목적인 믿음을 버려라"고 일갈했다. 또 '내 삶을 책임지는 국가'를 슬로건으로 걸고 노골적으로 큰 정부로 치달았다. 그 결과 2017년 400조 7000억 원이던 국가예산은 2022년 기어이 600조 원을 넘어섰다. 나라 살림살이가 5년 만에 50%나 커진 것이다.

정부 조직과 규모도 확대했다. 17부 5처 16청이던 정부 조직이 18부 5처 18청으로 확대됐다. 이도 모자라 위원회를 수없이 만들었다. 대통령 '지시 1호'부터 대통령 직속 일자리위원회 설치였다. 국정기획자문위원회 등 대통령 직속 위원회가 만들어지는 등 정부 산하 위원회 수는 574개에 이르렀다. 하지만 일자리위원회를 출범시켰다고 해서 일자리가 늘어난 것은 아니다. 실적을 내기 위해 통계숫자에만 신경을 쓰며 고용시장을 왜곡시켰을 뿐이다.

정부는 '코로나19 이전의 99.8%까지 고용이 회복됐다'(2021년 9월 기준)고 자랑했지만 실상은 전혀 다르다. 무차별 재정 퍼붓기로 단기 알바만 양산했다. 그러다 보니 좋은 일자리가 사라지고 청년 취업시장은 붕괴되다시피 했다. 20~30대 취업자 902만 명 중 '36시간 미만' 일하는 단기 취업자가 360만 명(39.9%)에 달한다. 1년 전보다 2.5배 늘어나 사상 최대 규모다. 정규직 일자리가 없으니 아르바이트로 갈 수밖에 없어 10명 중 4명은 주당 근로시간 36시간 미만의 단기일자리로 내몰리고 만 것이다. 전 연령에서 단시간 취업자 수는 1084만 명으로 1년 전의 2배이자 사상 최대다.

'큰 정부'의 가장 뚜렷한 징표는 늘어난 공무원 수다. 노무현 정부 당시 97만 명 선이던 공무원은 이명박 정부(99만 명)를 거쳐 박근혜 정부(103만 명) 때까지 100만 명 선이었다. 하지만 문재인 정부 5년 동안 13만 명이 불어나 이제 126만 명에 달한다. 자연히 인건비도 급증했다. 늘어난 공무원에게 정년까지 들어갈 인건비와 연금 등을 고려하면 중장기적인 재정부담 급증이 불가피하다. 9급 공무원 1명 신규 채용 시 30년간 17억 3000만 원의 인건비가 소요된다.

공무원이 급증했지만 정부 경쟁력은 뒷걸음이다. 스위스 국제경영개발원(IMD)이 평가한 2021년 한국 정부의 효율성은 64개국 중 34위에 그쳤다. 2020년 28위에서 6계단이나 하락했다. 공무원 증가는 규제 증가로 읽어야 한다. 모든 공무원은 자신의 업무에 적용하는 법과 규정을 갖고 있고, 그 대부분은 진흥이 아니라 규제조항이기 때문이다.

문 정부는 크고 유능한 정부를 지향했다지만 실제로는 크고 무능한 정부였다. 독재 권력이 비상시국을 자양분으로 삼는 것처럼 코로나 사태도 핑곗거리로 적극 활용하며 '거대 정부'로 치달았다. 서구권 포퓰리즘의 대명사로 불리는 그리스 파판드레우 총리 집권 11년 동안 공무원 수를 2배 이상 늘렸고, 그 결과는 참담한 IMF 구제 금융이었다. "정부는 만인이 만인을 등쳐먹는 허구"라 했던 프랑스 경제학자 바스티아의 경고를 기억해야 할 것이다.

'경제민주화=선(善)'이라는 착각

진보경제학의 단골메뉴는 경제민주화 또는 경제민주주의다. 진보좌파 경제학자들의 결사체인 한국사회경제학회는 '경제민주화에 기여할 수 있는 이론 개발 및 도입을 위한 경제학 연구자들의 모임'을 표방한다. 학현그룹 총본산 격인 서울사회경제연구소도 창립정신을 '경제정의 및 경제민주화'로 규정한다. 정치민주화처럼 경제민주화도 좋은 것 아니냐고 생각하기 쉽다.

하지만 자칭 타칭 경제민주화의 저작권자이자 전도사인 김종인 전 의원이 한·미 FTA 회의론자였다는 점이 허상을 보여준다.

'경제 천동설'과 손절하기

독일 뮌스터대 박사 출신 김종인 전 의원은 한·미 FTA 반대운동이 달아오를 당시 "본질적으로 큰 나라와 작은 나라가 협상하면 큰 나라가 득을 많이 보지, 작은 나라가 득을 많이 본다고 생각하지 않는다"고 했다.

경제민주화는 '공정한 기회', '불평등 완화' 등 아름다운 목표를 앞세운다. 하지만 한 발짝만 더 들여다보면 '결과의 평등', '부의 공유'와 같은 과격 아이디어로 가득하다. 조선민주주의인민공화국(북한)에서 민주주의가 인민주의를 뜻하는 것과 유사하다. 이런 용어 혼란을 우려해 경제민주화의 발상지인 독일에서 수학한 연구자들의 모임인 한국질서경제학회가 그 위험성을 경고하는 성명을 내기도 했다

'경제민주주의'는 그 기원부터 사회주의 노동운동이다. 1920년대 독일 사회민주당이 '마르크스 이후 가장 뛰어난 마르크스주의 이론가'라던 루돌프 힐퍼딩의 '조직 자본주의'를 기초로 정립된 개념이다. 힐퍼딩은 자본주의의 안정적 성장을 목격하고는 "금융자본에 의해 잘 조직된 자본주의는 이른바 '생산의 무정부성'을 극복할 수 있다"는 수정주의적 입장으로 선회했다. 동시에 사회민주주의자들이 조직화된 자본주의를 주도하면 쉽게 사회주의로 이행할 수 있을 것이라고 제안했다. 변화한 현실에 맞춰 소유권을 일정하게 제한하고 자본의 경제적 권력을 노동자와 사회가 통제하자는 게 경제민주주의의 기본 발상이다. 다시 말해 비(非)소비에트 방식의 반(反)자본주의의 길을 추구하는 다

양한 시도를 포괄하는 개념이 경제민주화다.

경제민주화가 미국, 유럽 등 선진 경제권에서 유행하는 시대적 흐름이라는 주장은 근거가 없다. 경제민주화를 추진해 본 선진 국가는 독일을 비롯해 유럽에 몇 나라가 있을 뿐이다. 그 나라들도 시행착오만 반복하다 지금은 모두 폐기했다.

유럽 일부 국가에서 20세기 초중반 무렵 경제민주화 움직임이 있었다. 독일 등에서 노조가 급성장하면서 자본주의와 공산주의 계획경제의 절충점을 찾으려는 시도의 일환이었다. 이런 시도는 1948년 전후 뮌헨 선언 등으로 윤곽이 형성됐다. 하지만 사회주의적 접근의 한계가 확인돼 독일에서는 경제민주주의 원조인 사회민주당조차 경제민주주의를 사실상 폐기했다. 1970~1980년 무렵부터 독일은 적극적인 규제 완화에 집중하며 경제민주화와는 정반대 방향으로 돌진했다.

독일 외에 국가적 차원에서 경제민주화를 시도한 나라는 옛 유고슬로비아, 파키스탄, 베네수엘라 정도다. 유고슬라비아는 요시프 티토가 집권했던 1950년대 '노동자 자주관리' 제도를 도입했다. 공산당의 지원 아래 '사회적 소유'라는 개념을 내세워 도입한 노동자 자주관리제는 노동자들이 기업을 위탁받아 스스로 관리하는 형태였다. '노동자 모두가 주인'이라는 말은 그럴싸해 보였지만 아무도 책임지는 사람이 없다는 근원적 문제를 노정했다. 노동자 자주관리가 전문경영인 체제로 되돌아간 이유다.

노동자들은 기업이 창출한 이윤을 투자보다 소득으로 배분하기를 원했고 그 결과 과도한 소비가 발생했다. 이로 인한 인플레이션과 투자 감소가 경제를 압박했다. 노동자 자주관리 기업은 신규채용을 꺼려 높은 실업률을 유발했고 소득불평등도 점점 심해졌다. 결국 유고의 노동자 자주관리는 옛 소련의 중앙통제적 방식과 별다른 차별점을 보여주지 못했다. 경제 비효율에다 빈부격차 확대, 고물가, 고실업만 야기했다. 패전국을 일류 국가로 만든 독일 질서자유주의의 창안자 발터 오이켄이 '자주관리는 결국 중앙행정의 도구가 될 것'이라고 예언한 그대로였다.

1970년대에 경제민주화를 슬로건으로 내세우고 5년간 국유화를 강행한 파키스탄의 결과도 부정적이다. 파키스탄은 지금 한국에서 유행하는 경제민주화를 1972년에 핵심 정책으로 내걸고 22개 가족기업 등 31개 대기업 집단을 국유화했다. 1973년엔 헌법 개정을 통해 13개 은행을 국유화했다. 1976년에는 농산물 산지값과 도시 소매값의 마진을 없애 2000개가 넘는 중소 농산물 중개상까지 국유화했다. 하지만 경제가 활성화하기는커녕 악화하는 가운데 지도층 부패가 만연했다. 경영환경 악화로 자본의 해외탈출이 급증했고 성장 회피와 기업분할로 다수의 기업들이 대기업이 되기를 기피해 경제 전반의 활력이 크게 훼손됐다.

베네수엘라는 포퓰리즘에 기초해 세계 역사상 경제민주화를 가장 광범위하게 시행한 나라다. 결과는 모두가 아는 대로 생지옥 추락이다. 차베스 정권은 유고슬라비아 티토 정권의 '자주관리 사회주의'를 계승해 베네수엘라식 경제민주주의 모델을 시도

했다. 노동자 자주관리 실험을 국가가 주도해 전 분야에 시행했다. 사회적 소유에 기초해 노동자평의회를 통한 기업경영을 확대했지만 자본가를 대신한 특권계급의 등장과 비전문성, 비효율 탓에 지속할 수 없었다. 1999년 대통령에 당선돼 14년간 통치한 차베스 사후 베네수엘라에는 지옥도가 펼쳐졌다. 인구의 94%(2018년 기준)가 절대빈곤에 시달리고 경제 파탄, 치안 불안, 살인적 물가상승에 600만 명이 해외로 탈출했다.

탄탄한 경제구조의 한국을 베네수엘라와 비교하기는 부적절하다는 이의제기가 가능하다. 그러나 가볍게 볼 문제도 아니다. 한국 부동산시장을 지옥으로 만든 정책만 봐도 베네수엘라와 너무 닮아있다. 베네수엘라는 반시장적 규제 정책으로 '임대 암시장'을 형성시켜 집값 폭등을 불렀다. 한국의 임대차 3법(전월세상한제·전월세신고제·계약갱신청구권) 이후 나타난 시장가격, 규제가격, 협상가격 등의 '3중 가격' 현상과 별반 다르지 않다. 베네수엘라는 2003년부터 9년간 임대료를 동결하는 조치를 단행했다. 이후에도 임대 감사국이 면적에 따른 임대료를 정해주는 직접 가격통제정책을 시행했다. 문재인 정부가 밀어붙여 2020년부터 시행 중인 전·월세 상한제나 도입 추진 중인 표준임대료제와 비슷하다.

베네수엘라 정부는 2011년엔 임차인이 새로운 주택을 구하기전 퇴거를 강제하지 못하게 '임의적 퇴거 금지법'을 도입했다. 최근 전셋값 폭등을 일으킨 한국의 계약갱신청구권제와 유사하다.

진보정치권에서 설치 논의가 활발했던 부동산거래분석원도 베네수엘라의 공정가격감독원과 비슷하다. 한국 부동산 시장의 반시장 정책이 불과 2~3년 새 만들어낸 참사는 경제민주화를 앞세운 국가 개입이 확산할 경우 경제 전반이 순식간에 무너질 수 있음을 시사한다.

잠깐 질서경제학회의 경제민주화 비판

한국질서경제학회는 독일의 전후 경제부흥을 이끈 질서자유주의와 사회적 시장경제를 소개하고 한국 경제의 대안을 연구하는 학자들의 모임이다. 독일어권에서 경제학과 경영학을 수학한 300여 명의 학자들이 올바른 경제사상의 재정립을 목표로 1996년 창립했다. 아래는 성명서 요약본.

경제민주화 논의가 세상을 어지럽히고 있다. 독일 바이마르공화국의 유물인 경제민주주의(경제민주화)가 한국 경제를 정의롭고 공정하게 이끈다는 감성적 개념으로 둔갑해 한국 사회를 포획했고, 한국 경제는 국가개입주의를 넘어 차베스식의 반자본주의 '포퓰리즘'으로 향하고 있다.

독일의 경제민주주의는 사회주의적 전통에 기반해 정립된 개념이다. 경제민주주의는 독일에서 바이마르공화국 시절 마르크스주의 이론가 힐퍼딩이 사회주의로 이행하는 전 단계로 정립한 '조직 자본주의' 이론을 바탕으로 1928년 독일노동총연맹(DGAB)의 나프탈리가 주도해 사회주의로의 이행 프로그램으로 제안하고 체계화한 개념이다. 그는 이 책에서 사회주의와 경제민주주의는 최종 목표로, 분리될 수 없이 상호 연결되어 있다는 것을 분명히 밝혔다

한국에서 경제민주화의 대부를 자처하는 김종인은 이런 경제민주주의의 역사적 근원을 한 번도 밝히지 않았다. 그는 독일의 경제민주주의가 독일의 사회적 시장경제와 원천적으로 같은 맥락인 것처럼 주장한다. 이는 지록위마와 다를 바 없는 명백한 궤변이다. 경제민주화는 '한국형' 사회적 시장경제라는 주장도 비논리적이다.

독일에서 2차 세계대전 직후 경제민주주의와 사회적 시장경제는 명백하게 대립하는 개념으로 등장했다. 기독교민주당(CDU)은 질서자유주의에 기초한 사회적 시장경제를 채택했고, 당시 프롤레타리아 계급정당이던 사회민주당(SPD)은 주요 산업의 국유화와 전 경제조직의 공동결정제 및 계획경제를 핵심 내용으로 하는 경제민주주의를 주장했다. 기독교민주당(CDU)이 총선거에서 사회민주당에 승리하면서 경제민주주의가 아니라 사회적 시장경제가 독일의 경제 질서로 관철됐다. 그후 경제민주주의는 기업의 감독이사회에 노동자 대표가 참여하는 공동결정제로 한정해 제한적으로 수용됐다. 하지만 노동이사제의 비효율성으로 최근에는 공동결정제 도입기업의 비율이 계속 감소하고 있다. 정부는 시장경제 질서의 확립만 담당하며 경제활동은 개인의 자유에 의해 이뤄진다는 원칙은 독일에서 비교적 엄격하게 유지됐다. 독일의 사회적 시장경제에는 국가 주도의 경제관과 마구잡이 기업규제는 존재하지 않는 것이다.

1920년대 혁명적 사회주의의 기운이 넘치고 강력한 국가주의가 시행

되던 바이마르공화국 시대에 사회민주주의적 해답으로 제시한 경제민주주의가 2020년대 4차 산업혁명의 시대에 해법이 될 수는 없다. 따라서 1959년 고데스베르크강령으로 마르크스주의를 포기하고 자유시장경제를 받아들여 계급정당에서 국민정당으로 변모한 사민당이 2007년 함부르크강령 이후 경제민주주의를 사실상 폐기한 것은 당연한 귀결이다. 이 결과 현재 극좌 노선의 좌파당(Die Linke)과 노조(DGB)만이 독일에서 경제민주주의를 주장하고 있다.

김종인은 이처럼 대립하는 개념인 사회적 시장경제와 경제민주주의가 동질적이라는 식으로 사실을 교묘하게 왜곡하였다. 또한 그의 저술에서는 비스마르크의 사회보험입법과 같은 경제민주주의와 정반대의 사례를 경제민주화의 근거로 제시하는 논점 이탈의 오류가 여러 차례 발견된다. 그는 경제민주화 담론이 온갖 언어의 유희로 사회주의적 속성을 은폐한 채 권력 담론으로 전화하는 데 결정적으로 기여했다.

그는 박근혜 정부가 경제민주화 공약을 제대로 지키지 않아 국민에게 외면받았다고 주장하지만, 처음부터 자유 우파정당에서 수용할 수 없는 철 지난 사회민주주의 정책을 받아들인 것이 박근혜 정부의 잘못이었다. 문재인 정부에서 포용과 통합이 배제와 편 가르기를 위한 용어로 사용되듯이 경제민주화로 반기업 정서를 증폭시키고 재벌의 악마화에 몰두할 뿐이다.

4차 산업혁명 시대를 주도하는 선진 복지국가인 독일이 통일의 후유증을 극복하고 경제회복과 재도약에 성공한 것은 기업의 부담을 줄이고 자유시장경제를 강화한 덕분임은 잘 알려진 사실이다. 더구나 좌파 정당인 사회민주당까지 하르츠개혁으로 독일의 기업경쟁력 강화를 최우선 과제로 삼아 정책을 추진하고 있다. 이같이 명백한 사실을 앞에 두고 시대착오적인 경제민주화를 앞세워 베네수엘라로 향하는 특급열차를 탄 대한민국은 집단 환각에서 조속히 깨어나야 한다.

2020년 10월 6일
한국질서경제학회 회원 일동

'자본주의는 한계점에 왔다'는 세뇌

진보경제학은 자본주의가 내재적 모순을 견디지 못해 종말의 운명을 맞을 것이라는 단선적 사고에 충실하다. 현실 자본주의의 모순을 확대 해석해 기계적 결정론으로 끼워 맞추는 무모한 세계관이다. 대안으로 상정했던 사회주의가 역사 속으로 사라졌지만 자본주의에 대한 공격은 더욱 집요해졌다. '2008년 글로벌 금융위기 때 자본주의는 수명을 다했다'는 말도 고정 레퍼토리다. 시장의 위기는 반복될 뿐이며 그 강도가 점차 커진다는 점이 확인됐다는 식이다.

자본주의는 수만 년 인류역사에서 길게 봐야 고작 400년 정도 유지된 일시적 체제일 뿐이라는 게 진보경제학의 주장이다. 사그라들고 말 운명으로 치닫고 있다는 시각인데, 인터넷 역사가 고작 30여 년이라 존재가치나 지속 여부가 검증되지 않았다는 주장처럼 비이성적이다. 400년에 지나지 않은 시장이지만 인류의 지혜가 응축된 진화의 산물이라는 점은 간과한다. 짧은 역사에도 인류 문명에 가장 크게 기여한 체제라는 점도 애써 눈감는다.

자본주의는 무수히 많은 위기를 맞았고, 지금도 위기에 직면해 있다는 인식은 맞다. 하지만 자본주의가 직면하는 모든 위기들의 총합이야말로 자본주의의 존재양식이다. 모순적 상황을 특유의 유연함으로 해소하고 지속적으로 업그레이드해 온 게 자본주의의 역사다. '모순 없는 자본주의'라는 절대적 기준을 정하고 그에 못 미친다 해서 악으로 규정하는 것이야말로 비합리적 사고의 전형이다. 자본주의에서 관찰되는 여러 모순을 패망의 징조로 확대 해석하는 것은 논리 비약이다.

자본주의에 대한 오해는 대부분 그 작동원리를 고정적이고 경직적인 것으로 이해하는 데서 비롯된다. 자본주의는 1917년 러시아 혁명 이래 가장 강력한 도전자였던 사회주의와의 일전을 이겨내고, 그 사회주의마저 내부의 한 분파로 포용했다. 자본주의라는 동일한 이름 아래 여러 나라에서 운용되는 시장은 나라와 시대에 따라 제각각으로 변해 왔다. 한 번도 같았던 적이 없다. 이런 점을 무시한 채 자신이 경험한 시장을 일반화시키는 오류가 넘친다.

자본주의에 대한 마르크스적 시각은 19세기 영국의 비참한 시장상황에 대한 비판에서 출발했다. 하지만 당시 마르크스가 제기한 노동의 소외, 국가의 계급성, 제국주의적 성향 등 여러 문제에 대해 자본주의는 성실하게 답해왔다. 누진적 세금, 광범위한 복지,

하루 8시간 노동제 등이 도입된 것도 그런 배경이다. 프랑스의 좌파철학자 베르나르 앙리 레비는 "모든 문명은 죽어도 자본주의는 살아남을 것"이라고 했다. 그는 자본주의 사회에서는 상품의 '수명', 자본의 '회전', 생산의 '순환' 등의 형태로 죽음을 촉발하거나 계획하는 일이 끊임없이 일어나고 있다고 봤다. 하지만 자본주의는 '죽음을 먹고 산다'며 자본주의의 영원불멸성을 언급했다.

금세기 들어 자본주의 시장체제가 지금까지와는 다른 차원의 치명적 약점을 드러낸 게 사실이다. 제로금리 양적완화에 이어 MMT실험까지 벌어지고 있다. 초유의 위기를 맞아 상상초월의 해법이 동원되고 있다. 결과를 무작정 낙관할 순 없지만 이런 변화들도 기본적으로 자본주의의 유연성과 역동성 범주에 포함된다. 19세기와 20세기 자본주의의 경직된 모습에 갇혀 새로운 흐름을 부정적으로만 인식하는 교조적 시각은 경계해야 한다. 자본주의는 길게는 400년, 산업혁명 이후만 따져도 200여 년 동안 무수한 실험을 거치며 존재가치를 입증했다.

자유방임적 완전경쟁 시장이 추구된 때도 있고 케인스주의적인 강력한 정부개입이 득세한 적도 있었다. 그 결과 나라마다 운영하는 시장의 형태가 다양하다. 자유무역과 해외자본에 대한 개방을 특징으로 하는 싱가포르는 오히려 모든 토지를 정부가 소유하고 있다. 주택의 85%를 정부가 공급한다. 스웨덴은 평등주의적 사고가 지배하지만 발렌베리라는 가문의 기업집단이 GDP의 3분의 1가량을 점유하는 독특한 경제체제다. 발렌베리가의 주식은 다른 보통주의 수배에 달하는 의결권도 인정받는다.

분명한 것은 자본주의하에서 인류는 경제적 곤궁과 고단한 노동에서 점차 벗어나며 인간적 삶을 확대하고 있다는 점이다. 여전히 불만스럽고 속도가 더디다는 점을 비난할 수 있다. 하지만 노동은 착취당하고 자본은 무한 폭주한다는 식의 상투적 대립적 관점은 시대착오적이다. 자본주의는 쉼 없이 진화 중이다. 지금의 자본주의는 불과 10년 전, 20년 전과도 다른 체제다. 수많은 위기와 난관을 거치면서 더 나은 세상에 기여해온 자본주의 시장경제의 진면목을 외면하는 것은 치명적 오류다. 물론 거대한 당면 과제의 해결책을 찾는 길은 결코 만만치 않다. 그래도 지금까지 자본주의의 역사적 행로를 돌아볼 때 인내하며 개척해볼 만한 가치는 충분하다.

잠깐 엥겔스의 후회

마르크스의 친구 엥겔스는 마르크스주의의 최초 유포자이자 파수꾼이었다. 『자본론』 1~3권 중 마르크스 사후에 2권과 3권을 가필해서 편집하고 『공산당 선언』 집필에도 크게 기여한 그는 마르크스 사상의 대변자였다. 그런 엥겔스도 자신과 마르크스는 "자본주의의 진통을 종말로 오해했다"고 고백했다. "영국에서 노동자 혁명이 일어날 것"이라던 주장도 거둬들였다. 자본주의의 역동성을 미처 깨닫지 못했다는 후회였다.

자본주의에 대한 엥겔스의 오해는 '그럴 수 있겠다'며 양해할 만한 구석이 꽤 있다. 인구 50만으로 세계 최초이자 세계 최대 공장 도시였던 영국 맨체스터에서 벌어진 산업혁명의 시간을 엥겔스는 세계의 종말로 봤다. 20년 이상을 맨체스터에서 살면서 자동으로 돌아가는 기계에 쫓겨 정신없이 작업해야 하는 노동자, 탁한 공기와 비위생적이고 위험한 환경, 장시간의 저임 노동, 사람 사는 곳이라고 믿어지지 않는 거처 등 수많은 참상을 두 눈으로 목격한 때문이었다. 농촌서 실직해 밀려나온 농부, 역사적 감자 기근을 피해 몰려든 아일랜드 이민, 영국 각지에서 일자리를 찾아 모여든 빈민…. 이들은 대혼란의 소용돌이에서 하루살이 같은 삶을 버텨내야 했다. 맨체스터 방적공장 지분의 반을 가진 아버지를 대신해 회사를 관리하기도 했던 엥겔스는 도시노동자들의 비참한 작업환경과 생활환경을 조사해 『영국 노동계급의 상태』(1845)를 출간하기도 했다. 20대의 엥겔스는 노동계급이 살아남기 위해서는 "혁명이 와야 한다. 평화적 해결책을 찾는 것은 이미 때가 늦었다"며 절망했다.

하지만 산업혁명 초기에 갈피를 못 잡고 방관하던 영국 의회는 입법 작업을 통해 비참한 상황을 빠르게 개선시켜 나갔다. 노동시간 제한, 아동 노동 연령 제한, 후생시설 및 노동자 교육 등에 관한 의무 등을 담은 공장법을 제정하고 수차례에 걸쳐 보완해 나갔다. 인권보호를 중시하는 여러 경제규칙의 확립도 도모했다. 공장법은 1844년 제정 후 1847년, 1850년, 1874년, 1878년, 1891년에 잇따라 개정됐다. 마르크스의 『자본론』은 1874년 이후의 법 개정은 참작 못 한 채 1867년에 출판됐다. 『공산당 선언』역시 영국 정부가 갖가지 노동자 친화정책을 시행하는 도중인 1848년에 나왔다. 마르크스와 엥겔스는 산업혁명의 부정적 폐단들이 쏟아지던 혼돈기를 자본주의의 본모습으로 고착화하고 예단하는 중대한 우를 범했다. 확증편향을 갖다보니 시장에 내재된 잠재력을 놓치고 객관적인 이론 전개에 실패하고 말았다.

경제 천동설 손절하기   346

퇴행적 세계관과 최후의 일전

———

경제가 성장해야 문화, 철학, 예술도 꽃피운다는 것이 역사의 경험이다.
이미 한 세기 전 미제스는 "자유주의가 인류의 물질적인 복지에 대해서
만 관심을 쏟는 것은 그것이 정신적인 것들을 경멸하고 있기 때문이 아
니다"고 갈파했다. "인간의 내면적인 정신적 풍요는 밖에서 주어지는
것이 아니라 마음에서 나오는 것임을 알기에 자유주의는 외형적인 복지
만을 추구하는 것"이라는 설명이다.

세 번의 카운터펀치 버틴 생명력

기적적인 경제개발 과정에서 맹목적 반대를 지속한 탓에 한국 진보경제학은 수없이 많은 존립의 위기를 맞았다. 문재인 정부 출범 이전만 따져도 결정적인 카운터펀치를 맞은 것만 최소 세 번이다.

그 첫 번째는 1977년의 수출 100억 달러 달성이다. 1964년 수출 1억 달러를 달성한 지 불과 13년 만에 한국 수출규모는 100배로 커졌다. '매년 40% 신장'이라는 목표를 밀어붙인 끝에 1971년에 10억 달러, 1977년에 대망의 100억 달러에 도달했다. 박정희 대통령은 '수출 100억 달러 달성은 민족적 지상과제'라며 총동원체제를 가동했다. 국내외 전문가들은 이구동성으로 불가능하다고 했다. 그래도 박정희는 일본이 전후 폐허에서 수출과 중화학공업으로 성공한 점을 참고해 수출산업 중공업화를 강력 추진했다.

1973년 10월의 오일쇼크가 '수출입국 대장정'에 짙은 먹구름을 드리웠다. 국제유가 급등, 원자재값 인상, 물가상승 등이 직격탄을 날렸다. 1971년의 한·미 섬유협정과 1973년의 신발류 수출 자율규제도 큰 타격이었다. 이 모든 악재를 이겨내고 1980년이 목표였던 '수출 100억 달러'를 마침내 1977년 12월 22일에 앞당겨 달성했다. 중화학공업 선언 이후 전자, 기계, 조선, 자동차 등의 대량 수출을 통한 질적 고도화에 집중한 덕분이었다. 역사적인 기록이자 조국 근대화의 큰 분수령이었다. '무모한 시도'라며 사사건건 반대했던 진보경제학에는 결정적 카운터펀치였다.

두 번째 결정타는 전두환 정부 시절인 1986년에 일어났다. 당시 학현학파는 수출을 많이 해도 더 많은 외채가 누적되는 탓에 우리 경제는 갈수록 수렁에 빠질 수밖에 없는 운명이라고 강조했다. 실제로 외채가 급증했기 때문에 많은 이들이 그 주장에 고개를 끄덕였다. 하지만 1986년 대규모 경상흑자가 나면서 상황이 급반전됐다. 회의론은 불식되고 경제성장이 본궤도로 진입했다. 수출을 앞세운 불균형 성장정책으로 당당히 모범적인 중진국에 오른 것이었다. 외채망국론을 외치며 한국 경제의 붕괴를 예고했던 진보경제학엔 두 번째 굴욕이었다.

세 번째 카운터펀치는 노무현 정부의 경제 실패다. 노무현 정권은 진보경제학자들의 해법을 경제정책으로 전면 채택한 첫 번째 정부였다. 학현학파를 장관급에 대거 기용하며 진보학자가 주도하는 경제정책 라인을 꾸렸다. 재벌개혁을 통해 모두 잘사는 길을 트겠다고 했다. 부자에게 세금을 더 걷어 빈부격차를 해소하고 임기 내에 전 국민의 70%를 건강한 중산층으로 만들겠다고 강조했다. 또 "부동산 투기만큼은 반드시 뿌리 뽑겠다"며 종합부동산세를 신설하는 등 세금폭탄을 때렸다.

하지만 참패했다. 성장과 분배가 동반 추락했다. 경제성장률이 처음으로 세계 평균을 밑도는 굴욕을 맛봤다. 양극화도 빠르게 악화됐다. 서울 강남 아파트를 중심으로 부동산은 초유의 상승세 기록했다. 노무현 대통령은 퇴임식 후 봉하마을로 귀향해 사저 앞에서 가진 동네주민 환영행사에서 "경제 잘하라고 나를 뽑은 것 아니지 않느냐"고 했다. 경제 실패에 대한 무안함과 미안함, 회한과 면목 없음을 에둘러 자인한 발언이었다. 노무현 정부의 경제 참패는 이후 두 번 연속 우파정권 탄생의 배경이 됐다.

한국 경제의 매판성과 종속성을 저격한 주장은 허구이고, 다 같이 잘살게 해주겠다는 약속도 사탕발림이라는 게 드러났다. 아무리 탁월한 네트워크와 변신술을 자랑하는 진보경제학일지라도 결정타를 세 차례나 맞으면 버틸 재간이 없다. 이 정도의 무능과 위선이면 역사의 뒤안길로 조용히 퇴장하는 게 상식이다.

그러나 진보경제학은 여전히 강하고 거대한 위용을 과시하고 있다. '대통령 탄핵'이라는 상상 밖의 정치 이벤트가 죽은 진보경제학을 좀비처럼 되살려낸 것이다. 부활의 주역은 경제를 정치로 재단하고, 그 정치를 선동으로 물들인 386 잔당들이다. 문재인 정부에서 소주성이라는 이름으로 돌아온 그들만의 수상한 경제학은 노골적으로 부자를 벌주고 빈자에 퍼주기 했다. 결과는 또 한 번의 예정된 파국이었다. 일자리는 참사, 성장과 분배는 추락, 성장잠재력은 급락했다. 국고마저 텅텅 비어 유사시 위기대처 능력마저 바닥이다. 참혹한 실패 탓에 이제 소주성은 진보경제학자들도 입에 올리기를 꺼리는 기피 단어가 됐다. 거기에 대선에서 패배하며 진보경제학의 위상에 재차 큰 타격이 가해졌다.

하지만 아직 승부의 추는 기울지 않았다. 0.73% 박빙의 차이를 동력으로 또 한 번의 화려한 복귀를 노리고 있다. 2023년 초 거대 야당인 더불어민주당이 '민생'을 앞세워 가동을 시작한 기본사회위원회도 그런 맥락이 담겨있다. 온갖 약속을 한 번도 현실로 만들지 못하고 정반대의 참사를 불렀지만 정치·사회·문화·언론계 및 시민사회와의 긴밀한 네트워크는 점점 촘촘해지는 양상이다. 대중의 감성을 파고드는 전략도 훨씬 정교해졌다. 기본소득, 재정만능주의, 불로소득 환수, 토지공개념 같은 검증되지 않았지만 스포트라이트를 받을 수 있는 카드가 대거 동원되고 있다. 진보경제학의 이 '올인 베팅'이 먹혀든다면 한국 경제는 또 한 번의 결정적 파고와 맞닥뜨려야 한다.

왜곡·선동으로 진실과 경쟁

해방 이래 한국의 진보좌파가 애용해 온 오랜 영업 비밀은 '왜곡'과 '선동'이다. 첫 희생자는 아마도 건국대통령 이승만일 것이다. 『재팬 인사이드 아웃』이라는 책으로 일본의 제국주의적 야만을 경고하고, 민족 자주 노선을 고집해 미국으로부터 암살 위협까지 받은 이 대통령을 친일·친미파로 몰았을 만큼 그 선동은 집요하다. 국민이 일군 '한강의 기적'을 박정희 대통령이 자신의 공으로 가로챘다는 저급한 공격도 마찬가지다. 그런 논리라면 한반도 북쪽의 굶주림은 인민들의 나태 때문이라고 주장해야 할 것이다.

87체제 출범으로 진보경제학이 득세하면서 왜곡은 더욱 커졌다. 10여 년 전 전국을 뒤흔든 한·미 FTA 반대 시위가 잘 보여준다.

'불평등 매국 조약'이라는 근거 없는 분노가 거리와 광장을 뒤덮었다. 경제학자들이 앞장서서 "미국의 경제식민지가 돼 맹장수술비가 900만 원으로 뛸 것"이라고 선동하는 기막힌 사태가 벌어졌다.

선동과 왜곡의 중심에선 높은 확률로 학현그룹이 목격된다. 학현학파 원로 이정우 교수는 "한국이 미국보다 심한 불평등 자본주의 사회가 됐다"며 차기 정부가 분배를 '제1의 어젠다'로 삼아야 한다고 목소리를 높인다. 한국이 미국보다 분배 불량국이고 세계에서 가장 불평등이 심하다는 주장은 명백한 허위다. 자신이 참여한 노무현·문재인 정부의 닥치고 분배정책이 불평등을 심화시켰다는 점에서 양심불량이기도 하다. 그는 부동산 정책의 실패도 부정한다. 종부세 부과 후 세금이 가격으로 전가돼 집값이 천정부지로 치솟았는데도 부동산 정책이 성공했다고 강변한다. 자신이 종부세를 밀어붙인 덕분에 이명박·박근혜 정부에서 집값이 안정됐다는 기적의 논리를 설파한다.

문재인 정부에서는 선동이 국정 전반을 오염시켰다. 엄정한 데이터에 기초해야 할 경제 문제에서도 마찬가지였다. 소주성이 본격 가동된 후폭풍으로 2019년 명목성장률은 경제협력개발기구(OECD) 36개국 중 34위로 극도로 부진했다. 하지만 문 대통령은 30-50클럽(1인당 소득 3만 달러, 인구 5000만 명 이상인 OECD국가) 중 미국 다음 두 번째로 높은 성장률이라며 외려 자화자찬했다. 2020년 신년기자회견 때의 일이다. 30-50클럽 기준을 충족하는 나라는 미국·독일·영국·일본·프랑스·이탈리아 등 6개국뿐이다. 모두

G7 멤버이자 오랜 경제성장기를 마감하고 쇠퇴기로 접어든 선진국이어서 여전히 성장엔진 가동 중인 한국이 실적을 평면 비교하기에는 부적절하다. 최고의 무대인 미국 PGA투어에서 뛰는 선수의 성적을 전성기가 지난 고령의 챔프들이 출전하는 시니어 투어 선수들과 비교해 자랑한 격이다.

소주성 첫해인 2018년에도 마찬가지였다. 더불어민주당은 2019년 초 열린 신년기자간담회에서 "한국의 2018년 성장률이 OECD 1위"라고 자랑했다. 알고 보니 그때까지 발표한 4개국 중 1위였다. 다른 나라의 성장률이 전부 나온 뒤 확인해본 최종 순위는 16위에 불과했다. "선전 선동은 진실을 섬겨서는 안 된다"는 히틀러의 뒤틀린 신념을 직접 실천하려는 듯하다.

하지만 온갖 선전 선동을 패배시켜 온 게 한국 근현대사의 위대한 여정이다. 노무현 전 대통령은 늘 '정의가 패배한 역사'라고 자조했지만 단견이다. 선동의 어두운 그림자는 진실과 자유를 존중하고 지켜온 한반도 남쪽의 밝은 기운을 이겨낼 수 없다.

'신념의 감옥'에 갇힌 앙상한 영혼들

진보경제학자들은 사실을 수용하기보다 선택한다. 사실이 가리키는 대로 탐구하지 않고 용감하게도 사실을 재단하려 덤빈다. 자본주의가 내재적 모순에 따라 자동으로 망하지 않자 제국주의론과 종속이론으로 변신하며 도망간 것도 그런 맥락이다. 끝없이 핑계를 만들어가며, 파란만장한 현실을 파리한 자신들의 이론에 꿰맞춘다.

한 원로급 진보경제학자는 "한국 자본주의는 1997~1998년 외환위기 시점에 이미 붕괴했다"고 평가한다. 불과 7년여 전인 2015년 말에 내놓은 진단이다. 마르크시즘의 결정론적 세계관을 단선적으로 대입한 분석으로 판단된다. 붕괴한 경제가 G8 반열에 올랐으니 이제 뭐라고 할지 궁금하다. 그는 "1997~1998년의 외환위기는 한국이 종속국가이기에 발생한 문제"라고도 주장했다. 그렇다면 한국처럼 IMF 구제금융을 받은 산업혁명의 발상지 영국도 종속국가라는 주장인지, 종잡을 수 없는 논리 비약이다. 한국의 재벌은 소유구조가 순환출자로 돼있기 때문에 수익이나 생산성을 무시한다고도 했다. 그의 말처럼 생산성을 무시했는데도 여지껏 살아남아 세계적 기업으로 성장했다면, 그것이야말로 세기의 미스터리일 것이다.

한국 진보경제학의 최대 문제는 팩트보다 주관에 지배된다는 점이다. 사실을 인정하기는커녕 왜곡하고 특정 프레임에 가둬 유리한 사실만 취사선택하는 행태가 고질병적이다. 팩트를 내친 자리는 빛바랜 이념과 상투적인 언어로 대체된다.

학현학파 핵심인 홍장표 부경대 교수는 "박정희 정부 이후 수출이 잘 되더라도 우리 가계가 좋아졌느냐는 질문에 대답하기 어렵다"고 했다. 박정희 정부 이래 가계 소득이 비약적으로 증가했다는 분명한 사실마저 부정하는 행태다. 자신이 창안한 소득주도성장 정책의 정당성을 강변하려다 횡설수설로 빠졌다고 짐작해 보지만, 앞뒤가 맞지 않는 이해불가의 논변이다. 분식에 가까운 통계 마사지의 주역이라는 눈총을 받는 강신욱 전통계청장도 K진보경제학 허브인 서울사회경제연구소의 핵심 멤버다.

괴테는 『파우스트』에서 "모든 이론은 회색이며 오직 영원한 것은 저 푸른 생명의 나무일 뿐"이라고 했다. 그릇된 이론과 오도된 신념의 잿빛 감옥에 갇힌 앙상한 영혼들의 폭주가 아찔하다.

포용의 실종, 포용 코스프레의 진격

진보경제학자들은 '선한 의지를 가진 우리의 이론과 해법이 옳다'며 끊임없이 자기최면을 건다. 정부(지방정부)가 예산을 탈탈 털어 '상위 부자 12%'에게만 생활비를 나눠주는 식의 해괴한 정책을 여러 지자체가 시행한 것도 그런 정서가 있기에 가능한 일이다. 경기도가 대표적이다. 경기도는 2021년 말 중앙정부가 지급한 제5차 재난지원금 대상인 '소득 하위 88%'에 들지 못한 도민들에게 1인당 25만 원의 별도 재난지원금을 집행했다. 6348억 원의 추경까지 편성해 만든 재원을 최상위 12%에 용돈으로 뿌린 상식 밖의 정책이었다.

이 일을 밀어붙인 이재명 당시 경기도지사는 "소득이 많다는 이유로 재난지원금 대상에서 배제하는 것은 합리적 이유 없는 차별"이라 설명했다. 요령부득이다. 그런 논리라면 소득이 많다는 이유로 고소득자에게 누진적 세금을 부과하는 것도 '합리적 이유 없는 차별'이 될 수밖에 없다. 고소득자와 저소득자를 어떤 경우에도 구별하지 않는 '절대적 평등'이야말로 비합리적 차별이다.

제한된 재원을 '부자 퍼주기'로 낭비하는 것은 사회적 약자와 중소·중견기업에 돌아가야 할 기회의 약탈이다. 문재인 정부에서 쉴 새 없이 쏟아진 포용 정책도 무책임한 '포용 코스프레'였던 경우가 태반이다. 문재인 대통령 '1호 정책'인 '비정규직 제로(0)'가 비정규 근로자를 역대 최고인 800만 명대로 늘리고 만 것 역시 포용을 빙자한 '포용 코스프레 정책'이었기 때문이다. 군사 작전하듯 밀어붙인 최저임금 급속 인상도 마찬가지다. 오른 최저임금을 빌미로 거대사업장의 귀족노동자들만 급여가 높아졌다. 반면 청년과 저소득층, 최약자들의 상당수는 고용시장 바깥으로 밀려나고 말았다.

'무늬만 포용'의 폐해는 심화되는 양극화에서도 확인된다. 저소득층에 온갖 수당을 쥐어주며 생색을 냈지만 문재인 정부 출범 이후 양극화는 역대급 속도로 벌어졌다. 또 서민주거생활을 챙기겠다며 '임대차3법'을 밀어붙였지만 '부동산 계급사회'라는 신조어가 생길 정도로 자산 양극화가 커졌다. 집값이 너무 올라 이제 서민과 청년은 내 집 마련을 꿈도 꾸기 힘들어졌다.

따뜻하고 착한 나라를 원하지 않는 경제학자는 세상에 없다.

경제학도 태생적으로 '따뜻하고 착한 학문'이라는 속성을 갖는다. 최대의 구성원들이 최대의 혜택을 얻는 최적의 해법을 탐구하는 이론체계이기 때문이다. 그런데도 '내 마음이 더 따뜻하고, 내 해법만이 진짜'라고 주장하는 이가 있다면 '무늬만 경제학자'이거나 '무능한 경제학자' 셀프 인증에 다름 아니다.

계급적 관점이 지배하는 퇴행의 학문

한국 진보세력의 도덕적 파탄이 심각하다. 이성과 상식에 도전한 조국 교수와, 진보를 자처하는 수많은 지식인과 문인들의 조국 옹호가 움직일 수 없는 증좌다. 민주적 소양의 부족을 따지는 것이 민망할 정도로 집단주의적 전체주의적 독선이 가득하다.

조국 사태 이후 그나마 양심적인 진보인사들은 줄줄이 '탈진보'했다. 저 밑바닥의 시궁창을 확인한 이상 함께할 명분을 구하기 어려웠을 것이다. 그럼에도 그들은 여전히 진보 언저리를 배회 중이다. 보수는 기득권자 냉혈한이라는 선입견과 무지에서 벗어나지 못하고 있어서일 것이다.

그 편견의 중심에는 시장경제에 대한 천박한 이해와 심각한 오해가 자리한다. 나랏돈을 풀면 경제가 좋아지고, 최저임금을 올리면 가계의 소득이 늘고, 정규직 전환을 강제화하면 비정규직이 사라진다는 진보경제학의 이분법적 세계관에 많은 이들이 발목 잡혀 있는 것이다. 경제문제에서 판단이 헷갈리면 세상사 옳고 그름에 대한 잣대도 흔들리기 마련이다.

1985년 '미 문화원 점거'의 주역 함운경은 고향 군산에서 횟집을 운영하며 진보경제학의 허구를 절감했다고 했다. 그는 "의도가 선하다고 선한 결과가 나오는 것은 아니다"며 문 정부 경제정책을 사기로 규정했다. "소득주도성장을 말한 사람들은 다 사기꾼이다. 가게 매출이 늘어야 직원들 월급도 올라가지, 월급이 올라간 다음 매출이 오르는 게 아니다. 국가가 나서서 임금을 많이 주라고 하면 소득이 늘어나나. 오히려 고용을 줄이지."

그는 "나는 보수로 바뀌었다"고도 했다. 미국을 '제국'으로 규정하고 외교 공관(미 문화권)을 점거하는 과감한 행동으로 국내외에 86세대의 등장을 극적으로 알렸던 주역의 놀라운 변신이다. 함 씨처럼 삶의 현장을 체험해보면 시장경제학이야말로 구성원 전체를 위한 균형의 철학에 뿌리를 내리고 있음을 절감하게 된다.

치열한 사고를 멈춰버린 백면서생들과 타인의 노력에 무임승차해 온 이들은 '착한 경제학'이라는 한마디 구호에 혹하고 만다. 경제문제에 천착해 본 이들은 '착한 경제학'이야말로 약자를 희생시켜 권력을 공고히 하려는 누군가의 위선과 연계돼 있다는 점을 어렵지 않게 간파할 수 있다. 민중을 가난과 차별로 내몰고 기득권층에게만 따뜻한 퇴행의 학문임을 절감하게 된다. 계급적·대립적 경제관에 포획된 진보경제학의 허상이 점차 명확해지고 있다.

'정신의 국유화' 부르는 사회적 경제

1987년 '경제민주화 조항'(헌법 119조 2항)이 헌법에 처음 명기될 때는 상징적인 문구에 불과했다. 관치에서 탈피한 경제·운영·민주화의 원칙을 천명한 것이었다. 개헌 당시 국회 헌법개정소위 위원장이었던 현경대 전 민정당 의원은 "종전에는 정부 주도 경제운영에 치우쳤으나 민간 주도로 전환해 실효성을 극대화하자는 것"이라고 자신이 쓴 헌법 해설서에서 설명하고 있다.

하지만 2008년 글로벌 금융위기를 맞아 이 조항은 새롭게 조명을 받으며 적극적인 의미로 해석되기 시작했다. 자본주의와 신자유주의 대안을 찾아 헤매던 좌파진영이 글로벌 금융위기를 기화로 경제민주화를 시대정신으로 둔갑시키는 데 앞장섰다.

이후 10년 가까이 경제민주화라는 명제가 한국의 공론장을 장악하고 있다. 특히 문재인 정부는 초대 청와대 정책실장에 장하성 고려대 교수, 공정거래위원장에 김상조 한성대 교수 등을 포진시키고 경제민주화로 내달았다. 대기업을 해외투기자본의 먹이로 던진 '기업규제 3법', 세계 최강 규제로 기업인을 교도소 담벼락 위로 내몬 중대재해처벌법 등 경제민주화법이 폭주했다. 최저임금 급인상, 융통성 없는 주 52시간 근무제 등의 무리수 정책도 밀어붙였다.

기업규제 입법이 어느 정도 마무리되자 문 정부가 꺼낸 카드가 '소유의 사회화' '노동자 경영참가' 같은 사회주의적 방법론이었다. 노동이사제 도입, 스튜어드십 코드 확대, 토지공개념 등으로 공공이 민간을 통제하려는 의지도 분명히 했다. 경제 활력이 훼손된 이유가 '진보정책 폭주 때문'인데도 '경제민주화 조치가 약해서'라고 여론을 호도하는 모습이었다.

진보경제학은 경제민주화를 위한 '사회적 경제' 확산에도 적극적이다. "사회적 경제는 경제 민주화의 과정이며, 자본이 우리 사회의 일부로써 사회에 기여하도록 만드는 것"(마거릿 멘델 칼 폴라니 정치경제연구소 소장)이라는 인식을 깔고 있다. 대선후보들도 사회적 가치를 강조했다. 학현학자들이 장악했던 이재명 후보 캠프는 '사회적 경제'를 국정과제로 제시했었다.

거대 야당은 '사회적 가치 기본법' 제정에도 관심이 크다. '이윤과 효율이 아니라 사람의 가치, 공동체의 가치를 지향하도록 국가시스템을 바꾸어야 할 때'라는 게 입법 취지다. 사회적 경제는 경제적 가치와 사회적 가치를 함께 고려하자는 설명이 그럴싸하지만 사회적 경제는 '비효율'과 동의어다. 20세기 중반 오스트리아 경제학자 칼 폴라니가 협동조합에 착안해 들고 나온 개념이 '사회적 경제'다. 사회적 기업, 협동조합, 소셜 벤처, 마을기업이 오늘날 사회적 경제가 제시하는 주요 조직 유형이다. 어떤 유형도 주식회사 제도를 근간으로 하는 시장경제의 효율과 융통성에 미치지 못한다.

사회적 경제의 허상은 코로나 사태를 맞아 국가가 의료를 책임지는 보편적 의료제도의 약점이 노출된 데서도 확인된다. 코로나 급습 이후 보편적 의료제도를 택한 국가(영국, 이탈리아, 스페인, 포르투갈)에서 바이러스 전파 속도와 사망률이 더 높았다. 급성·중증 질환 진료 역량도 보편적 의료 국가들이 크게 부족했다.

사회적 경제가 무가치하다는 뜻은 아니다. 시장의 약점을 보완하는 보완적 장치로써 의미가 있지만 주류여서는 안 된다는 말이다. 더구나 나쁜 정치의 작용으로 인해 사회적 경제는 권력이 기업을 장악하는 수단으로 변질되는 모습도 역력하다. 미래의 번영을 위해 지금 필요한 것은 경제민주화나 사회적 경제가 아니라 경제할 자유와 시장의 확산이다.

가장 경계해야 할 것은 시민들이 정신의 소유권을 국가로 일임하는 '정신의 국유화·사회화'다. 재산권이 부정되고, 경영권이 침해되고, 자유권이 박탈돼도 공동체에 좋으면 된다며 눈감는 행태가 만만찮다. 독자적인 사고를 포기하고 정부 결정을 추종하는 이런 국유화·사회화된 정신의 소유자들은 몇 해 전 촛불 시위 이후로 크게 늘었다. 공지영 작가가 그런 부류다. 그는 조국 사태 당시 "문프께 모든 권리를 양도했고, 그분이 나보다 조국을 잘 아실 테니까"라며 조국 무한지지를 선언했다. 국가 지도자의 견해를 자신의 '절대 믿음'의 근거로 제시하는 작가의 등장은 시민정신이 국가에 포획되고 있다는 강력한 방증이다.

'정신의 국유화'는 특정 기업이나 산업의 국유화보다 부작용이 훨씬 크다. 연쇄적인 국유화 쓰나미로 이어질 수 있어서다. 스스로의 판단을 포기하고 누군가의 생각을 추종하며 자유를 위한 저항을 포기한다면 민주공화국은 존립 기반을 상실한다. 획일과 맹목으로 빠져드는 시민이 많을수록 궤도 이탈에 대한 권력의 유혹도 커진다.

경제는 죽을 판, 진보학자는 살 판

파시즘 창시자 무솔리니 시대의 이탈리아 사회학자 로베르토 미헬스는 "사회주의자는 성공할지 모르나 사회주의는 결코 성공하지 못한다"고 했다. 사회주의의 해악과 역설을 잘 표현한 구절이다. 이 말을 오늘의 한국에 적용하면 이렇게 될 것이다. "진보경제학자는 성공할지 모르나 진보경제는 결코 성공하지 못한다."

진보경제학은 분배·성장·고용에 모두 실패하며 우리 경제의 발목을 잡았지만 진보경제학자들은 출세가도를 달렸다. 많은 실패가 확인된 지금도 그들의 질주는 계속되고 있다. 논리 비약과 취약한 내공 탓에 학계에선 소수파를 면치 못한다. 하지만 바로 그 희귀성 때문에 몸값이 올라가는 어처구니없는 역설이 광범위하다.

대중을 현혹시킬 그럴듯한 유토피아 사상이 절실한 진보정치의 요구에 호응해 줄 수 있는 유일한 세력이 바로 진보경제학자들이다. 그런 탓에 상당수 진보 학자들은 스스로도 확신하지 못하는 이론을 진보정치의 주문에 맞춰 포장하는 데 거리낌이 없다. 말하자면 진보경제학과 진보정치의 부적절한 공생이다.

여러 진보정권에서 요직을 섭렵한 이정우 경북대 교수 사례는 진보경제학자들의 관운을 잘 보여준다. 그는 노무현 정부에서 대통령 정책실장과 정책특별보좌관을 역임하며 정책 전반을 조율했다. 2012년 대선 때는 문재인 후보 캠프 경제민주화 추진단장을 맡아 경제공약을 총괄했다. 2017년 대선에서도 문재인 후보를 지원해 정권을 창출하고 한국장학재단 이사장을 맡는 등 원로 대우를 받았다. 그러더니 이재명 대선후보의 경제 멘토로 활약하는 등 진보정치판의 단골 멤버로 자리매김했다.

이 교수 외에도 정권을 바꿔가며 요직을 두루 거친 진보경제학자가 수두룩하다. 이 교수와 행보를 같이한 김수현 교수도 노무현 정부와 문재인 정부의 핵심 실세였다. 학계 비주류이던 학현학파를 제도권으로 끌어올린 인물로 평가받는 김태동 교수도 있다. 김 교수는 1998년 김대중 정부 청와대 경제수석을 지낸 뒤 정책기획수석, 정책기획위원장 등을 맡았다. 이정우 교수와 함께 이재명 캠프의 정책멘토로도 활동했다.

소주성 폭주에 일익을 담당했던 문재인 정부 초대 청와대 경제보좌관 김현철 서울대 국제대학원 교수도 이재명 대선후보 캠프의 싱크탱크 '세바정(세상을 바꾸는 정책) 2022'에서 글로벌 성장TF위원장을 맡았다. 문 정부에서 국세행정개혁TF단장, 재정개혁특별위원장, 세제발전심의위원장을 잇따라 맡은 강병구 인하대 교수는 세바정 2022의 재정TF위원장으로 활약했다. 문 정부 산업연구원장 출신 장지상 교수 역시 이재명 캠프의 경제브레인으로 활약했다.

이들은 대부분 한국 진보경제학 최대파벌 학현그룹 소속이다. 민폐의 크기만큼이나 이들의 관운도 끝이 없는 듯하다.

'낮은 단계의 전체주의'의 습격

'식량은 없는데 식량 대책은 넘치고, 장작은 없는데 땔감 대책만 넘치는 체제.' 『닥터 지바고』의 작가 보리스 파스테르나크의 '국가사회주의'에 대한 촌철살인이다. 혁명의 열기가 뒤덮은 조국 소련과 동구 공산체제의 모순, 비효율을 일상의 언어로 직격한 대문호의 직관이 빛나는 정의다.

'파스테르나크 감별법'으로 보면 지난 문재인 정부 5년은 국가사회주의적 특성이 농후했다. '국가사회주의라니, 너무 나간 것 아니냐'고 할 수 있겠지만 그 징후는 만만찮았다. 5년간 발표한 부동산 안정 대책만 28번으로, 두 달에 한 번꼴이었다. 하지만 그때마다 시장은 폭발했고 이제 내 집 마련 꿈은 '미션 임파서블'이 되고 말았다. '21세기 사회주의'를 표방한 베네수엘라에만 있다는 부동산거래감시기구 설치를 '투기 대책'이라며 밀어붙였고, 여당 실세 의원은 '1가구 1주택'으로 집 소유를 제한하는 법안까지 발의했다.

일자리 대책도 마찬가지다. 정권 출범 직후 떠들썩하게 일자리 상황판과 일자리위원회를 설치했다. '40대 고용증대 범부처TF'

등 별의별 대책이 다 등장했다. 그런데 결과는 일자리 실종이었다. 실업자가 늘면 대통령은 "기존 대책을 넘어서는 특단 대책"을 지시하고, 부동산이 폭등하면 민간이 보유한 토지소유권에 대한 강탈 논란을 감수하면서까지 특단 공급을 밀어붙였다. 대통령의 특단 고용대책 지시에 부처별 일자리 강제 할당이라는 전근대적 행정도 부활했다.

부동산·일자리 정책 외에도 국정 전반에서 국가 개입은 위험 수위를 넘나들었다. 스튜어드십 코드를 앞세운 국민연금의 노골적인 상장사 경영 간섭이 대표적이다. '국민연금이 기업 압박에 나서야 한다'고 대놓고 요구하는 거대 여당의 모습은 '연금 사회주의' 도래의 징표였다.

일련의 전개는 한국이 국가사회주의까지는 몰라도 최소한 국가주의로 경사되고 있다는 신호로 보기에 충분했다. 국가주의는 경제 사회에 대한 권력의 통제를 주장하는 신조로, 국가사회주의를 포괄하는 용어다. 국가가 선악 판단에서 우월하다고 믿는 그릇된 국가주의의 확산은 참혹한 후과를 부른다. 문재인 정부 1호 정책인 '비정규직 제로 선언'의 결과를 보면 분명하다. 시퍼런 권력을 앞세워 정규직 전환에 올인했지만 비정규직 근로자는 사상 최대로 급증했다.

문재인 대통령이 취임 이틀 뒤 요란하게 헬기를 띄워 인천국제공항공사를 깜짝 방문해 '비정규직 제로'를 약속할 즈음의 비정규직 비율은 32.9%(2017년 8월)였다. 하지만 비정규직 비중은 2019년

36.4%, 2021년 38.4%로 치솟았다. 10명 중 4명이 비정규직이란 얘기다. 현금을 뿌리며 '포용국가'를 부르짖었지만 빈부격차도 사상 최대다. 코로나 탓이 아니다. 정확히 문재인 정부 출범 직후부터 양극화가 시작됐다. '임기 내 공공부문 비정규직 제로'를 선언하며 요란을 떨었던 자칭 '일자리 정부'의 초라한 반전 성적표다.

속출하는 정책 부작용보다 더 치명적인 문제는 국가주의에 대한 무감각이다. 유력 정치인들이 '문재인 보유국'을 낯 뜨겁게 칭송해댔고 "대통령에게 무한 충성하라"며 관료를 압박했다. 국가와 카리스마적 지도자를 동일시하는 것이야말로 국가주의의 핵심 특징이다.

전체주의적 징후도 넘쳤다. 사법·행정·입법을 장악하고 한줌의 반대도 용납하지 않는 일당독재로 기우는 경향이 뚜렷했다. 전체주의는 명확한 정의가 없지만 1인에게 지배되는 정당, 경찰의 조직적 폭력, 대중매체 독점, 경제의 중앙통제 등이 대체적인 특징이다. 이런 기준으로 보면 제왕적 대통령, 편향적 공권력, 나팔수 공영방송, 기업경영 개입 등은 분명 전체주의적 면모였다. 약탈적 징세나 임대차 3법, 기업규제 3법 등 거대 진보정당의 입법폭주에서 보듯 권력의 운용도 노골적이고 적나라했다. 전체주의까지는 몰라도 '낮은 단계의 전체주의'로 부르기에 충분한 정황들이었다.

'경제 석학' 이재명

 '노벨 정치경제학상'이 있다면 단연 이재명 의원의 몫일 것이다. 그는 지난 대선 선거운동 과정에서 서울대 경제학과에 강연을 나가 "경제는 진리나 과학이 아니라 정치"라고 일갈했다. 또 자영업자들 앞에서는 '국가부채 낮추는 게 무슨 의미가 있느냐'며 기획재정부 관료집단을 질타하기도 했다.

 경제 석학인 듯 종횡무진 펼치는 그의 '정치경제학 썰'은 파격으로 가득하다. 서울대 강연에선 기초노령수당을 지급한 박근혜 전 대통령을 기본소득 최초 주창자로 지목했다. 기초노령수당은 '부분 기본소득'이고 이를 전 국민에게 확대하면 '보편 기본소득'이 되니, 박 전 대통령이 기본소득제의 원조라는 기막힌 삼단논법이었다. '횡단보도가 있는 차도는 인도'라고 우기는 것과 같은 논리 비약이다. 물론 '부분 기본소득'이라는 말부터 '동그란 네모'처럼 성립 불가능한 형용 모순이다.

 뒤통수를 때리는 듯한 도발도 넘친다. 후보 시절 그는 대출 시 '저신용자에게 저금리를, 고신용자에게 고금리를 받는 게 정의'라고 했다. 금융회사들의 사업목적은 '이윤'이 아니라 '복지'와 '자선'이어야 한다고 강변한 셈이다. "국가부채나 개인부채 같은 빚이 무조건 나쁘다는 건 바보 같은 생각"이라고도 했다. 다른 나라가 진 빚은 나쁜 빚이지만 한국이 낸 빚은 좋은 빚이라는 식의 '내로남불 끝판'이다.

 특히 국가 재정에 대한 생각이 두려울 정도로 이단적이다. 그는 '국가부채 100%를 넘어도 문제될 게 없다', '개인부채는 못 갚으면 파산하지만 국가부채는 이월하면 그뿐'이라고 했다. 속칭 '사이다'처럼 들리지만 재정, 통화가치, 인플레이션 등에 대한 지식과 고민은 흔적조차 실종이다.

경제를 정치의 종속변수로 경시하다 보니 세계관을 의심하게 하는 발언도 봇물이다. 그는 국토보유세 신설과 관련해 "상위 10%는 손해를 보겠지만 90%는 내는 세금보다 돌려받는 돈이 더 많아 아무 문제가 없다"는 말을 반복 중이다. "2%만 내는 종부세를 두고 웬 세금폭탄 타령이냐"는 주장과 판박이다. 하지만 '머릿수'는 결코 공정의 증인이 될 수 없다는 점에서 폭력적 발상이다. 책·음원의 저작권 보유자가 한줌에 불과하니 지식·문화 융성을 위해 저작권을 없애자는 주장이 엉터리인 것과 마찬가지다.

정치적 프리즘으로 보면 경제 해법은 너무나 쉽다. 화폐를 찍어서 나눠 가지면 모두 부자가 되고, 정부가 돈을 뿌리면 소비가 살아난다. 또 이 사회에 노동자가 들어가면 노사 평화가 오고, 추가 진입을 막으면 골목상권이 살아난다. 그런 정치적 해법은 터무니없는 미신임이 밝혀진 지 오래다. 경제가 이분법으로 그리 쉽게 작동한다면 세상의 가난은 벌써 종식됐을 것이다.

선거로 뽑힌 정치집단이 무한권력을 위임받아 이윤만 밝히는 시장의 탐욕을 통제해야 한다는 게 그의 지론인 듯하다. 그러니 '신용의 원천인 발권력이 국가의 것이니, 국가의 금리 개입도 정당하다'는 발상이 가능하다. '국민 도와주자는 데 기재부가 왜 재정을 안 푸는 것인지 이해 불가'라는 이해 불가의 멘트도 나온다.

선출 권력도 헌법이 규정한 공화 가치와 법률이 위임한 권한 범위를 벗어날 수 없다는 민주공화국의 핵심 원리에 대한 무지다.

　정치와 경제의 기묘한 결합을 외친 그의 '썰'에 국민은 고개를 갸웃할 수밖에 없다. '암호화폐 적극 지지자'라던 그는 한 서울대생이 "시뇨리지(발권으로 얻는 이익)를 민간이 먹는 게 정의인가"라고 이의를 제기하자 "정의롭지 않다"면서 말을 얼버무리고 말았다. 편향적인 진보 경제 멘토들의 견해를 무비판적으로 받아들여 읊는 것으로는 국민을 설득할 수 없다.

'거대한 오류' 만회할 '거대한 전환'

2차대전으로 독립한 신생 독립국은 대부분 수입대체산업 육성전략을 취했다. 착취적인 외국 자본의 유입을 막아 자립경제를 구축하겠다는 일념이었다. 농업국의 특성이 짙은 개발도상국가들은 먼저 농업을 발전시켜 축적한 저축으로 공업화에 도전하는 게 합리적이라고 판단했던 것이다. 내수 위주, 농업 우선, 중소기업 위주, 자급자족 시스템, 중화학공업 반대, 노조의 경영 참여 등이 주요 전략이었다.

　2차 세계대전 이후 독립한 신생국 중에서 '풀세트 중화학공업' 육성에 성공한 나라는 한국이 유일하다. 이런 성공의 길에 동참하지 않고 비난하며 정반대 길을 걸은 오욕의 역사가 K진보경제학사다. 오죽하면 박현채 교수의 민족경제학은 진보진영 내부에서조차 따르는 후학이 없을 만큼 시대착오적이었다. 김수행 교수가 씨앗 뿌린 K마르크스주의는 러시아에서도 폐기된 교조적 이론에 집착한 탓에 정책대안에서 배제된 지 오래다. 변형윤 중심의 학현학파는 분배경제학이라는 그럴듯한 이름을 붙이고 양지를 차지했지만 노무현·문재인 정부에서 낙제점 성적표를 받아들고 말았다. 시장경제학을 무조건적으로 배척하는 부정의 학문을 벗어나지 못하고, 검증되지 않은 이론과 감성적 주장을 앞세운 데 따른 예정된 실패다.

진보경제학자들은 한번도 자신의 이론을 입증하지 못했다. 언제나 국민경제의 짐이 됐다. 그래도 현실을 직시하지 않고 일말의 반성도 없다. 통계까지 왜곡해가며 처참한 실패를 정당화하는 후흑(厚黑)의 면모다.

그들은 가정법을 앞세워 변명하지만 공감하기 힘들다. 예컨대 이런 식이다.

"진보적 지식인들이 제기한 자립경제론 혹은 민족경제론이 실행됐다면 결과가 어땠을지 아무도 모른다."

"북한이 틀렸다고 우리도 지금 북한처럼 손가락 빨고 있을 것이라고 어떻게 단정할 수 있나."

"경제개발은 박정희의 공이 아니라 그 당시 제3세계 경제의 공동개발이라는 시대 상황과 반공이 필요한 미국의 경제적 지원 덕분이었다."

"굳이 경제개발의 최대 공로자를 꼽자면 박정희가 아니라 저임금에 시달리면서 묵묵히 누구보다 성실하게 일한 노동자들이다."

"그런데 지금 배 두드리는 이는 재벌과 그 추종자들뿐이고 노동자들의 피와 땀은 잊혀지고 배신당하고 일자리마저 위협받는 기막힌 현실이다."

"권력을 쟁취한 엘리트들의 역사 해석을 거부하고 더 이상 그들의 게임에 동원되지 않을 때 진정한 경제개발이 완성된다."

적반하장과 견강부회를 학문의 이름으로 전파하다 위기에 봉착한 진보경제학이 살길은 하나다. 거대한 실패를 인정하는 것이다. 사실에 기초해야만 실현가능한 해법을 찾을 수 있다. 고갈돼 바닥을 드러낸 마르크스적 망상에서 벗어나 시장의 잠재력과 다양한 상상력을 이끌어내는 방식으로 대전환해야 한다.

최근 진보경제학자들이 꽂힌 인물 중에 칼 폴라니가 있다. 요즘 K진보경제학을 사로잡은 '사회적 경제'의 이론적 원천을 제공한 오스트리아 출신 미국 사회철학자다. 폴라니는 '고삐 풀린 시장의 질주'라는 개념을 제시하고 시장경제는 '도달할 수 없는 유토피아'라고 주장했다. '제3의 길'의 선구자로도 불리는 폴라니는 『거대한 전환』이라는 주저를 남겼다. 하지만 폴라니식 비주류경제학으로의 거대한 전환은 처참한 결과를 불렀다. 그 오류를 객관적으로 진단하고 다시 거대한 재전환을 이뤄내는 것, K진보경제학에 남겨진 유일한 생존루트다.

궤변 이겨내고 '전진하는 진실'

한국 사회는 꽤나 놀랍고 고무적인 각성을 겪고 있다. 정치권이 '전 국민 재난지원금을 뿌리겠다'고 나섰는데 10명 중 8명이 반대해 무산된 일이 있었다. 20대 대통령선거가 코앞이던 2021년 11월에 벌어진 일이다. 5명은 아예 '지원금이 불필요하다'며 거부했고, 3명은 '전 국민 지급 대신 취약계층에만 주자'고 했다. 100만 원(4인 가족 기준) 정도의 공돈이 생기는데도 찬성은 22%에 그쳤다. 압도적 다수가 반대로 거부한 것은 일종의 '사건'이다. 그 1년 전 여론조사에서는 60~70%가 찬성했다는 점을 고려하면 상전벽해와도 같은 민심의 변화다. 경외감마저 든다.

당시 거대 진보정당은 대선후보까지 나서서 "국가부채 비율이 비정상적으로 낮기 때문에 전 국민 지원에 아무런 문제가 없다"는 상식 밖의 궤변을 늘어놓으며 바람을 잡았다. 하지만 다수의 국민은 텅 비어가는 나라 곳간 사정과 '용돈 살포'에 불과한 전 국민 재난지원금의 허구를 이미 깨치고 있었다. 이런 인식의 변화는 비록 0.73%라는 간발의 차이지만 20년 집권을 자신하던 '무차별 퍼주기 세력'을 불과 5년 만에 권력에서 끌어내린 배경이 됐다.

다소 과장해서 해석하자면, 궤변의 시간이 끝나고 진실의 순간이 도래했다는 생각이다. 이런 변화가 있기까지 많은 이들의 노력이 있었다. 신재민 기획재정부 사무관은 적자국채 편법 발행을 지시한 청와대와 부총리의 요구를 폭로하고 직을 던졌다. 김경률

회계사는 '정권 2중대'로 전락한 참여연대를 고발하며 조국 일가의 사모펀드 불법을 파헤쳤다. 6000여 명의 사회정의를 바라는 전국 교수모임(정교모) 학자들은 상아탑을 벗어나 거리 시위까지 벌이며 진실 찾기에 힘을 보탰다. '시장경제와 민주주의 지킴이'를 자처한 자유와 통일을 향한 변호사연대(자변)와 한반도 인권과 통일을 위한 변호사 모임(한변) 등의 헌신도 빼놓을 수 없다. 그리고 이 모든 일을 가능케 한 것은 이름 없는 시민들의 지난한 투쟁이었다.

하지만 아직 까발려야 할 진실이 산더미이고 갈 길도 멀다. 대선 패배로 직격탄을 맞았지만 파탄 난 '소주성'은 기본사회, 재정만능주의, 토지공개념 등으로 간판갈이를 하고 호시탐탐 복귀를 노리고 있는 중이다. 기업가와 지식인, 먼저 부자가 된 이들은 여전히 착취자라는 주홍글씨에 갇혀 있다. 진보경제학이 확산시킨 미신과 선입견은 아직 굳건하고, 영역 지키기에 나선 진보경제학자들의 전투력도 여전히 막강하다.

그래도 진실이 전진하고 있다. 드레퓌스 대위를 반역죄로 가둔 조국 프랑스의 인종주의와 국가주의를 고발했던 에밀 졸라는 "진실이 전진하고 있고, 그 무엇도 그 발걸음을 멈추게 하지 못하리라"고 외쳤다. 이 고발로 졸라는 지독한 고난을 겪었고 승리를 보지 못한 채 눈을 감았다. 하지만 진실의 힘을 낙관하고 스스로를 던진 용기는 그를 역사의 승리자로 만들었고, 그의 조국 프랑스도 업그레이드됐다.

120여 년 전의 프랑스처럼 요즘 한국에선 '진보'의 선민의식, 연성(軟性)의 국가주의가 넘친다. 사익을 절제하고, 탈진실에 저항하는 거대한 시민세력의 등장이 더없이 듬직한 이유다. 전체주의의 본성을 가장 깊이 들여다본 작가로 꼽히는 『1984』의 조지 오웰은 '거짓말이 판칠 때는 진실을 말하는 것이 혁명'이라고 했다. 진보경제학의 비이성적 궤도 이탈에 저항하고 저지하는 것이 오늘의 혁명이다.

한국 경제가 망하는 유일한 방법

"곳간 열쇠로 열어봤더니 밑에 싱크홀이 있고, 그걸 살짝 덮어놨더라." 윤석열 대통령직 인수위원회가 가동된 지 약 3주 만인 2022년 4월 초에 터져 나왔던 긴 탄식이다. 당시 안철수 인수위원장도 "부동산, 코로나, 재정이 전부 폐허"라며 긴 한숨을 보탰다. 홍남기 부총리가 2022년 초 국회에서 "국가신용등급 유지가 한계에 어느 정도 와 있다"고 '깜짝 실토'했던 장면의 강력한 데자뷔였다.

싱크홀, 폐허, 한계. 이런 섬뜩하고 막막한 단어의 등장은 '결국 올 것이 오고 있다'는 두려움을 증폭시킨다. 공포의 근저에는 감당 불가 지경의 나랏빚이 자리한다. 2017년 660조 원이던 국가부채는 올해 최소 1076조 원으로 치솟는다. 2018년 35.9%였던 국가채무 비율도 2022년 말 50%대 진입을 예약했다. 1993년 43%에서 불과 7년 만에 100%를 넘어선 일본, 30%대에서 12년 만에 100%대로 직행한 그리스 못지않은 가속도다. '자본주의 모범국' 한국 경제가 싱크홀 아래로 추락하는 그림은 사실 상상하기 쉽지 않다. 하지만 절대 일어날 수 없는 불가능의 영역은 아니다. 지금까지 제시된 실현가능성과 경로는 두 가지가 있다. 하나는 구조화된 내재적 모순이 누적돼 노동자 폭동이 터지는 경우다. 마르크스가 떠들어 익숙한 이 시나리오는 엉터리로 판명이 났다.

하지만 안심은 이르다. '진짜 천재 경제학자' 슘페터가 제시한 더 강력한 시나리오가 남아 있어서다. 꽤나 놀랍게도 슘페터 역시 자본주의 종말을 예견했다. 더 놀라운 것은 그 종말에 이르는 반전 과정이다. 그는 '자유'를 옹호하는 덕성 덕분에 자본주의는 눈부신 성공을 거둘 것이라고 강조했다. 하지만 성공 동력인 바로 그 넘치는 자유에 기생하는 반(反)자유적 선동가들의 득세를 막지 못해 결국 사회주의로 이행하고 말 운명이라고 결론지었다. '슘페터 몰락'은 사변적 상상력의 허황한 산물이 아니다. 한때 프랑스와 이탈리아보다 잘살았던 아르헨티나가 이론의 작동 가능성을 입증했다. 아르헨티나 경제는 페론 정권이 대중영합주의(포퓰리즘)를 밀어붙인 1940년대부터 추락하기 시작했다. '국민의 정부'를 자임하며 재정을 털고, 내수산업 육성 명목으로 수출기업에서 자금을 염출해 노동자와 저소득층에 '무차별 퍼주기'하면서부터다. 돈줄이 마르자 중앙은행 발권력까

'경제 천동설'과 손절하기

지 동원했다. 그 결말은 살인적 인플레이션과 경제 파탄이었다. 한국을 덮친 '싱크홀 경제'도 대중영합주의 확산의 후폭풍이다. 돌아보면 노무현 대통령직인수위원회가 2003년 결산백서에서 "더 많은 포퓰리즘이 필요하다"고 강조한 게 시작이었다. 문재인 정부에선 5년 내내 소주성이라는 이름의 '대중경제학' 처방이 노골화됐다. 하지만 성적표는 초라하다. 평균 경제성장률만 해도 연 2.1%로 박근혜 정부(3.0%)보다 크게 부진하다. 2019년 성장률이 2.2%로 쪼그라든 데서 보듯 코로나 탓만도 아니다. 1인당 총소득(GNI) 증가율도 연 1.1%로 박 정부(4.0%)의 발끝에도 못 미친다.

문 정부는 수출이 사상 최대를 기록하며 세계 7위를 기록했다는 점을 경제 순항의 증거로 자주 들먹였다. 손바닥으로 하늘을 가리는 일이다. 사상 최대 수출은 늘 있는 일이다. 2021년 수출은 6445억 4000만 달러로 문 정부 출범 첫해에 비해 불과 12% 늘어나는 데 그쳤다. '수출 세계 7위'도 2010년에 이미 달성한 성과다. 문재인 정부 초기인 2017년과 2018년에는 '2년 연속 6위'까지 기록했다는 점에서 '수출이 뒷걸음질치고 있다'는 냉정한 반성이 필요한 시점이다.

그나마 수출호조도 고군분투한 기업들 덕분이다. 정부는 발목 잡은 것 외에 어떤 역할도 찾기 어렵다. 그런데도 별 의미 없는 작은 데이터를 크게 과장하고 남의 노력에 무임승차해 '선진국 진입을 이뤘노라'라며 임기 마지막까지 자화자찬에 몰두했다. '이제 민주주의가 꽃피었으므로 번영의 황금시대가 시작됐다'던 한 세기 전 페로니즘의 주입식 선동과 판박이다.

문재인 대통령은 2021년 7월 유엔무역개발회의(UNCTAD)가 한국을 개발도상국에서 선진국그룹으로 분류한 것을 두고 "유엔 회원국 만장일치로 선진국임을 인정받았다"고 선전했다. 사정을 들춰보면 코미디에 가깝다. 당시 스위스 제네바에서 제68차 UNCTAD 회의는 한국을 아시아·아프리카·개도국 등 99개국이 포함된 '그룹A'에서 미국·일본·영국 등 선진국 31개국이 속한 '그룹B'로 바꿨다.

하지만 이런 지위 변경은 문 정부가 직접 신청해 이뤄진 것이다. 이전 정부들은 개도국 지위에 부여되는 혜택을 유지하기 위해 변경 신청을 하지 않았던 것뿐이다. 이런 정황을 무시한 채 대통령이 "자부심을 가지라"고 앞장서고 외교부까지 "역사적 이정표"라며 호들갑 떠는 건 꽤나 낯 뜨거운 행보다.

더구나 한국은 이미 10여 년 전부터 세계로부터 선진국으로 대우받고 있다. 2012년 무렵부터 IMF에서 선진경제국, OECD에서 고소득 회원국으로 분류되고 있다. 〈뉴스위크〉 평가에서는 전 항목 만점을 받으며 '세계 최고 상위국가 30개국'에 이름을 올리기도 했다.

1930년대 초 1인당 국민소득 세계 6위, 교역량 10위의 선진국이었던 아르헨티나의 추락은 세계 경제학계에서 희귀 사례로 간주된다. 노벨경제학상을 받은 경제발전론의 대가 사이먼 쿠즈네츠가 "세계에는 선진국과 후진국, 일본과 아르헨티나 등 4가지 유형의 국가가 있다"고 강조했을 정도다. 한 세기 안에 선진국에 진입한 유일한 국가가 일본이고, 그 반대가 아르헨티나라는 지적이다. 영국 경제 전문 주간지 〈이코노미스트〉도 "공산주의권 국가들의 몰락을 제외하고 20세기 경제의 최대 실패 사례는 아르헨티나"라고 직격했다.

아르헨티나 사례처럼 '대중주의로의 경도'는 세계 자본주의 모범국 한국이 망할 수 있는 거의 유일한 길이다. 대중경제학적 처방은 언제나 열광으로 시작해 급격한 인플레와 실업으로 끝난다. 그리고 피해는 빈민과 중산층을 직격한다.

눈 밝은 한국 유권자들은 지난 대선을 통해 대중주의를 심판했다. 본격 승부는 이제부터다. 부동산·일자리 대란에도 자칭 '포퓰리스트' 후보는 절반 가까운 표를 쓸어 담았다. 이에 힘을 얻은 거대 야당은 포퓰리즘 입법을 노골적으로 밀어붙이고 있다. 대깨문 등 포퓰리즘을 후원하는 이익네트워크 집단의 '무력' 행사도 갈수록 광적이다.

슘페터는 자신의 존재가치 입증이 지상목표인 지식인 집단의 끝없는 방종을 선진 자본주의의 최대 적으로 꼽았다. 이들이 맘먹고 선동하면 낙오한 대중은 포섭될 수밖에 없다며 좌절했다. 한국의 '슘페터 몰락' 저지를 위한 상부구조와 시민사회의 재설계가 시급하다.

K진보경제학, 다른 길로 가야 한다

권력의 정점에 서는 순간 타락은 시작된다. 그게 약한 인간이다. 35세 젊은 나이에 '르네상스의 상징' 피렌체의 최고 공직에 오른 단테도 그랬다. "인생 최전성기에 문득 뒤돌아보니 어둠 속에서 길을 잃고 있는 나 자신을 발견했다"는 문장으로 그가 불후의 저작 『신곡』의 첫 페이지를 써내려간 이유일 것이다.

한국의 진보경제학도 경제정책을 주무르는 무한 권력을 쥔 순간부터 어둠의 길로 직행하고 말았다. 실패를 덮기 위해 서둘렀던 미봉책이 실패를 더 키우고, 거대해진 실패를 만회하기 위해 자신도 동의하지 않는 모험적인 정책으로 치달았다. 케인스의 말처럼 "세상에서 가장 강한 힘을 가진 것은 사상"이다. 잘못된 사상이 나쁜 정치와 결합할 때 국민 삶은 피폐해질 수밖에 없다.

진보경제학은 '자기 논거의 절대화'라는 특유의 배타적 취향에 충실하다. 정책 결과를 분석해 융통성 있게 대처하기보다, 절대 목표를 설정한 뒤 결과를 끼워 맞추는 과장, 축소, 왜곡이 다반사다. 논리가 궁할 때는 '악마화' 카드도 서슴없이 꺼내든다. 전(前) 정권, 전전(前前) 정권까지 소환해 책임을 떠넘기며 정당성을 강변한다. 사실을 도그마로 대체하려는 전체주의적 발상이다. 문재인 정부는 김대중·노무현 정부에 이은 '3기 민주 정부'를 자처했다. 하지만 돌아보면 이들 내에서도 뚜렷한 차이가 감지된다. 김대중·노무현 정부 역시 이념적 도그마가 강했지만 '사실에 대한 존중'은 있었다. 그렇기에 결정적 순간에는 경직된 신념 대신 국익을 택했다. 김대중 정부가 욕먹어 가며 신자유주의적 개혁에 착수하고, 노무현 정부가 한·미 자유무역협정(FTA)을 체결할 수 있었던 배경이다.

문재인 정부의 작동방식은 전혀 달랐다. 일자리, 서민경제, 청년, 양극화, 부동산 등 현안이 모두 최악으로 치달았지만 잘못 펜 정책을 끝까지 밀어붙였다. 실패를 덮기 위해 땜질하고 그 위에 또 땜질정책을 덧대는 일을 거듭하는 최전방에 탈레반 진보경제학자들이 자리했다. 그들은 고용·분배 등 대중적 소구력이 큰 일부 경제지표의 '현상 유지'라는 작은 목표를 위해 국고의 가용자원을 총동원해 분식하는 무리수도 서슴지 않았다.

박노해 시인은 "세상에서 가장 괴롭고 비참한 자는 길을 잃어버린 자"라고 읊었다. 한국 진보경제학은 마이웨이를 고집하기보다 하루빨리 뉴웨이로 가야 한다. 구원의 서사시 『신곡』은 어둠 속 미로에서 밝은 별의 세계로 나가기 위한 키워드로 새로운 의지를 강조했다. 단테가 사모한 이상적 여인 베아트리체가 길을 잃고 어둠 속을 헤매는 단테에게 건넨 구원의 메시지는 이렇다. "이 어두운 숲을 벗어나고자 한다면, 다른 길로 가야 한다." 진보경제학이 새겨야 할 구원의 문장이다.

'다 함께 잘살기' 무한동력엔진은

수없이 많은 실패에도 여전히 진보경제학이 팔리는 이유는 포장술이 뛰어나서다. 약 100년 전 파시스트들의 행동주의가 세계를 매료시킨 것과 비슷하다. 파시즘의 주장도 들어보면 솔깃하다. 파시즘은 자유민주체제가 인간을 이윤 이외의 어떤 고결한 이면도 인정하지 않는 유물적인 동물로 격하시켰다고 비판했다.

그러면서 삶이라는 고해의 바다에서 허덕이는 연약한 인간의 편을 자처했다. 힘든 현실이 내 책임이 아니라 사회체제의 잘못이라고 토닥이며 위로했다. 많은 청년과 지식인들은 고결한 인간 본성을 강조하는 파시즘을 구원의 유일한 희망이라 여겼다. 누군가가 나와 민족을 위해 일하고 있다는 착각은 예고된 파탄을 불렀다.

사회가 개인을 무한책임질 수 있다는 달콤한 약속이야말로 전체주의적 사회의 단면이다. 파시즘과 K진보경제학의 정서는 이 대목에서 접점을 갖는다. 덕지덕지 화장을 걷어내고 보면 시장경제학이야말로 진정 구원에 가장 근접한 길임을 어렵지 않게 확인할 수 있다. 진보경제학이 건네는 위로는 무능을 감추기 위한 위선의 언어이자 끝없는 희망고문이라는 점도 어렵지 않게 깨닫게 된다.

2022년은 한강의 기적의 출발점이 된 경제개발 5개년 계획이 시작된 지 60주년이었다. 필리핀, 가나보다 가난했던 한국은 불과 두 세대 만에 세계 10대 경제대국이자 소프트대국으로 부상했다. 세계사에 유례를 찾아보기 힘든 성공 스토리다.

한국만의 성공이 아니라 세계사의 흐름을 뒤바꾼 '사건'이기도 하다. 자유·개인·개방에 기초한 건국세력과 산업화 세력의 합작은 제2차 세계대전 전후 거칠 것 없던 집단·간섭·자폐 세력의 팽창을 한반도에서 처음으로 저지해냈다. 이후 세계사 시곗바늘은 역행을 멈추고 시장경제와 자유민주주의를 향해 두려움 없이 전진했다.

이런 기념비적인 성취도 K진보경제학은 끝없이 부정하고 폄하한다. 기업가에 의한 노동자 착취이며, 부자의 약자 몫 약탈이며, 무의미한 깡통 성장일 뿐이라고 공격한다. 합리성과 보편성을 결여한 주장이지만 '따뜻하고 착한 경제학'이라는 근사한 간판을 내건 덕분에 날개 돋친 듯 팔려나간다. 절반에 가까운 국민이 진보경제학의 프로파간다에 속수무책으로 당하기 일쑤다.

우파의 부박한 경제이해력도 큰 문제다. 자유주의자 중에서도 시장경제학을 시장절대주의와 약육강식의 비정한 시스템으로 오해하는 이들이 넘친다. 시장경제학이 서민에게 일자리를 제공하고 국민의 월급봉투를 살찌우고 한국 경제의 기적을 이끌었다는 역사적 객관적 사실에 무지하다. 보수 적자를 자처하는 정당에서조차 "우리가 부자를 위한 정책을 펴온 점을 반성하자"는 부끄러운 자기부정의 목소리가 만만찮다.

지난 60여 년 경제개발과정의 데이터는 만약 '따뜻한 경제학', '축복의 경제학'이 있다면 그것은 시장경제학의 다른 이름이라는 점을 보여준다. 진보경제학은 '인간의 얼굴을 한 경제학'이 아니라 '인간의 가면을 쓴 경제학'이라는 의구심도 확인시켜준다. 그럼에도 진보경제학은 오늘 한국에서 꽤나 영향력 있는 사상으로 자리잡고 있다. 진보경제학이 학문공동체를 벗어나 이익 결사체로 타락했고, 동시에 국민들의 경제문맹이 위험수위라는 방증일 것이다.

역시 '문제는 경제'다. 물질의 중요성을 말하는 것은 아니다. 정신의 고양을 수반하지 않은 물질의 확장은 거품처럼 취약할 수밖에 없다. 그러나 경제가 성장해야 문화, 철학, 예술도 꽃피운다는 것도 역사의 경험이다. 이미 한 세기 전 미제스는 『자유주의』(1927)에서 "자유주의가 인류의 물질적인 복지에 대해서만 관심을 쏟는 것은 그것이 정신적인 것들을 경멸하고 있기 때문이 아니다"고 갈파했다. "인간의 내면적인 정신적 풍요는 밖에서 주어지는 것이 아니라 마음에서 나오는 것임을 알기에 자유주의는 외형적인 복지만을 추구하는 것"이라는 설명이다. 좋은 경제학은 풍요와 인간다운 삶의 필수조건이다. 사이비 경제학의 범람은 디스토피아행 특급 티켓이다. 니체는 '진리라는 미명에 현혹되지 말라'고 했다. 노예가 아니라 주인으로 살고자 한다면 진리를 참칭한 것들의 허식(虛飾)을 벗기고 주체성을 찾아야 한다는 주문이었다. 2023년은 '경제학의 아버지' 애덤 스미스 탄생 300주년이다. 한국 진보경제학의 실체를 객관적으로 돌아보려는 '의지'는 60년을 질주해 온 '한국 열차'가 향후 60년도 궤도 이탈 없이 완주하기 위한 최소 조건이다. '다 함께 잘먹고 잘사는 나라'라는 로망은 '좋은 경제학'이라는 무한동력엔진 장착 없이는 불가능한 꿈이다.

경제 천동설 손절하기

진보경제학은 어떻게 한국을 망쳤나

발행일 2023년 6월 20일 초판 1쇄

지은이 백광엽
발행인 고영래
발행처 (주)미래사

주소 서울시 마포구 토정로 195-1 정우빌딩 3층
전화 (02)773-5680
팩스 (02)773-5685
이메일 miraebooks@daum.net
등록 1995년 6월 17일(제2016-000084호)

ISBN 978-89-7089-147-9 (03320)

＊ 가격은 뒤표지에 있습니다.
＊ 잘못 만들어진 책은 구입처에서 바꾸어 드립니다.